Dillberger/Fest

Einkommensteuer und
Abgabenordnung

Einkommensteuer und Abgabenordnung

von

Emanuel Dillberger, LL. M. (LaTrobe)
Regierungsdirektor
Bayerisches Staatsministerium
der Finanzen und für Heimat

Dr. Timo Fest, LL. M. (Pennsylvania)
Univ.-Professor
Christian-Albrechts-Universität zu Kiel
Direktor am Institut
für Wirtschafts- und Steuerrecht

4. Auflage 2019

C.H.BECK

www.beck.de

ISBN 978 3 406 73130 3

Wilhelmstraße 9, 80801 München
Druck: Druckhaus Nomos
In den Lissen 12, 76547 Sinzheim

Satz: DTP-Vorlagen der Autoren

Gedruckt auf säurefreiem, alterungsbeständigem Papier
(hergestellt aus chlorfrei gebleichtem Zellstoff)

Vorwort

Im Bereich des Einkommensteuerrechts und der Abgabenordnung erschienene Veröffentlichungen wenden sich primär an Praktiker, die mit den Grundlagen bereits vertraut sind. Literatur, die Studenten im Schwerpunktbereich, Rechtsreferendaren und anderen, die erstmalig mit diesen Themen in Berührung kommen, die systematischen Grundlagen in knapper Form erläutert und dadurch den Einstieg erleichtert, ist kaum vorhanden. Diese Lücke versucht unser Werk zu schließen.

Im Vordergrund steht das Anliegen, Verständnis für das Steuerrecht zu vermitteln. Zu diesem Zweck werden neben den verfassungsrechtlichen Grundlagen zunächst die Systematik des Steuerrechts und die allgemeine Prüfung eines Steuertatbestands erläutert. Im Weiteren widmet sich die Darstellung der Einkommensteuer als wichtigster Ertragsteuer sowie der Abgabenordnung als dem „Grundgesetz" oder „Mantelgesetz" des Steuerrechts. Dabei konzentriert sich das Werk auf die Rechtslage für den Veranlagungszeitraum 2019 unter Berücksichtigung des Gesetzes zur Vermeidung von Umsatzsteuerausfällen beim Handel mit Waren im Internet und zur Änderung weiterer steuerlicher Vorschriften (vormals Jahressteuergesetz 2018). Auf Altfassungen wird nur insoweit Bezug genommen, als dies für das Verständnis aktueller Regelungen erforderlich ist. Zur besseren Lesbarkeit wurde auf Rechtsprechungs- und Schrifttumsnachweise verzichtet.

Für Rechtsreferendare und rechtswissenschaftliche Studenten ist in derselben Reihe und als Ergänzung dieses Lehrbuchs das Buch „Klausurenkurs Einkommensteuer und Abgabenordnung" erschienen. Es soll die Wiederholung des abstrakt erlernten Wissens erleichtern und die Möglichkeit eröffnen, die dem Steuerrecht eigene Klausurtechnik anhand von Beispielsfällen zu üben und zu vertiefen.

Wir danken Frau Anna-Lena Kersten für wertvolle Vorarbeiten und wünschen allen Leserinnen und Lesern viel Vergnügen und Erfolg bei der Arbeit mit diesem Buch. Anregungen und Verbesserungsvorschläge sind jederzeit willkommen.

München und Kiel, im März 2019

Emanuel Dillberger
Timo Fest

Inhaltsverzeichnis

Abkürzungsverzeichnis

a. A.	am Anfang
AdV	Aussetzung der Vollziehung
a. E.	am Ende
a. F.	alte Fassung
AfA	Absetzung für Abnutzung
AfaA	Absetzung für außergewöhnliche Abnutzung
AktG	Aktiengesetz
Alt.	Alternative
AO	Abgabenordnung
ArbGG	Arbeitsgerichtsgesetz
Art.	Artikel
AStG	Außensteuergesetz
BFH	Bundesfinanzhof
BGB	Bürgerliches Gesetzbuch
BMF	Bundesministerium der Finanzen
BRKG	Bundesreisekostengesetz
BStBl.	Bundessteuerblatt
BVerfG	Bundesverfassungsgericht
BVerwG	Bundesverwaltungsgericht
bzw.	beziehungsweise
d. h.	das heißt
DBA	Doppelbesteuerungsabkommen
DepotG	Gesetz über die Verwahrung und Anschaffung von Wertpapieren (Depotgesetz)
ELSTAM	Elektronische Lohnsteuerabzugsmerkmale
ErbSt	Erbschaft- und Schenkungsteuer
ESt	Einkommensteuer
EStDV	Einkommensteuer-Durchführungsverordnung
EStG	Einkommensteuergesetz
EU	Europäische Union
evtl.	eventuell
FA	Finanzamt(s)
ff.	folgend(e)
FGO	Finanzgerichtsordnung
FVG	Gesetz über die Finanzverwaltung (Finanzverwaltungsgesetz)
GbR	Gesellschaft bürgerlichen Rechts
GewO	Gewerbeordnung
GewStG	Gewerbesteuergesetz

GG .... Grundgesetz
ggf. .... gegebenenfalls
GmbH .... Gesellschaft mit beschränkter Haftung
GrEStG .... Grunderwerbsteuergesetz
GrS .... Großer Senat

h. M.................................... herrschende(r) Meinung
HGB .... Handelsgesetzbuch
Hs. .... Halbsatz

i.d.R. .... in der Regel
i.d.S. .... in diesem Sinne
i.H. .... in Höhe
i.H.d. .... in Höhe des/der
i.H.v. .... in Höhe von
InsO .... Insolvenzordnung
i.S. .... im Sinne
i.S.d. .... im Sinne des/der
i.S.v. .... im Sinne von
i.V.m. .... in Verbindung mit
i.w.S. .... im weiteren Sinne

KAG .... Kommunalabgabengesetz (Bayern)
KapESt .... Kapitalertragsteuer
Kfz .... Kraftfahrzeug
KG .... Kommanditgesellschaft(en)
km .... Kilometer

lit. .... littera, Buchstabe
LSt .... Lohnsteuer
LStDV .... Lohnsteuer-Durchführungsverordnung

max. .... maximal
min. .... minimal/mindestens

Nr. .... Nummer

o. ä. .... oder ähnliches
o. g. .... oben genannt(en)
oHG .... offene Handelsgesellschaft

PartG .... Gesetz über die politischen Parteien (Parteiengesetz)

RAP .... Rechnungsabgrenzungsposten
Rn. .... Randnummer(n)

S. .... Seite/Satz
s. .... siehe
SGB .... Sozialgesetzbuch
sog. .... sogenannt/e
SolZG .... Solidaritätszuschlagsgesetz

StAG	Staatsangehörigkeitsgesetz
StGB	Strafgesetzbuch
str.	strittig
SvEV	Verordnung über die sozialversicherungsrechtliche Beurteilung von Zuwendungen des Arbeitsgebers als Arbeitsentgelt (Sozialversicherungsentgeltverordnung)
u. a.	unter anderem
u. U.	unter Umständen
VA	Verwaltungsakt(s/e/en)
v. a.	vor allem
vGA	verdeckte Gewinnausschüttung
vgl.	vergleiche
VwVfG	Verwaltungsverfahrensgesetz
VwZG	Verwaltungszustellungsgesetz
VZ	Veranlagungszeitraum/Veranlagungszeiträume
WpHG	Gesetz über den Wertpapierhandel (Wertpapierhandelsgesetz)
z. B.	zum Beispiel
z. T.	zum Teil
zzgl.	zuzüglich

Einleitung

A. Notwendigkeit der Steuererhebung

Die **Aufgaben der öffentlich-rechtlichen Gebietskörperschaften** 1
sind mannigfaltig und nehmen eher zu als ab. Neben dem Schutz der öffentlichen Sicherheit und Ordnung soll „der Staat" u. a. die Sozialsysteme sichern, für ein angemessenes Ausbildungsangebot sorgen und sich zunehmend für die Rettung von systemisch wichtigen Privatunternehmen und Staaten einsetzen. Die Finanzierung dieser Ausgaben setzt Einnahmen in entsprechender Höhe voraus (**Art. 109 III 1 GG**).

Da sich der Staat nach der Grundüberzeugung der sozialen Markt- 1a
wirtschaft nur in Ausnahmefällen am Markt beteiligen darf, müssen die benötigten Einnahmen auf andere Weise erzielt werden. In erster Linie geschieht dies durch die **Erhebung von Steuern**. In Abgrenzung zu öffentlich-rechtlichen Gebühren und Beiträgen sind Steuern solche Geldleistungen, die nicht für eine besondere Gegenleistung zu erbringen sind und von einem öffentlich-rechtlichen Gemeinwesen allen auferlegt werden, bei denen der Tatbestand zutrifft, an den das Gesetz die Leistungspflicht knüpft (§ 3 I Hs. 1 AO).

B. Verfassungsrechtliche Grundlagen

Das Steuerrecht ist **Teil des besonderen Verwaltungsrechts** und 2
unterliegt als solches v. a. dem Rechtsstaatsprinzip (Art. 20 III GG). Mit der Erhebung von Steuern greift der Staat unmittelbar durch Rechtsakt in grundrechtlich geschützte Rechtspositionen ein. Dies bedarf nach dem Vorbehalt des Gesetzes der Rechtfertigung in Form einer formell und materiell verfassungskonformen Rechtsgrundlage.

I. Formelle Verfassungsmäßigkeit

In formeller Hinsicht ist neben dem Gesetzgebungsverfahren v. a. 3
die Zuständigkeitsverteilung zwischen Bund und Ländern zu beachten. Die Steuergesetzgebungskompetenz ist in **Art. 105 GG** geregelt.

Gemäß Art. 105 I GG verfügt der Bund über die **ausschließliche Ge-** 4
setzgebungskompetenz für Zölle und Finanzmonopole. Zölle sind besondere Steuern, die an den Grenzübertritt, d. h. an die Aus- oder Ein-

fuhr einer Ware anknüpfen. Das zuletzt einzig noch bestehende Monopol, das sog. Branntweinmonopol, wurde Ende 2017 abgeschafft, sodass den Finanzmonopolen heute keine Bedeutung mehr zukommt.

5 Nach Art. 105 II GG hat der Bund die **konkurrierende Gesetzgebungskompetenz** für Steuern, soweit ihm das Aufkommen ganz oder teilweise zusteht. Die Verteilung der Steuererträge ist durch die **Ertragshoheit** in **Art. 106 GG** geregelt. Steht das Aufkommen aus einer Steuer ausschließlich den Ländern zu, verfügt der Bund nur über die konkurrierende Gesetzgebungskompetenz, wenn die Voraussetzungen des Art. 72 II GG erfüllt sind.

6 Im Bereich der **örtlichen Verbrauch- und Aufwandsteuern**, die bundesgesetzlich geregelten Steuern nicht gleichartig seien dürfen, sind ausschließlich die Länder zur Steuergesetzgebung befugt (Art. 105 IIa GG). Von dieser Kompetenz hat z. B. der Freistaat Bayern im Kommunalabgabengesetz (Art. 3 KAG) teilweise Gebrauch gemacht.

II. Materielle Verfassungsmäßigkeit

7 Die Steuererhebung durch finalen Rechtsakt bedarf sowohl im Hinblick auf die betroffenen Grundrechte als auch auf die berührten objektiven Verfassungsprinzipien einer verfassungsmäßigen Rechtfertigung.

1. Eigentumsgarantie, Art. 14 I 1 GG

8 Das durch Art. 14 I 1 GG geschützte Eigentum umfasst jede konkrete Rechtsposition, die einer Person privatnützig zugewiesen ist. Vom sachlichen Schutzbereich grundsätzlich nicht erfasst ist das Vermögen als Wertsumme der einzelnen konkreten Rechtspositionen. Durch die Steuererhebung wird in aller Regel nur eine Zahlungsverpflichtung begründet, nicht aber eine konkrete Rechtsposition entzogen. Demnach liegt ein Eingriff in Art. 14 I 1 GG nur vor, wenn die Steuererhebung dem Entzug eines konkreten Gegenstands gleichkommt (z. B. Schließung eines Betriebs), sie also **erdrosselnde Wirkung** hat.

2. Wirtschaftliche Handlungsfreiheit, Art. 2 I GG

9 Regelmäßig liegt daher lediglich ein Eingriff in die von Art. 2 I GG geschützte wirtschaftliche Handlungsfreiheit vor. Dieser ist bereits durch die verfassungsgemäße Ordnung, d. h. die Gesamtheit der formell und materiell verfassungsmäßigen Normen, gerechtfertigt.

3. Rechtsstaatsprinzip, Art. 20 III GG

10 Jede verfassungsmäßige Rechtfertigung muss den Anforderungen des Rechtsstaatsprinzips (Art. 20 III GG) genügen. Dazu gehören

neben dem Vorrang und Vorbehalt des Gesetzes insbesondere auch der Grundsatz der Verhältnismäßigkeit und das Rückwirkungsverbot.

Dem **Grundsatz der Verhältnismäßigkeit** ist regelmäßig bereits 11
deshalb Genüge getan, weil Steuern zur Finanzierung des Staatshaushalts erhoben werden müssen (§ 3 I Hs. 1 AO). Werden zugleich Lenkungszwecke verfolgt (§ 3 I Hs. 2 AO), ist eine weitergehende Begründung erforderlich.

Auf die Steuererhebung soll sich jeder Steuerpflichtige einrichten 12
können. Eine **Rückwirkung** ist daher im Steuerrecht grundsätzlich unzulässig. Dies gilt v. a. für eine Rückbeziehung von Rechtsfolgen (sog. echte Rückwirkung). Im Unterschied dazu ist eine tatbestandliche Rückanknüpfung (sog. unechte Rückwirkung) regelmäßig zulässig. Die Abgrenzung erfolgt im Einkommensteuerrecht anhand der Veranlagungszeiträume. Da die Einkommensteuer eine Jahressteuer ist, die Steuerschuld also erst mit dem Ablauf des VZ entsteht (§§ 36 I, 25 I EStG), ist eine Rückwirkung i.d.R. zulässig, wenn die Vorschrift noch während des VZ in Kraft tritt, auf den sie sich bezieht, und bei einer Gesamtabwägung die Gründe für die Dringlichkeit der Rechtsänderung gegenüber dem Gewicht des enttäuschten Vertrauens überwiegen.

4. Leistungsfähigkeitsprinzip, Art. 3 I GG

Nach Art. 3 I GG ist wesentlich Gleiches gleich und wesentlich Un- 13
gleiches unterschiedlich zu behandeln. Dieses Gebot trifft v. a. den Gesetzgeber. Er ist aufgerufen, durch Bildung gerechter Vergleichsmaßstäbe eine gleichmäßige Besteuerung sicherzustellen. Für das Einkommensteuerrecht bedeutet diese relative Gleichheit u. a. eine Belastung im Verhältnis zur Leistungsfähigkeit. Über je mehr wirtschaftliche Mittel ein Steuerpflichtiger verfügt, desto eher ist ihm eine Abgabenlast zuzumuten. Dieser Grundsatz wird v. a. durch das sog. **objektive Nettoprinzip** realisiert, wonach solche Aufwendungen die wirtschaftliche Leistungsfähigkeit mindern, die durch die Einkunftserzielung veranlasst sind.

Das *BVerfG* entnimmt aus Art. 3 I GG aber nicht nur das objektive, 14
sondern i.V.m. Art. 1 I GG und dem Sozialstaatsprinzip (Art. 20 I GG) auch das sog. **subjektive Nettoprinzip**. Da der Steuerpflichtige aufgrund seiner Grundbedürfnisse (Nahrung, Kleidung, Wohnung etc.) über einen Teil seiner Einkünfte nicht „frei“ disponieren kann, ist er insoweit als nicht leistungsfähig einzustufen. Das EStG gewährt daher u. a. ein steuerfreies Existenzminimum in Form eines pauschalen Grundfreibetrags. Darüber hinaus können bei der Bestimmung der Einkommensteuer ausnahmsweise auch einzelne Privatausgaben steuermindernd zu berücksichtigen sein (Rn. 426 ff.).

C. Steuerarten

15 Steuern werden nur erhoben, soweit der Steuerpflichtige wirtschaftlich leistungsfähig ist. Da Leistungsfähigkeit in verschiedenen Formen zutage tritt, werden im Hinblick auf das Besteuerungsobjekt folgende Steuerarten unterschieden:

Steuern auf die **Vermögensmehrung:** Leistungsfähigkeit kann sich in einem Hinzuerwerb von Vermögen ausdrücken. Dieser kann durch Teilnahme am Marktgeschehen erfolgen (Einkommen-, Körperschaftsteuer) oder in sonstiger Weise eintreten (Erbschaft- und Schenkungsteuer).

Steuern auf den **Vermögensbestand:** Daneben kann eine Leistungsfähigkeit aufgrund des bloßen Innehabens einer Vermögensmasse bestehen. Nach Abschaffung der Vermögensteuer ist die Grundsteuer als Beispiel zu nennen.

Steuern auf den **Vermögenseinsatz:** Wer Vermögen verwendet, bringt dadurch seine Leistungsfähigkeit zum Ausdruck. Zu unterscheiden ist, ob der Einsatz zum Erhalt einer Sache (z. B. Kfz-, Hundesteuer) oder zum Verbrauch getätigt wird (z. B. Umsatz-, Tabak-, Mineralölsteuer). Zu letztgenannter Gruppe gehören auch Verkehrsteuern, die an den bloßen Rechtsakt des Einsatzes finanzieller Mittel anknüpfen (z. B. Grunderwerbsteuer).

D. Aufbau und Prüfung eines Steuertatbestands

16 Wie jedes Rechtsgebiet besitzt auch das Steuerrecht diesem eigene Prüfungsschritte. Unabhängig von der jeweiligen Steuerart sind die nachstehenden Fragen in folgender Reihenfolge zu beantworten:

Wer schuldet die Steuer? Da sich Ansprüche nur gegen natürliche oder juristische Personen richten können, ist zunächst die Frage nach dem sog. Steuersubjekt zu beantworten.

Was wird besteuert? Im Anschluss daran ist die Bemessungsgrundlage zu ermitteln. Da sich Steuern nach der wirtschaftlichen Leistungsfähigkeit richten, ist zu fragen, wie das jeweilige Steuergesetz die Leistungsfähigkeit bemisst.

Wie viel wird besteuert? Ausgehend von der Bemessungsgrundlage ist zu fragen, in welcher Höhe die Steuer entstanden ist. Dies wird durch einen Prozentsatz (Tarif) von der zu besteuernden Leistungsfähigkeit errechnet.

Wie wird besteuert? Diese letzte Frage betrifft das sog. Besteuerungsverfahren, dessen Grundlagen für alle Steuerarten in der AO geregelt sind. Da die einzelnen Steuerarten an unterschiedliche Formen der Leistungsfähigkeit anknüpfen, enthalten die jeweiligen Einzelsteuergesetze z. T. besondere Vorschriften.

Kapitel 1. Einkommensteuerrecht

A. Bedeutung und Charakterisierung

Im Vergleich der verschiedenen Steuerarten ist die Einkommensteuer unter Einbeziehung der besonderen Erhebungsformen (Lohn- und Kapitalertragsteuer) die **aufkommensstärkste Steuerart**. Dies erklärt die erhebliche Bedeutung der Einkommensteuer sowohl für den Fiskus als auch für die Vielzahl der von ihr betroffenen Steuerpflichtigen. **17**

Die Einkommensteuer hat – wie der Begriff nahelegt – das **Einkommen zum Gegenstand**. Sie berücksichtigt primär die objektiv erzielten Einkünfte als Vergleich zwischen den aufgewandten „Investitionen" und den dadurch erzielten Einnahmen. Darüber hinaus erlaubt sie in gewissem Umfang die Berücksichtigung individueller Umstände (z. B. Familienstand, Kinder) und Ausgaben. Eine solche Betrachtung ist erforderlich, um die Höhe der Besteuerung jedes Einzelnen nicht nur nach seiner objektiven, sondern auch nach seiner subjektiven Leistungsfähigkeit zu gewährleisten. **18**

Die Einkommensteuer ist eine **direkte Steuer**, da der Steuerpflichtige sie nicht nur rechtlich, sondern auch wirtschaftlich zu tragen hat. Im Gegensatz dazu zählt z. B. die Umsatzsteuer zu den indirekten Steuern, da sie zwar vom Unternehmer als dem Steuerpflichtigen an das Finanzamt abgeführt, jedoch dem eigentlichen Leistungsentgelt hinzuaddiert und somit wirtschaftlich auf den Endabnehmer abgewälzt wird. **19**

B. Grundstrukturen

I. Gliederung des EStG

Entsprechend der aufgeworfenen Grundfragen (Rn. 16) wurde der Kernbereich des EStG entworfen: **20**

In **Abschnitt I** (§§ 1, 1a EStG) ist die Frage nach der persönlichen Steuerpflicht und damit die Frage, wer die Steuer schuldet, beantwortet.

In **Abschnitt II** (§§ 2–24b EStG) behandelt das Gesetz die sachliche Steuerpflicht und damit die Bemessungsgrundlage der Einkommensteuer.

Die **Abschnitte IV, V** (§§ 31–35b EStG) bestimmen den Tarif und die Steuerermäßigungen, also das Verhältnis der Steuer zur Bemessungsgrundlage.

Die Frage der verfahrensrechtlichen Veranlagung und Erhebung ist im EStG zum einen Gegenstand des **Abschnitts III** (§§ 25–28 EStG), zum anderen des **Abschnitts VI** (§§ 36–46 EStG).

Die **Abschnitte VII–XII** enthalten Besonderheiten der Einkommensteuer, z. B. das internationale Steuerrecht und Regelungen zum Kindergeld.

II. Ermittlung der Einkommensteuer

21 Als Grundnorm fungiert § 2 EStG. In der Reihenfolge der einzelnen Absätze wird die Einkommensteuer wie folgt bestimmt:

22 **(1)** Im ersten Schritt ist die **Summe der Einkünfte** zu ermitteln. Dabei zählt § 2 I EStG abschließend die steuerbaren Tätigkeiten auf (sog. ***numerus clausus*** der Einkunftsarten). Die Untergliederung in verschiedene Einkunftsarten wird in den §§ 13–23 EStG aufgegriffen und die jeweils steuerbare Tätigkeit näher beschrieben.

23 Die Ermittlung der Höhe der jeweiligen Einkünfte bestimmt sich nach § 2 II EStG. Die Einkünfte der ersten drei Einkunftsarten (§ 2 I Nr. 1–3 EStG) werden nach Maßgabe der §§ 4–7k, 13a EStG und die Einkünfte der restlichen Einkunftsarten (§ 2 I Nr. 4–7 EStG) nach den §§ 8–9a EStG ermittelt, soweit nicht für die jeweilige Einkunftsart spezialgesetzliche Vorschriften bestehen. Infolge der grundlegenden Zweiteilung des § 2 II 1 EStG spricht man vom **Dualismus der Einkunftsarten**. Die erste Gruppe wird als Gewinneinkünfte, die zweite Gruppe als Überschusseinkünfte bezeichnet.

+	Einkünfte aus Land- und Forstwirtschaft, § 2 I 1 Nr. 1, § 13 EStG
+	Einkünfte aus Gewerbebetrieb, § 2 I 1 Nr. 2, § 15 EStG
+	Einkünfte aus selbständiger Arbeit, § 2 I 1 Nr. 3, § 18 EStG
+	Einkünfte aus nichtselbständiger Arbeit, § 2 I 1 Nr. 4, § 19 EStG
+	Einkünfte aus Kapitalvermögen, § 2 I 1 Nr. 5, § 20 EStG
+	Einkünfte aus Vermietung und Verpachtung, § 2 I 1 Nr. 6, § 21 EStG
+	Sonstige Einkünfte, § 2 I 1 Nr. 7, §§ 22, 23 EStG
=	**Summe der Einkünfte, § 2 III EStG a. A.**

24 **(2)** Nach der Ermittlung der Summe der Einkünfte ist die subjektive Leistungsfähigkeit des Steuerpflichtigen zu berücksichtigen. Dabei handelt es sich um Ausgaben, die nicht durch die Einkunftserzielung veranlasst sind und daher nicht bereits bei der Ermittlung der Summe

der Einkünfte Berücksichtigung finden (§§ 4 IV, 9 I 1 EStG). Auf dem Weg zur Bemessungsgrundlage ist zunächst der **Gesamtbetrag der Einkünfte** (§ 2 III EStG), im Anschluss daran das **Einkommen** (§ 2 IV EStG) und schließlich das **zu versteuernde Einkommen** (§ 2 V 1 Hs. 1 EStG) zu bilden.

	Summe der Einkünfte, § 2 III EStG
./.	Altersentlastungsbetrag, § 24a EStG
./.	Entlastungsbetrag für Alleinerziehende, § 24b EStG
./.	Freibetrag für Land- und Forstwirte, § 13 III EStG
=	**Gesamtbetrag der Einkünfte, § 2 III EStG a. E.**
./.	Verlustabzug, § 10d EStG
./.	Sonderausgaben
	Vorsorgeaufwendungen, §§ 10 I Nr. 2, 3, 3a, II–V, 10a EStG
	übrige Sonderausgaben, insb. §§ 10 I Nr. 4–9, Ia, 10b EStG
./.	außergewöhnliche Belastungen, §§ 33–33b EStG
=	**Einkommen, § 2 IV EStG**
./.	Kinderfreibeträge, §§ 32 VI, 31 S. 1 EStG
=	**zu versteuerndes Einkommen, § 2 V 1 Hs. 1 EStG**

(3) Das zu versteuernde Einkommen ist die Grundlage der Bemessung der **tariflichen Einkommensteuer** (§ 2 V 1 Hs. 2 EStG). Dabei wird ein sog. **Tarif** als „Prozentsatz“ auf die eben ermittelte Bemessungsgrundlage angewandt. Grundsätzlich ist der Regeltarif (§ 32a I EStG) maßgeblich. Allerdings bestehen besondere Tarifvorschriften, die für bestimmte Konstellationen einen abweichenden „Prozentsatz“ vorsehen. 25

Grundsatz:

Anwendung des Regel- bzw. Splittingtarifs, § 32a EStG

Wichtige Ausnahmen:

evtl. Anwendung des Progressionsvorbehalts, § 32b EStG

evtl. Sondertarif für Kapitaleinkünfte, § 32d EStG

evtl. ermäßigter Steuersatz für außerordentliche Einkünfte, § 34 EStG

26 **(4)** Die unter Anwendung des Tarifs errechnete tarifliche Einkommensteuer ist zur Bestimmung der durch Steuerbescheid **festzusetzenden Einkommensteuer** um bestimmte Abzugs- und Hinzurechnungsbeträge zu vermindern bzw. zu vermehren (§ 2 VI 1 EStG).

Tarifliche Einkommensteuer	
./.	Steuerermäßigungen, §§ 34c–35b, 2 VI 1 EStG
+	Kindergeld, wenn Freibetrag gewährt wird, §§ 31, 2 VI 3 EStG
=	**festzusetzende Einkommensteuer, § 2 VI 1 EStG**

27 Die festgesetzte Einkommensteuer darf nicht mit der vom Steuerpflichtigen evtl. zu leistenden **Abschlusszahlung** (§ 36 IV 1 EStG) verwechselt werden. Regelmäßig wurden auf die Einkommensteuerschuld bereits Leistungen erbracht, z. B. durch die Erhebung der Lohnsteuer (§§ 38 ff. EStG) oder durch Vorauszahlungen (§ 37 EStG). Diese sind zunächst auf die Einkommensteuer anzurechnen (§ 36 II EStG). Insofern wurde die Einkommensteuerschuld getilgt. Ergibt diese Rechnung einen Überschuss zugunsten des Steuerpflichtigen, ist der Fiskus zur Erstattung zu viel gezahlter Beträge verpflichtet (§ 36 IV 2 EStG). Sind die anzurechnenden Leistungen geringer als die Steuerschuld, wird eine Abschlusszahlung fällig (§ 36 IV 1 EStG).

C. Subjektive Steuerpflicht

28 Die subjektive Steuerpflicht regelt die Frage, welche Personen der Einkommensteuer unterliegen. Das EStG unterscheidet zwischen der unbeschränkten und der beschränkten Einkommensteuerpflicht.

I. Unbeschränkte Steuerpflicht

29 Von praktischer Bedeutung ist insbesondere der Regelfall des § 1 I EStG (Rn. 30 f.). Darüber hinaus sehen § 1 II, III EStG weitere Konstellationen der unbeschränkten Steuerpflicht vor. In allen Fällen hat die unbeschränkte Einkommensteuerpflicht zur Folge, dass sämtliche Einkünfte des Steuerpflichtigen vom deutschen Fiskus besteuert werden. Ohne Bedeutung ist, in welchem Land die jeweiligen Einkünfte erzielt wurden. Dieses **Welteinkommensprinzip** wird nur ausnahmsweise durch vorrangige internationale Abkommen zur Vermeidung einer Doppelbesteuerung (sog. DBA) eingeschränkt (§ 2 AO).

1. Regelfall des § 1 I EStG

Natürliche Personen mit **Wohnsitz** im Inland sind unbeschränkt steuerpflichtig (§ 1 I EStG). Nach der Definition des **§ 8 AO** ist ein Wohnsitz an dem Ort anzunehmen, an dem die natürliche Person eine Wohnung unter Umständen innehat, die darauf schließen lassen, dass sie die Wohnung beibehalten und benutzen wird. 30

(1) Unter einer **Wohnung** sind Räumlichkeiten zu verstehen, die objektiv zum dauerhaften Wohnen geeignet und bestimmt sind. Sie müssen so ausgestattet sein, dass sie eine selbständige Lebensführung ermöglichen.

(2) Diese muss der Steuerpflichtige **innehaben**, was gegeben ist, wenn die Wohnung dem Nutzenden nach seinem Belieben tatsächlich zur jederzeitigen Verfügung steht und zu diesem Zweck bestimmt ist. Eine tatsächliche Mindestnutzung oder eine feste zeitliche Grenze gibt es hierzu jedoch nicht.

(3) Zuletzt müssen Umstände vorliegen, die darauf schließen lassen, dass der Steuerpflichtige die Wohnung **beibehalten und benutzen** wird. Unter Würdigung der äußeren Umstände ist zu fragen, ob der Inhaber die Wohnung auch in Zukunft weiterbenutzen wird. Vor allem persönliche Beziehungen zum Wohnort sind Indizien für eine Beibehaltung des Wohnsitzes. Die Kündigung des Mietverhältnisses, Verkaufsbestrebungen sowie die räumliche Umorientierung in persönlicher und beruflicher Hinsicht indizieren hingegen eine Wohnsitzaufgabe.

Eine unbeschränkte Steuerpflicht besteht auch dann, wenn die natürliche Person zwar keinen Wohnsitz, aber ihren **gewöhnlichen Aufenthalt** (**§ 9 AO**) im Inland hat. Nach § 9 S. 1 AO ist ein solcher an dem Ort anzunehmen, an dem sich eine Person unter Umständen aufhält, die erkennen lassen, dass sie an diesem Ort oder Gebiet nicht nur vorübergehend verweilt. Wie bei § 8 AO wird an äußere Merkmale angeknüpft. Eine Willensbetätigung ist nicht erforderlich. Damit kann ein gewöhnlicher Aufenthalt auch durch zwangsweise Anwesenheit (z. B. eine Inhaftierung) begründet werden. Selbst ein kürzerer Aufenthalt kann genügen, wenn nicht nur ein lediglich vorübergehender Aufenthalt beabsichtigt und dies anhand objektiver Kriterien ersichtlich war. Bei einem zusammenhängenden „ununterbrochenen" (§ 9 S. 1 Hs. 2 AO) Inlandsaufenthalt von mehr als sechs Monaten wird dies von Beginn an *unwiderleglich* vermutet (§ 9 S. 2 AO). Im Gegensatz zu § 8 AO knüpft § 9 AO an den tatsächlichen Aufenthaltsort und nicht an das Vorliegen einer Wohnung an. Eine Person kann daher zwar mehrere Wohnungen und damit Wohnsitze innehaben, aufgrund der nötigen körperlichen Anwesenheit aber nur einen gewöhnlichen Aufenthaltsort. 31

2. Diplomaten und Konsularbeamte, § 1 II EStG

Von der sog. **erweitert unbeschränkten** Einkommensteuerpflicht werden v. a. Diplomaten und Konsularbeamte erfasst. Nach § 1 II 1 32

EStG sind natürliche Personen dem Welteinkommensprinzip unterworfen, die deutsche Staatsangehörige i.S.d. StAG sind, im deutschen Inland weder einen Wohnsitz noch ihren gewöhnlichen Aufenthalt haben, aber zu einer inländischen juristischen Person des öffentlichen Rechts in einem Dienstverhältnis stehen und dafür Arbeitslohn aus einer inländischen öffentlichen Kasse beziehen (sog. Kassenstaatsprinzip). Die erweitert unbeschränkte Einkommensteuerpflicht ist darüber hinaus nur möglich (§ 1 II 2 EStG), wenn die betreffende Person in ihrem Wohnsitz- bzw. Aufenthaltsstaat lediglich in einem der beschränkten Einkommensteuerpflicht ähnlichen Umfang zu einer Steuer vom Einkommen herangezogen wird.

3. Grenzpendlerbesteuerung, § 1 III EStG

33 Die Problematik der Besteuerung von sog. Grenzpendlern, d. h. Personen, die im Ausland wohnen und im Inland tätig sind, hat durch den gemeinsamen europäischen Binnenmarkt erheblich an Bedeutung gewonnen. Durch die **Fiktion einer unbeschränkten Steuerpflicht** (§ 1 III EStG) wird vermieden, dass die genannten Personen, die auch im Wohnsitzstaat veranlagt werden, im Inland die Nachteile der beschränkten Steuerpflicht erleiden. Diese zeigen sich v. a. in der nur eingeschränkten Berücksichtigung des subjektiven Nettoprinzips. Natürliche Personen, die im Inland weder Wohnsitz noch gewöhnlichen Aufenthalt haben, werden daher **auf Antrag** als unbeschränkt einkommensteuerpflichtig behandelt, soweit sie Inlandseinkünfte i.S.d. § 49 EStG erzielen (§ 1 III 1 EStG) und diese min. 90 % der gesamten Einkünfte des Steuerpflichtigen ausmachen (relative Grenze) oder die nicht der deutschen Einkommensteuer unterliegenden ausländischen Einkünfte das nach deutschem Recht steuerfreie „Existenzminimum" nicht übersteigen (§§ 1 III 2, 32a I 2 Nr. 1 EStG, absolute Grenze). Nur in diesen Fällen werden „vorwiegend" Einkünfte im Inland erzielt, so dass eine unbeschränkte Steuerpflicht gerechtfertigt erscheint.

II. Beschränkte Steuerpflicht

34 Während die unbeschränkte Steuerpflicht zu einer Besteuerung des Welteinkommens führt, werden bei der beschränkten Steuerpflicht nur die sog. Inlandseinkünfte der deutschen Einkommensteuer unterworfen. Nach **§ 1 IV EStG** sind Personen, die der unbeschränkten Einkommensteuerpflicht (§§ 1 I–III, 1a EStG) nicht unterliegen, beschränkt einkommensteuerpflichtig, wenn und soweit sie inländische Einkünfte i.S.d. **§ 49 EStG** erzielen (sog. **Territorialprinzip**). Den in § 49 EStG aufgeführten Einkünften ist gemeinsam, dass sie eine besonders enge

Verbindung zum Inland aufweisen (sog. genuine link). Die Besonderheit des § 1 IV EStG besteht darin, dass die Vorschrift nicht nur die subjektive Steuerpflicht, sondern auch das Steuerobjekt regelt. Letzteres wird grundsätzlich objektiv ermittelt; private Abzüge sind weitgehend ausgeschlossen (§ 50 I 3 EStG), das sog. Ehegattensplitting ist unzulässig (§ 26 I 1 Nr. 1 EStG).

Hinweis: Die mit dem Wohnsitzstaat des beschränkt Steuerpflichtigen bestehenden DBA gehen als völkerrechtliche Verträge der Anwendung des EStG vor (**§ 2 AO**). Damit kommen die nationalen Normen nur zur Geltung, wenn kein DBA existiert oder das bestehende DBA der Bundesrepublik das Besteuerungsrecht belässt.

D. Objektive Steuerpflicht

Die Ermittlung des Steuerobjekts erfolgt anhand der in § 2 EStG 35
vorgegebenen Prüfungsreihenfolge. Dabei ist zunächst die Summe der Einkünfte (§ 2 III EStG a. A.) als Ergebnis der objektiven Leistungsfähigkeit zu ermitteln. Danach werden die ausnahmsweise beachtlichen individuellen Einkommensverwendungen zum Abzug gebracht. Die allgemeinen Aspekte der objektiven Einkünfteerzielung werden im Folgenden vorab erläutert (Rn. 36–128). Im Anschluss daran werden die jeweiligen Einkunftsarten (Rn. 129–371) und die Ermittlung der Einkünfte besprochen (Rn. 372–420).

I. Steuerbare und steuerfreie Tätigkeit

1. Steuerbare Tätigkeit

a) Numerus clausus der Einkunftsarten

Nach dem Vorbehalt des Gesetzes (Art. 20 III GG) sind „Einkünfte" 36
nur steuerbar, wenn und soweit dies gesetzlich bestimmt ist. Das Einkommensteuerrecht sieht in § 2 I 1 EStG **sieben Einkunftsarten** vor. Soweit eine Tätigkeit unter die genannten Einkunftsarten fällt, ist sie steuerbar. Im Unterschied dazu ist der Begriff „steuerfrei" für solche Vorfälle reserviert, die zwar von § 2 I EStG umfasst, aber gesetzlich (z. B. durch § 3 EStG) steuerfrei gestellt sind. Daher ist zunächst zu prüfen, ob eine Tätigkeit überhaupt einer der sieben Einkunftsarten unterfällt.

Die sieben Einkunftsarten umfassende Auflistung des § 2 I 1 EStG 37
ist abschließend. Im Unterschied zur sog. **Reinvermögenszuwachstheorie** sind nicht alle Vermögensmehrungen steuerbar. Nicht steuer-

bar nach dem EStG sind z. B. Lotteriegewinne, Gelegenheitsgeschenke und Erbschaften, Kapitalrückzahlungen sowie die bloße (stille) Wertmehrung der Vermögenssubstanz. Auch die siebte Einkunftsart („sonstige Einkünfte") enthält keinen generalklauselartigen Auffangtatbestand. Vielmehr sind in ihr nur unterschiedliche Tätigkeiten abschließend aufgezählt, die lediglich mit dem Sammelbegriff „sonstige Einkünfte" bezeichnet werden.

b) Einkünftequalifikation

38 Ausgangspunkt bei der Qualifikation einer Tätigkeit als steuerbar ist **§ 15 II 1 EStG**. Danach ist eine selbständige, nachhaltige, mit Gewinnerzielungsabsicht unternommene Betätigung am allgemeinen wirtschaftlichen Verkehr eine gewerbliche Unternehmung, wenn sie weder als Ausübung von Land- und Forstwirtschaft (§ 13 EStG) noch als eine selbständige Arbeit i.S.d. § 18 EStG anzusehen ist.

39 Daraus folgt im Umkehrschluss, dass die vier positiven Tatbestandsmerkmale (selbständig, nachhaltig, Gewinnerzielungsabsicht, Betätigung am allgemeinen wirtschaftlichen Verkehr) auch den Einkünften nach §§ 13, 18 EStG gemein sind. Die Einkünfte aus Gewerbebetrieb (§ 15 EStG) werden daher auch als **Grundtatbestand der Gewinneinkünfte** (§ 2 I 1 Nr. 1–3, II 1 Nr. 1 EStG) bezeichnet.

40 Ferner ist eine Abgrenzung zu den **Überschusseinkünften** (§ 2 II 1 Nr. 2 EStG) vorzunehmen. Während § 15 II 1 EStG als Merkmal der Gewinneinkünfte eine selbständige Betätigung voraussetzt, werden die Einkünfte aus **nichtselbständiger Arbeit** nach § 19 EStG besteuert. Selbständig handelt, wer auf eigene Rechnung und Gefahr tätig ist, somit **Unternehmerinitiative** entfalten kann und das Erfolgsrisiko der eigenen Tätigkeit trägt (sog. **Unternehmerrisiko**).

41 Neben der nichtselbständigen Arbeit sind auch die Einkünfte aus **Kapitalvermögen** (§ 20 EStG), aus **Vermietung und Verpachtung** (§ 21 EStG) sowie aus **sonstigen Einkünften** (§ 22 EStG) Überschusseinkünfte. § 15 II 1 EStG ist daher als unvollkommener Tatbestand anzusehen. Er ist um das ungeschriebene Merkmal zu ergänzen, dass es sich bei der Tätigkeit nicht um **private Vermögensverwaltung** handeln darf. Dieses, zum Teil aus § 14 S. 1 AO abgeleitete Merkmal, folgt bereits aus der bloßen Existenz der Überschusseinkünfte. Wer z. B. Teile seines Einkommens auf ein Sparbuch einzahlt und Zinsen erhält, erfüllt zwar die positiven Merkmale des § 15 II 1 EStG, ist aber nicht bereits deshalb Gewerbetreibender. Es bedarf eines korrigierenden Merkmals. Dieses wird zunehmend darin gesucht, ob die Tätigkeit insgesamt dem Bild entspricht, das nach der Verkehrsanschauung einen Gewerbebetrieb ausmacht. Diese Definition zeigt, dass erheblicher Raum zur Auslegung besteht und die Grenze der privaten Vermögensverwaltung zur gewerblichen Tätigkeit (z. B. gewerbliche Vermietung, gewerblicher Handel mit Grundstücken) unscharf ist.

2. Nicht steuerbar aufgrund „Liebhaberei“

Als Grundtatbestand aller Gewinneinkunftsarten erklärt § 15 II 1 EStG eine Tätigkeit für steuerbar, wenn sie mit **Gewinnerzielungsabsicht** vorgenommen wird. Die Absicht der Einkünfteerzielung wird aber auch für die Überschusseinkünfte vorausgesetzt. Dieses allgemeine subjektive Element wird aus dem Wortlaut des § 2 I 1 EStG („erzielt“) hergeleitet. Damit sind sämtliche Tätigkeiten nur dann steuerbar, wenn sie in der Absicht vorgenommen werden, einen Gewinn bzw. Überschuss zu erwirtschaften. Wem diese subjektive Komponente fehlt, handelt nur aus persönlicher Neigung, die als „Liebhaberei“ umschrieben wird. **42**

Das Erfordernis der Einkünfteerzielungsabsicht ist jedoch primär vor dem Hintergrund der **Gefahr der Querfinanzierung rein privater Tätigkeiten** zu verstehen. Insofern besteht die Gefahr, die bei einer aus persönlicher Neigung betriebenen Tätigkeit entstandenen Verluste mit positiven Einkünften aus derselben oder anderen Einkunftsarten zu verrechnen und so den Gesamtbetrag der Einkünfte missbräuchlich zu mindern. Dies könnte erreicht werden, indem der Steuerpflichtige Aufwendungen für private Freizeitbeschäftigungen (z. B. Pferdesport, Betrieb einer Galerie, Schreiben philosophischer Kurzgeschichten) einer Einkunftsart (z. B. gewerbliche Pferdezucht, gewerblicher Gemäldehandel, freiberuflicher Schriftsteller) zuordnet. **43**

Vor diesem Hintergrund ist die **Einkünfteerzielungsabsicht** zu bestimmen. Der Begriff legt es zwar nahe, nur auf die innere Haltung des Steuerpflichtigen zu der von ihm betriebenen Tätigkeit abzustellen. Dies bärge aber die Gefahr, dass Steuerpflichtige willkürlich selbst über die steuerliche Behandlung entscheiden könnten. Um dies zu verhindern, wird die Einkünfteerzielungsabsicht primär anhand objektiver und nachrangig anhand subjektiver Kriterien ermittelt: **44**

Objektive Ergebnisprognose: Es ist eine Prognose darüber anzustellen, ob der Steuerpflichtige in der Totalperiode positive Einkünfte aus der Tätigkeit erzielen wird. Ist dies der Fall, wird die Einkünfteerzielungsabsicht unwiderleglich vermutet. Als **Totalperiode** wird die voraussichtliche Gesamtdauer der Tätigkeit bis zu ihrer Aufgabe angesehen. Insofern ist zu fragen, ob der Betrieb nach seiner Struktur und Bewirtschaftung in der Lage ist, nachhaltig Gewinn zu erwirtschaften. Positive und negative Einkünfte aus der Vergangenheit können zwar Indizien für die zukünftige Entwicklung beinhalten; „Anlaufverluste“ als betriebswirtschaftlich typisches Phänomen sind aber nicht zwangsläufig schädlich. Andererseits stützen langjährige Verluste die These, dass diese auch in

Zukunft eintreten werden, wenn nicht mit entsprechenden Maßnahmen reagiert wird. Bleiben angestellte Bemühungen zunächst erfolglos, kann nicht per se darauf geschlossen werden, dass sich keine weitere Veränderung in der Zukunft ergibt. Bei der Prognose ist die gesamte Betätigung zu beurteilen. Eine Aufspaltung in einzelne Geschäftsfelder (sog. **Segmentierung**) unterbleibt, soweit sie sich gegenseitig bedingen und in einem Förderungs- und Sachzusammenhang stehen (z. B. Betrieb einer Galerie mit angeschlossenem Restaurant).

Subjektive Beweggründe: Lässt die Prognose für die Totalperiode keinen Gewinn bzw. Überschuss erwarten, sind die persönlichen Beweggründe des Steuerpflichtigen für die Hinnahme der Verluste und die Ausübung der Tätigkeit zu berücksichtigen. Um die Annahme von Liebhaberei zu verhindern, muss der Steuerpflichtige darlegen, welche wirtschaftlich vernünftigen Gründe ihn veranlassen, die Tätigkeit gleichwohl fortzuführen. Dadurch werden einkommensteuerlich beachtliche Motive von der persönlichen Lebensführung (§ 12 Nr. 1 EStG) abgegrenzt. Auf die subjektiven Beweggründe wird vorwiegend anhand objektiver Indizien, insbesondere der Art der Tätigkeit und der übrigen Erwerbsbetätigung des Steuerpflichtigen, geschlossen. Bei einer Tätigkeit, die typischerweise als Hauptberuf ausgeübt wird (z. B. Rechtsanwalt) und daher regelmäßig nicht dem persönlichen Freizeitverhalten zugeordnet werden kann, führen auch langjährige Verluste nicht zur Qualifizierung als Liebhaberei. Wird eine Tätigkeit hingegen ohne jeden Bezug zum Hauptberuf ausgeübt und entspricht sie inhaltlich freizeittypischem Verhalten, indiziert dies Liebhaberei.

Hinweis: Trotz des Begriffs handelt es sich bei der Einkünfteerzielungsabsicht aufgrund der Missbrauchsabwehr primär um ein objektives Tatbestandsmerkmal. Damit kommt es nicht darauf an, ob der Steuerpflichtige eine Tätigkeit tatsächlich in der Absicht der Einkünfteerzielung vornimmt oder sie als Hobby betreibt.

3. Steuerfreiheit nach §§ 3 ff. EStG

46 Unterfällt eine mit Einkünfteerzielungsabsicht betriebene Tätigkeit einer der Einkunftsarten, ist sie steuerbar. Die durch die Tätigkeit veranlassten **Einnahmen** können jedoch nach §§ 3, 3b EStG ausnahmsweise steuerfrei sein. Im Gegenzug werden auch die mit ihr **im Zusammenhang stehenden Ausgaben** von der steuerlichen Berücksichtigung ausgeschlossen (§ 3c EStG). Dies ist konsequent; sie würden andernfalls zu einer Minderung der Bemessungsgrundlage führen.

Hinweis: Eine Steuerfreiheit wird auch durch diverse **Freibeträge** und **Freigrenzen** bei den konkreten Einkunftsarten angeordnet. Auf diese wird punktuell im Zusammenhang mit der jeweiligen Einkunftsart eingegangen.

47 Die Auflistung „steuerfreier Einnahmen“ in § 3 EStG ist nach wie vor **unsystematisch**. Die einzelnen Tatbestände können jedoch wie folgt gruppiert werden: Sozialleistungen, Entschädigungs- und Versorgungsleistungen, Zuwendungen zur Förderung von Wissenschaft und Forschung, Bildung und Erziehung, Kunst und Kultur, Bezüge aufgrund von Dienstleistungen zur Erfüllung der Wehr- oder Zivildienstpflicht, Aufwendungsersatzleistungen, Einnahmen aus einem Dienstverhältnis, Betriebseinnahmen und Einnahmen aus Vermögenswerten.

48 Beispielhaft werden die **§ 3 Nr. 26** und **Nr. 26a EStG** dargestellt:

Danach sind Einnahmen aus **nebenberuflicher Tätigkeit** im Wege eines Freibetrags bis zu 2.400 € (§ 3 Nr. 26 EStG) bzw. bis zu 720 € (§ 3 Nr. 26a EStG) von der Besteuerung befreit, wenn diese „zur Förderung gemeinnütziger, mildtätiger oder kirchlicher Zwecke“ i.S.d. §§ 52–54 AO erfolgt. Ferner muss sie für einen bestimmten **Leistungsempfänger** – eine „europäische“ juristische Person des öffentlichen Rechts oder eine unter § 5 I Nr. 9 KStG fallende Einrichtung – erbracht werden.

Die **Abgrenzung** zwischen § 3 Nr. 26 und Nr. 26a EStG erfolgt danach, ob die entschädigte Tätigkeit einen die Gemeinnützigkeit begründenden Inhalt hat. Insofern wird zwischen der konkreten Tätigkeit und ihrem allgemeinen Förderungszweck unterschieden. Der erhöhte Freibetrag des § 3 Nr. 26 EStG steht nur Übungsleitern, Ausbildern, Erziehern und vergleichbaren Personen zu (sog. **Übungsleiterfreibetrag**). Dagegen begünstigt § 3 Nr. 26a EStG allgemein Einnahmen aus einer nebenberuflichen Tätigkeit im gemeinnützigen, mildtätigen oder kirchlichen Bereich (z. B. auch für die Erledigung von Buchführungs- oder Hausmeisterarbeiten in einem e.V.; sog. **Ehrenamtspauschale**).

Auf **Ausgabenseite** enthalten die § 3 Nr. 26 S. 2 bzw. Nr. 26a S. 3 EStG eine gegenüber der Grundnorm des § 3c I EStG abweichende Sonderregelung. Danach sind Ausgaben nur insoweit berücksichtigungsfähig, als sie den Betrag der steuerfreien Einnahmen (i.H.v. 2.400 € bzw. 720 €) übersteigen. Erzielt ein Steuerpflichtiger z. B. steuerbare Einnahmen i.H.v. 4.500 € als ehrenamtlicher Fußballtrainer (§ 19 EStG) und wendet er dafür Fahrtkosten i.H.v. 3.000 € auf, ist ein Werbungskostenabzug nur i.H.v. 600 € von den zu versteuernden Einnahmen i.H.v. 2.100 € gestattet (§ 3 Nr. 26 S. 2 EStG).

II. Persönliche Zurechnung

49 Nach § 2 I 1 EStG werden Einkünfte demjenigen zugerechnet, der sie **„erzielt“**. Dieses Merkmal wird für die jeweilige Tätigkeit durch die §§ 13–24 EStG konkretisiert (**§ 2 I 2 EStG**). Weitgehend unproblematisch ist die Frage der persönlichen Zurechnung bei „Arbeitseinkünften“. Das bezogene Entgelt wird demjenigen zugeordnet, der die selbständige (§§ 13, 15, 18 EStG) oder nichtselbständige (§ 19 EStG) Arbeit ausübt und dadurch die Vergütung erzielt. Da die Einkunfts-

quelle „Arbeit“ nicht an eine andere Person übertragen werden kann, sind die erwirtschafteten Einkünfte der zur (Arbeits-)Leistung verpflichteten Person zuzurechnen.

50 Im Unterschied dazu erfolgt v. a. die Einkünfteerzielung bei den Vermögenseinkünften (§§ 20, 21 EStG) durch die Überlassung von Gegenständen. Insoweit ist die Zurechnung der Einkünfteerzielung untrennbar mit der **Verfügungsgewalt** über den Gegenstand verbunden. Dabei folgt das Steuerrecht grundsätzlich der zivilrechtlichen Güterzuordnung (**§ 39 I AO**). Da jedoch nach der wirtschaftlichen Leistungsfähigkeit besteuert wird, sieht § 39 II AO in bestimmten Fällen abweichende Zuordnungen vor. Insofern können Vermögensgegenstände gemäß § 39 II Nr. 1 EStG unter Umständen dem Pächter, Vorbehaltskäufer, Sicherungsgeber, Treugeber etc. zuzurechnen sein, wenn diese den zivilrechtlichen Eigentümer in erheblichem Umfang von der Einwirkung auf den Gegenstand ausschließen können.

Hinweis: Zurechnungsprobleme können sich auch im Fall eines Nießbrauchs (§§ 1030 ff. BGB) ergeben. Diese werden im Zusammenhang mit den Einkünften nach § 21 EStG erläutert (Rn. 268 ff.).

III. Grundzüge der Einkünfteermittlung

1. Objektives Nettoprinzip

51 Im Einkommensteuerrecht wird nur die **Zunahme an Leistungsfähigkeit** besteuert. Daher dürfen nur die Einkünfte, nicht aber bloße Einnahmen der Besteuerung unterworfen werden. Der Begriff der Einkünfte ist nach dem objektiven Nettoprinzip im Wege einer Vergleichsrechnung in § 2 II 1 EStG definiert. Danach sind die Einkünfte des Steuerpflichtigen bei den Gewinneinkunftsarten der nach den §§ 4–7k, 13a EStG ermittelte **Gewinn**, bei den Überschusseinkunftsarten der nach den §§ 8 bis 9a EStG ermittelte **Überschuss** der Einnahmen über die Werbungskosten.

Beispiel: Wer 100 Gegenstände für je 10 € ein- und diese für je 30 € verkauft, hat einen Gewinn von 2.000 € erzielt. Dies ergibt sich durch Abzug des Aufwands (1.000 €) von dem vereinnahmten Veräußerungserlös (3.000 €). Der Zuwachs an Leistungsfähigkeit wird durch den Saldo ausgedrückt. Nur dieser geht in die Bemessungsgrundlage ein (§ 2 II 1 EStG).

2. Dualismus der Einkunftsarten

52 Die sieben Einkunftsarten werden in **§ 2 II 1 EStG** in zwei Gruppen untergliedert. Danach wird bei den sog. **Gewinneinkünften** der Ge-

winn, bei den sog. **Überschusseinkünften** der Überschuss der Einnahmen über die Werbungskosten besteuert. Diese Unterteilung wird als Dualismus der Einkunftsarten bezeichnet. Die Unterscheidung ist nicht nur terminologisch von Bedeutung; sie enthält die Grundentscheidung darüber, welche Vermögensmehrungen der Besteuerung unterliegen.

Nach der **Vermögenszugangstheorie** sind alle tatsächlichen Vermö- **53** genszuflüsse der Besteuerung unterworfen, soweit sie einer Einkunftsart zugeordnet werden können. Nach der **Quellentheorie** werden nur solche Zuflüsse besteuert, die aus einer ständig „sprudelnden" Quelle stammen. Der Unterschied der Ansätze zeigt sich bei der Verwertung der Quelle. Während die Quellentheorie den Veräußerungserlös als nicht steuerbar ansieht, wird er als Realisierung einer Wertsteigerung nach der Vermögenszugangstheorie besteuert.

Diese unterschiedlichen Ansätze liegen § 2 II 1 EStG zugrunde. Da **54** sich die Gewinnermittlung grundsätzlich durch einen Vergleich des Betriebsvermögens am Anfang und Ende des Wirtschaftsjahres vollzieht, wird das Betriebsvermögen als steuerverhaftet behandelt. Wird ein Wirtschaftsgut des Betriebsvermögens zu einem höheren Preis als dem in der Bilanz ausgewiesenen Buchwert veräußert, begründet der Differenzbetrag (sog. **stille Reserve**) einen steuerbaren Gewinn.

Im Gegensatz dazu sind die Überschusseinkünfte von dem Gedan- **55** ken der bloßen Fruchtziehung geprägt. Einnahmen aus der **Verwertung privater Vermögensgegenstände** – als Quelle der Einkünfteerzielung – sind grundsätzlich nicht steuerbar. Dieser Grundsatz hat mittlerweile zahlreiche Durchbrechungen erfahren (vgl. §§ 17, 20 II–IV, 22 Nr. 2, 23 EStG).

3. Veranlassungsprinzip

Ist eine Tätigkeit nach § 2 I 1 EStG steuerbar, muss zur Ermittlung **56** der Einkünfte geprüft werden, welche „Vermögenszu- und Vermögensabflüsse" dieser Einkunftsart zuzuordnen sind. Zu den Voraussetzungen dieser **Zuordnung** enthält das EStG nur lückenhafte Aussagen.

Den Gewinneinkünften liegen die Begriffe der Betriebseinnahmen **57** und Betriebsausgaben zugrunde. **Betriebsausgaben** sind gemäß **§ 4 IV EStG** Aufwendungen, die *durch den Betrieb veranlasst* sind. Eine Definition des Begriffs der **Betriebseinnahmen** enthält das EStG nicht. Im Bereich der Überschusseinkünfte werden die Zu- und Abflüsse mit den Begriffen der Einnahmen und der Werbungskosten umschrieben. **Einnahmen** sind alle Güter, die in Geld oder Geldeswert bestehen und dem Steuerpflichtigen *im Rahmen einer* der Einkunftsarten des § 2 I 1 Nr. 4–7 EStG zufließen (**§ 8 I EStG**). **Werbungskosten** sind solche Aufwendungen, die der Steuerpflichtige zur Erwerbung, Sicherung und Erhaltung der Einnahmen tätigt (**§ 9 I 1 EStG**). Die Definition ist im Unterschied zu § 4 IV EStG nicht **kausal** („veranlasst"), sondern **final** („zur") formuliert. Gleichwohl sind aufgrund des verfassungsrechtlichen Gleichheitsgebots (**Art. 3 I GG**) alle vier Begriffe einheitlich und anhand des sog. **Veranlassungsprinzips** auszulegen.

58 Eine solche, auf die Einnahmeerzielung bezogene Veranlassung ist anzunehmen, wenn **objektiv** ein Zusammenhang mit der jeweiligen auf Einnahmeerzielung gerichteten Tätigkeit besteht und **subjektiv** die Aufwendungen zur Förderung dieser Tätigkeit gemacht werden. Dabei ist der objektive Zusammenhang stets erforderlich, die subjektive Absicht hingegen nicht zwingend notwendig. Auf sie wird insbesondere bei der Beurteilung unfreiwilliger Schäden verzichtet, soweit das für die Aufwendung „**auslösende Moment**" auch nur mittelbar der jeweiligen Erwerbsphäre zuzuordnen ist. Damit genügt es, wenn das Risiko des Schadenseintritts freiwillig und in Förderungsabsicht eingegangen wurde.

59 Das Veranlassungsprinzip dient nicht nur dazu, die steuerbare Erwerbsphäre von der Privatsphäre des Steuerpflichtigen abzugrenzen. Vielmehr ermöglicht es auch eine Trennung verschiedener steuerbarer Tätigkeiten innerhalb der Erwerbsphäre.

Hinweis: Eine Untersuchung der **Wirtschaftlichkeit** einer Ausgabe verbietet sich grundsätzlich. Sie ist nur ausnahmsweise und v. a. in den restriktiven Grenzen der §§ 4 V, 9 V 1 EStG gestattet (Rn. 106 ff.).

60 Nach dem Veranlassungsprinzip ist es grundsätzlich unerheblich, wann die Aufwendungen entstehen. Folglich sind auch solche Aufwendungen als Betriebsausgaben bzw. Werbungskosten abzugsfähig, die zeitlich vor oder nach der Einkunftserzielung getätigt werden (sog. **vorweggenommene** bzw. **nachträgliche Aufwendungen**). Allerdings muss ein hinreichender wirtschaftlicher Zusammenhang mit der jeweiligen Einkunftsart bestehen. Daran fehlt es insbesondere bei nachträglichen Aufwendungen, wenn sie bereits als Investition für eine andere gegenwärtige oder zukünftige Tätigkeit erbracht werden (z. B. Renovierung einer Wohnung nach Auszug des Mieters, um selbst dort einzuziehen). Gerade bei vorweggenommenen Aufwendungen ist auch oftmals die Einkünfteerzielungsabsicht problematisch (Rn. 42 ff.).

4. Drittaufwand

61 Da nach der objektiven Leistungsfähigkeit besteuert wird, liegen Betriebsausgaben oder Werbungskosten nur vor, wenn sie der Steuerpflichtige zum Zwecke der *eigenen* Einkünfteerzielung tätigt. Problematisch ist der Abzug, wenn eine Person Aufwendungen für die Einkünfteerzielung eines anderen tätigt. Insofern fallen der durch die Aufwendung finanziell Belastete und der durch sie Begünstigte auseinander. Nach dem objektiven Nettoprinzip dürfte weder der Aufwendende noch der Begünstigte die Aufwendungen steuerlich geltend machen. Bei dem Belasteten sind die Aufwendungen nicht durch eine Einkunftsart veranlasst; die Leistungsfähigkeit des Begünstigten ist durch sie nicht gemindert. Aus diesen Gründen ist ein Drittaufwand nach dem sog. **Kostentragungsprinzip** grundsätzlich nicht zum Abzug zugelassen.

Hinweis: Vom Drittaufwand ist die Rechtsnachfolge zu unterscheiden. So kann z. B. der Erbe den Aufwand des Rechtsvorgängers geltend machen (vgl. §§ 11d EStDV, 6 III, 23 I 3 EStG).

Von dem Kostentragungsprinzip sind bestimmte **Ausnahmen** anerkannt. Die Fallgruppen sind allgemein durch einen besonderen Zuwendungsgedanken geprägt. **62**

(1) Erfüllt der Steuerpflichtige eine *eigene* Verbindlichkeit mit einem Geldbetrag, der ihm zuvor von einem Dritten **schenkweise zugewandt** wurde, begleicht er die Verbindlichkeit mit eigenen Mitteln und ist folglich wirtschaftlich belastet. Die ursprüngliche Herkunft der zur Tilgung aufgewandten Geldmittel ist einkommensteuerlich ohne Bedeutung. Der Beschenkte kann die Aufwendungen zum Abzug bringen, während die Leistungsfähigkeit des Zuwendenden mangels Einkünfteerzielung nicht gemindert ist.

(2) Ebenso werden Fälle behandelt, in denen ein Dritter eine Schuld des Steuerpflichtigen mit Drittleistungswillen tilgt (§§ 267 I, 362 I BGB). Da der Dritte den Betrag nicht zunächst dem Begünstigten unentgeltlich zuwendet und dieser hiermit die Aufwendung tätigt, wird dieses Vorgehen als **Abkürzung des Zahlungswegs** bezeichnet. Der Begünstigte darf die Kosten als eigenen Aufwand ansetzen.

(3) In der letzten Fallgruppe schließt der Dritte *im eigenen Namen*, aber im Interesse des Steuerpflichtigen, einen Vertrag und leistet selbst die geschuldete Zahlung. Ob und inwieweit eine derartige **Abkürzung des Vertragswegs** abziehbaren Drittaufwand begründet, ist umstritten. In einem Grundsatzbeschluss aus dem Jahr 1999 ließ der GrS des *BFH* eine Entscheidung ausdrücklich dahinstehen, tendierte aber zu einer Ablehnung der Abzugsfähigkeit.

Fordert der Dritte den Aufwand nicht von dem Begünstigten zurück, liegt hierin die Schenkung eines **Erlasses der gesetzlichen Regressforderung** (§§ 397 I, 670, 683 S. 1 BGB). Es liegt nahe, diese Fälle mit der zuvor unter (1) behandelten Situation gleichzusetzen. Diese wirtschaftliche Betrachtung erkannte der *BFH* im Jahr 2000 dem Grunde nach an, begrenzte sie aber auf Bargeschäfte des täglichen Lebens. Bei Dauerschuldverhältnissen und Kreditverbindlichkeiten soll eine Anwendung der Grundsätze zur Abkürzung des Vertragswegs hingegen unzulässig sein.

Hinweis: Die dargestellten Grundsätze folgen aus dem objektiven Nettoprinzip und gelten daher auf Ebene der Einkünfteerzielung. Im Unterschied dazu sind Sonderausgaben und außergewöhnliche Belastungen durch das subjektive Nettoprinzip gerechtfertigt, das jedem Steuerpflichtigen ein persönliches Existenzminimum gewährt und daher notwendigerweise mit der Person des Aufwendenden verbunden ist. Nach h. M. dürfen die Ausnahmen vom grundsätzlich unzulässigen Drittaufwand daher nicht übertragen werden (str.).

5. Verlustausgleich

63 Ein Steuerpflichtiger kann einen Einkunftstatbestand zwar durch mehrere Tätigkeiten mehrmals erfüllen, die dadurch erzielten Gewinne bzw. Überschüsse werden jedoch addiert und als ein Rechnungsposten in § 2 I EStG eingestellt. Vermietet z. B. ein Steuerpflichtiger mehrere Wohnungen, verwirklicht er mit jeder Wohnung den Einkunftstatbestand des § 21 EStG. Im Rahmen von § 2 I Nr. 5 EStG sind nur die addierten Einkünfte aus Vermietung und Verpachtung aufzuführen. Daher können innerhalb der jeweiligen Einkunftsart Verluste (z. B. aus einer Mietwohnung) mit Gewinnen (z. B. aus einer anderen vermieteten Wohnung) verrechnet werden. Dieser sog. **horizontale Verlustausgleich** ist bereits in § 2 I 1 EStG angelegt und vollzieht sich innerhalb derselben Einkunftsart.

64 Davon ist der sog. **vertikale Verlustausgleich** zu unterscheiden. Letzterer erfolgt erst bei der Ermittlung des Gesamtbetrags der Einkünfte mittels Addition der Einkünfte aus den sieben Einkunftsarten (§ 2 III EStG). Demnach können positive Einkünfte aus einer Einkunftsart mit negativen Einkünften einer anderen Einkunftsart verrechnet werden, soweit nicht besondere Verlustausgleichsbeschränkungen (z. B. § 20 VI EStG) entgegenstehen.

Hinweis: Damit ist der Verlustausgleich grundsätzlich sowohl innerhalb einer Einkunftsart (horizontal) als auch unter verschiedenen Einkunftsarten (vertikal) in § 2 I–III EStG angelegt. Nur soweit negative mit positiven Einkünften aus einem **anderen VZ** verrechnet werden sollen, bedarf es einer Durchbrechung der Abschnittsbesteuerung nach § 10d EStG.

IV. Zeitpunkt der Erfassung

Sowohl bei der Einkünfteerzielung (§ 2 I–III EStG) als auch bei der Einkünfteverwendung (§ 2 IV–VI EStG) ist zu bestimmen, zu welchem Zeitpunkt eine Vermögensmehrung oder -minderung anzusetzen ist. 65

1. Grundsatz des Zu- und Abflussprinzips

Nach § 11 I 1, II 1 EStG gilt im gesamten Einkommensteuerrecht grundsätzlich das Zu- und Abflussprinzip. Dieses findet sowohl auf der Ebene der Ermittlung der Einkünfte als auch bei den Sonderausgaben, außergewöhnlichen Belastungen und Steuerermäßigungen Anwendung. 66

Hinweis: Eine abweichende Regel besteht z. B. für die Gewinnermittlung durch Betriebsvermögensvergleich (§§ 4 I, 5 ff. EStG i.V.m. § 11 I 5, II 6 EStG). Dort gilt das sog. **Realisationsprinzip**. Zu Einzelheiten siehe Rn. 130, 389.

Einnahmen werden zu dem Zeitpunkt erzielt, in dem sie dem Steuerpflichtigen zugeflossen sind (§ 11 I 1 EStG). Dagegen sind Ausgaben zu dem Zeitpunkt abzusetzen, in dem sie geleistet wurden (§ 11 II 1 EStG). Eine Definition des Zuflusses bzw. der Leistung enthält das EStG nicht. Überwiegend wird auf den Zeitpunkt abgestellt, in dem der Steuerpflichtige nach dem Gesamtbild der Verhältnisse die **wirtschaftliche Verfügungsmacht** über die Mittel erlangt bzw. verliert. Im Zahlungsverkehr mit **Barmitteln** ist dies der Zeitpunkt der Übergabe, ohne dass es auf das Vorliegen einer rechtlichen Zahlungspflicht oder auf die Fälligkeit der Forderung ankommt. Im **bargeldlosen Zahlungsverkehr** bestimmt sich die Verfügungsmöglichkeit nach der Fähigkeit des Leistenden bzw. des Leistungsempfängers, den Leistungserfolg herbeizuführen. Ein Korrespondenzprinzip in der Form, dass der Abfluss bei dem Leistenden gleichzeitig zu einem Zufluss bei dem Empfänger führen muss, existiert nicht. Beide Zeitpunkte sind unabhängig voneinander am Maßstab der wirtschaftlichen Verfügungsmacht zu beurteilen. 67

Beispiele: Bei einer **Überweisung** ist der Zufluss bei dem Empfänger regelmäßig erst mit der Gutschrift anzunehmen, während der Abfluss beim Leistenden bereits mit Eingang des Überweisungsauftrags bei der angewiesenen Bank erfolgt (§ 675p I BGB), sofern mit der Ausführung aufgrund ausreichender Kontodeckung zu rechnen ist. Ob der Zeitpunkt des Zuflusses auf den Zeitpunkt des Abflusses vorverlagert werden kann, wenn die Bank den Auftrag im normalen Geschäftsgang ausführt, ist umstritten.

Im Unterschied zu einer Überweisung wird ein (gedeckter) **Scheck** bzw. ein **Wechsel** wie Bargeld behandelt. Daher erfolgen Zu- und Abfluss mit der Übergabe der Urkunde, also nicht erst mit dessen Einlösung.

Wird eine Forderung abgetreten, liegen Zu- und Abfluss bei einer **Abtretung** (§ 398 BGB) an Erfüllungs statt (§ 364 I BGB) im Zeitpunkt der wirksamen Verfügung über die Forderung vor. Erfolgt die Abtretung nur erfüllungshalber (§ 364 II BGB), ist dem Empfänger also der Rückgriff auf die (gestundete) Hauptforderung weiterhin möglich, liegt ein Zufluss grundsätzlich erst im Zeitpunkt der Leistung durch den Drittschuldner vor. Ist die Forderung hingegen fällig, unbestritten und einziehbar, soll ausnahmsweise bereits die Abtretung wirtschaftlich als Zufluss anzusehen sein.

Abweichend von der zivilrechtlichen Rückwirkungsfiktion (§ 389 BGB) führt die **Aufrechnung** aufgrund der wirtschaftlichen Betrachtungsweise des Steuerrechts erst im Zeitpunkt des Zugangs der Aufrechnungserklärung zu einem Zu- bzw. Abfluss.

2. „Regelmäßig wiederkehrende Leistungen"

68 Ausnahmen vom Zu- und Abflussprinzip gelten insbesondere für regelmäßig wiederkehrende Leistungen. Dabei bestehen spezielle Regelungen für Einnahmen bzw. Ausgaben im Zusammenhang mit einer **Nutzungsüberlassung** (§ 11 I 3, II 3, 4 EStG; Rn. 233) sowie für Einnahmen aus **nichtselbständiger Arbeit** (§ 11 I 4 EStG; Rn. 149).

69 Für sonstige regelmäßig wiederkehrende Leistungen gilt subsidiär **§ 11 I 2, II 2 EStG**. Regelmäßig wiederkehrende Einnahmen bzw. Ausgaben sind nur solche Zahlungen, deren Wiederholung aufgrund eines **einheitlichen Rechtsgrunds** in **von vornherein definierter Höhe** und **bestimmten Zeitabständen** feststeht. Nicht erforderlich ist die gleichbleibende Höhe des Zahlbetrags, so dass Schwankungen (z. B. ein flexibler Zinssatz) unschädlich sind. Solche Leistungen gelten ausnahmsweise als in dem Kalenderjahr bezogen, zu dem sie wirtschaftlich gehören, wenn sie dem Steuerpflichtigen „kurze Zeit" vor oder nach Beginn des jeweiligen Kalenderjahres zu- bzw. abgeflossen sind. Dies ist anzunehmen, wenn der Geldfluss innerhalb eines Zeitraums von **10 Tagen um den Jahreswechsel** (22.12. bis 10.01.) erfolgt.

70 Ungeschriebene Voraussetzung für die Anwendung des § 11 I 2, II 2 EStG ist nach der Rechtsprechung, dass nicht nur die Leistung, sondern auch die **Fälligkeit** der Verbindlichkeit kurze Zeit vor bzw. nach dem Jahreswechsel eingetreten ist. Begründet wird dies mit der Gefahr willkürlicher Ergebnisse, da der Steuerpflichtige ansonsten manipulativ die wirtschaftliche Zugehörigkeit bestimmen könnte.

3. Absetzung für Abnutzung

Wichtige Ausnahmen von dem Zu- und Abflussprinzip des § 11 EStG enthalten die Vorschriften über die Absetzung für Abnutzung (AfA). Sie verteilen Betriebsausgaben über einen längeren Zeitraum, soweit das angeschaffte oder hergestellte Wirtschaftsgut voraussichtlich über einen längeren Zeitraum genutzt wird. Nach § 2 II 1 Nr. 1 EStG sind die Vorschriften unmittelbar nur für die Gewinneinkunftsarten anwendbar. Gemäß der Verweisung des § 9 I 3 Nr. 7 EStG gelten sie jedoch teilweise entsprechend für die Überschusseinkünfte. Während das Zu- und Abflussprinzip einheitlich für das gesamte EStG und damit u. a. auch für die zeitliche Zuordnung von Sonderausgaben und außergewöhnlichen Belastungen gilt, findet die AfA nur auf Ebene der Einkunftserzielung (§ 2 I–II EStG) Anwendung. **71**

a) Einführung

Die Grundnorm der AfA (§ 7 EStG) ist danach gegliedert, ob die Aufwendungen für ein Gebäude (§ 7 IV, V EStG) oder für sonstige Wirtschaftsgüter (§ 7 I–III EStG) getätigt wurden. Dabei gelten die Vorschriften über Gebäude für selbständige Gebäudeteile sowie für Eigentumswohnungen entsprechend (§ 7 Va EStG). Da der Gebäude-AfA vorwiegend bei den Einkünften aus Vermietung und Verpachtung (§ 21 EStG) Bedeutung zukommt, wird sie dort behandelt (Rn. 240 ff.). **72**

Der Regelungszweck der AfA wird unterschiedlich aufgefasst. **73** Während die betriebswirtschaftlich orientierte **Wertverzehrthese** die jährlichen Abzüge als korrespondierende Verteilung des gleichzeitigen Wertverzehrs des Wirtschaftsguts betrachtet, wird nach der im Steuerrecht herrschenden **Aufwandverteilungsthese** lediglich der ursprüngliche Aufwand auf die voraussichtliche Nutzungsdauer verteilt. Der Wertverzehr ist danach nur der typisierende Maßstab für die Dauer.

b) AfA nach § 7 I EStG

Für andere Wirtschaftsgüter als Gebäude ist jährlich jeweils der Teil **74** der Anschaffungs- bzw. Herstellungskosten abzusetzen, der bei gleichmäßiger Verteilung auf die Gesamtdauer der Nutzung auf ein Jahr entfällt. Damit ist grundsätzlich jedes Jahr der gleiche AfA-Betrag **linear** abzuziehen, bis die ursprünglich aufgewandten Anschaffungs- bzw. Herstellungskosten aufgezehrt sind.

aa) Voraussetzungen

Eine AfA-Pflicht besteht nur für Wirtschaftsgüter, deren Anschaf- **75** fung oder Herstellung durch die Einkunftserzielung veranlasst ist.

Andernfalls lägen keine Betriebsausgaben bzw. Werbungskosten (§§ 4 IV, 9 I 1, 3 Nr. 7 EStG) vor.

76 Darüber hinaus sind die Grundsätze der AfA nur anwendbar, wenn das Wirtschaftsgut erfahrungsgemäß über einen **„längeren" Zeitraum** zur Einkunftserzielung bestimmt ist. Damit sind im Rahmen der Gewinneinkünfte nur Wirtschaftsgüter des Anlagevermögens AfA-pflichtig, nicht jedoch solche des Umlaufvermögens (§ 247 II HGB). Obgleich den Überschusseinkünften ein Betriebsvermögen fremd ist, kann ein Vermögensgegenstand auch dort dauerhaft der Einkünfteerzielung dienen und daher AfA-pflichtig sein (z. B. ein beruflich genutzter PC eines Arbeitnehmers). Ausweislich § 7 I 1, 2 EStG muss die voraussichtliche *betriebsgewöhnliche* Nutzungsdauer des Wirtschaftsguts mehr als ein Jahr betragen. Die tatsächliche Nutzungsdauer ist zunächst ohne Bedeutung. Im Hinblick auf die voraussichtliche Nutzungsdauer orientiert sich die Verwaltung an sog. **AfA-Tabellen**, die in Form von Verwaltungsvorschriften allgemeine Erfahrungswerte wiedergeben.

bb) Bemessungsgrundlage

77 Nach § 7 I 1 EStG sind die Anschaffungs- und Herstellungskosten auf die erwartete Nutzungsdauer zu verteilen. Beide Begriffe werden nicht im EStG, sondern im dritten Buch des HGB definiert. Für die Gewinneinkünfte gelten diese Normen gemäß § 5 I 1 EStG. Aufgrund der Verweisung des § 9 I 3 Nr. 7 EStG finden sie bei den Überschusseinkünften entsprechende Anwendung.

78 **Anschaffungskosten** sind nach § 255 I 1 HGB die Aufwendungen, die geleistet werden, um einen Vermögensgegenstand zu erwerben und ihn in einen betriebsbereiten Zustand zu versetzen. Nach § 255 I 2 HGB gehören hierzu u. a. auch die Anschaffungsnebenkosten (z. B. Versand- oder Maklerkosten).

79 **Herstellungskosten** sind nach § 255 II 1 HGB die Aufwendungen, die durch den Verbrauch von Gütern (sog. Materialkosten, § 255 II 2 HGB) und die Inanspruchnahme von Diensten für die Herstellung eines Vermögensgegenstands, seine Erweiterung oder für eine über seinen ursprünglichen Zustand hinausgehende wesentliche Verbesserung entstehen. Keine Herstellungskosten sind die allgemeinen Verwaltungskosten (§ 255 II 4 HGB); diese können sofort abgezogen werden.

80 Für die **Umsatzsteuer** ist **§ 9b EStG** zu beachten. Dieser gilt nach seiner systematischen Stellung sowohl für die Gewinn- als auch für die Überschusseinkünfte. Stellt die Umsatzsteuer aufgrund des Vorsteuerabzugs (§ 15 UStG) keine wirtschaftliche Belastung dar, darf sie die AfA-Bemessungsgrundlage nicht erhöhen. Wer hingegen nicht zum Vorsteuerabzug berechtigt ist und daher die im Bruttopreis an seinen Lieferan-

ten gezahlte Umsatzsteuer nicht vom Finanzamt zurückerhält, ist durch sie belastet und darf sie in die AfA-Bemessungsgrundlage einstellen.

Hinweis: Werden Wirtschaftsgüter des Privatvermögens unentgeltlich erworben, tritt der **Rechtsnachfolger** in die AfA-Linie seines Rechtsvorgängers ein (§ 11d EStDV). Bei einem teilweise entgeltlichen Erwerb (z. B. einer gemischten Schenkung) entstehen daher zwei AfA-Linien: die fortgeführte des Rechtsvorgängers und die durch eigene Anschaffungskosten neu begründete. Für Wirtschaftsgüter des Betriebsvermögens gilt § 6 III–V EStG.

cc) Höhe der Raten

Bei der **linearen AfA** werden die Raten nach gleichen Jahresbeträ- **81**
gen bemessen (§ 7 I 1 EStG).

Beispiel: Wird ein Pkw für 60.000 € angeschafft und auf sechs Jahre abgeschrieben, sind jährlich 10.000 € als Betriebsausgaben bzw. Werbungskosten anzusetzen. Ein sofortiger Abzug i.H.v. 60.000 € ist ausgeschlossen.

Für die Gewinneinkunftsarten besteht alternativ die Möglichkeit der **82**
sog. **Leistungs-AfA** (§ 7 I 6 EStG). Unterliegt die Abnutzung des Wirtschaftsguts innerhalb der voraussichtlichen Nutzungsdauer erheblichen Schwankungen, kann es im Interesse des Steuerpflichtigen liegen, die jeweilige jährliche Nutzung (z. B. km-Leistung, Arbeitsstunden) aufzuzeichnen und die AfA-Rate anhand des tatsächlichen Umfangs zu bemessen. Die Möglichkeit der Leistungs-AfA ist auf Wirtschaftsgüter des Anlagevermögens begrenzt; sie besteht daher trotz der Verweisung in § 9 I 3 Nr. 7 EStG nicht im Rahmen der Überschusseinkunftsarten.

dd) Beginn der AfA

Nach **§ 7 I 4 EStG** ist die AfA ab dem Zeitpunkt der Anschaffung bzw. **83**
Herstellung anzusetzen. Als Anschaffung wird der Zeitpunkt der Lieferung, als Herstellung der Zeitpunkt der Fertigstellung bezeichnet (§ 9a EStDV). Folglich kommt es entgegen § 11 II 1 EStG nicht darauf an, ob und wann die Gegenleistung erbracht wurde. Der Ansatz erfolgt ***pro rata temporis***. Damit ist die jährliche AfA monatsgenau auf das Verhältnis umzulegen, zu dem das Wirtschaftsgut dem Steuerpflichtigen zur Verfügung stand.

ee) AfaA

Sowohl die Gebäude-AfA (§ 7 IV 1 EStG) als auch die lineare AfA **84**
(§ 7 I EStG) verteilen die Aufwendungen anhand einer Typisierung. Entfernt sich diese aufgrund der tatsächlichen Verhältnisse in unvertret-

barem Umfang von der Wirklichkeit, sieht § 7 I 7 Hs. 1 EStG die Möglichkeit einer Abschreibung für eine **außergewöhnliche technische oder wirtschaftliche Abnutzung** (AfaA) vor. Diese ist nach § 7 IV 3 EStG auch bei Gebäuden zulässig.

85 Eine außergewöhnliche technische oder wirtschaftliche Abnutzung erfordert einen außerplanmäßigen Wertverzehr, der sich auf die **Nutzungs- und Funktionsfähigkeit** des Wirtschaftsguts auswirkt. Ein solcher kann auf technischen Umständen (z. B. einer Substanzeinbuße aufgrund eines Unfalls) oder auf wirtschaftlichen Gegebenheiten (z. B. der Überholung einzelner Güter durch neue Erfindungen und Marktentwicklungen) beruhen.

86 Bleibt die Wertminderung hingegen ohne Auswirkung auf die Nutzungsmöglichkeit, ist die AfaA ausgeschlossen. In derartigen Fällen kommt lediglich eine sog. **Teilwertabschreibung** (§ 6 I Nr. 1 S. 2 EStG) in Betracht. Diese ist jedoch Steuerpflichtigen vorbehalten, die Gewinneinkünfte erzielen und bilanzieren. Nur sie können einen im Vergleich zum Buchwert niedrigeren Teilwert ansetzen.

Beispiel hierfür ist der merkantile Minderwert, wenn ein beschädigter, aber funktionsfähiger Pkw repariert wird, aufgrund der Eigenschaft als Unfallfahrzeug jedoch ein geminderter Marktwert verbleibt.

Hinweis: Die AfaA ist eine Ergänzung, nicht aber ein Ersatz für die reguläre AfA. Daher sind im VZ der außergewöhnlichen Abnutzung sowohl die AfA als auch die AfaA in Ansatz zu bringen.

c) Degressive AfA nach § 7 II, III EStG

87 Für Wirtschaftsgüter, die nach dem 31.12.2008 und vor dem 1.1.2011 angeschafft wurden, besteht die Möglichkeit einer degressiven AfA. Durch das gegenüber einer linearen Abschreibung höhere Abschreibungsvolumen im Jahr der Anschaffung bzw. Lieferung soll die degressive AfA einen besonderen Investitionsanreiz begründen.

88 **Hinweis:** Insbesondere in konjunkturell schwierigen Zeiten wird zur Belebung der Binnenkonjunktur regelmäßig die Wiedereinführung der degressiven AfA gefordert.

Nach § 7 II 1 EStG kann der Steuerpflichtige bei beweglichen Wirtschaftsgütern des Anlagevermögens zwischen der linearen und der degressiven AfA wählen. Den Überschusseinkünften ist ein **Anlagevermögen** fremd; folglich kann die degressive AfA dort trotz der Verweisung des § 9 I 3 Nr. 7 EStG nicht gewählt werden.

89 Im Unterschied zur linearen AfA wird die Höhe der jährlichen Raten nicht nach gleichbleibenden, sondern nach fallenden Jahresbeträgen

bemessen. Der Jahresbetrag wird durch einen unveränderlichen **Prozentsatz vom jeweiligen Restbuchwert** ermittelt. Dieser darf höchstens das 2,5-fache des sich aus der betriebsgewöhnlichen Nutzungsdauer ergebenden linearen Prozentsatzes betragen und 25 % nicht übersteigen (§ 7 II 2 EStG). Aufgrund dieser Begrenzungen ist die degressive AfA nur bei langlebigen Wirtschaftsgütern von Vorteil.

Beispiel: Schafft der Steuerpflichtige ein betrieblich genutztes Kfz für 18.000 € an und plant eine Nutzungsdauer von 6 Jahren, beträgt die lineare Abschreibung jährlich 3.000 €. Das 2,5-fache hiervon beträgt 7.500 €. Aufgrund der Beschränkung auf 25 % dürfen jedoch max. 4.500 € angesetzt werden.

Da die Jahresbeträge der degressiven AfA über die jährlich geringer werdende Bemessungsgrundlage fortlaufend abnehmen, würde die stetige Anwendung des § 7 II EStG zu einer unendlichen AfA-Linie führen. Daher gestattet § 7 III 1 EStG den Übergang von der degressiven zur linearen AfA. Dies ist sinnvoll, sobald der hypothetische Jahresbetrag der linearen AfA den der degressiven AfA übersteigt. 90

d) Geringwertige Wirtschaftsgüter

Für sog. geringwertige Wirtschaftsgüter enthält **§ 6 II, IIa EStG** besondere Vorschriften. Diese gehen der AfA (§ 7 EStG) vor. Sie sind insoweit systemwidrig verortet, als sie keine Aussagen zur Bewertung, sondern nur hinsichtlich des zeitlichen Ansatzes treffen. Dabei ist zwischen Gewinn- und Überschusseinkünften zu unterscheiden. 91

aa) Gewinneinkünfte (§ 2 II 1 Nr. 1 EStG)

Nach **§ 6 II 1, 3 EStG** können die Anschaffungs- und Herstellungskosten im Jahr der Anschaffung in voller Höhe als Betriebsausgaben (§ 4 IV EStG) abgesetzt werden, wenn das abnutzbare bewegliche Wirtschaftsgut des Anlagevermögens einer selbständigen Nutzung zugänglich ist und der hypothetische Nettoaufwand **800 €** nicht übersteigt. Alternativ kann § 7 EStG angewendet werden. 92

Die Fähigkeit zur **selbständigen Nutzung** ist in § 6 II 2 EStG definiert. Danach können z. B. Werkzeuge, Möbelstücke oder Notebooks ohne weiteres und damit selbständig benutzt werden. Dagegen kann z. B. ein Drucker nur zusammen mit einem PC bedient werden. 93

Der in § 6 II 1, 3 EStG genannte Betrag ist ein **Nettobetrag**, so dass die Anschaffungs- und Herstellungskosten brutto bis zu 952 € (= 800 € + 19 % Umsatzsteuer) betragen können. Da die Norm lediglich auf den „enthaltenen Vorsteuerbetrag" i.S.d. § 9b I EStG abstellt, ist es ohne Bedeutung, ob der Steuerpflichtige tatsächlich zum Vorsteuerabzug berechtigt ist. 94

Übersteigt der Nettopreis **250 €**, sieht **§ 6 IIa 1 EStG** ein weiteres Wahlrecht („kann") vor. Geringwertige Wirtschaftsgüter, deren An- 95 schaffungs- bzw. Herstellungskosten 1.000 € netto nicht übersteigen, können in einen Sammelposten eingestellt werden. Dieser ist unabhängig von der tatsächlichen und betriebsgewöhnlichen Nutzungsdauer der Wirtschaftsgüter linear über die Dauer von fünf Jahre mit jeweils 20 % aufzulösen (§ 6 IIa 2 EStG, sog. **Pool-Abschreibung**). Für geringwertige Wirtschaftsgüter, deren Anschaffungs- bzw. Herstellungskosten 800 € netto nicht übersteigen, kann alternativ der sofortige Abzug gewählt werden. Das Wahlrecht ist für alle im Pool befindlichen Wirtschaftsgüter einheitlich auszuüben (§ 6 IIa 5 EStG).

bb) Überschusseinkünfte (§ 2 II 1 Nr. 2 EStG)

96 Während § 7 EStG gemäß § 9 I 3 Nr. 7 S. 1 EStG auch auf Überschusseinkünfte anzuwenden ist, gilt für geringwertige Wirtschaftsgüter nur § 6 II 1–3 EStG (vgl. § 9 I 3 Nr. 7 S. 2 EStG). Eine Pool-Abschreibung (§ 6 IIa EStG) ist mangels Verweisung unzulässig, so dass ein Sofortabzug nur möglich ist, wenn die Anschaffungs- oder Herstellungskosten für das einzelne Wirtschaftsgut geringwertig sind, also 800 € netto nicht übersteigen.

V. Bestimmung der objektiven Leistungsfähigkeit

1. Abgrenzung zur Privatsphäre, § 12 EStG

97 Aufwendungen des Steuerpflichtigen, die durch die Einkünfteerzielung veranlasst sind, kann er nach § 2 II 1 EStG bei der jeweiligen Einkunftsart absetzen. Sie sind der Erwerbssphäre zugeordnet und mindern nach dem objektiven Nettoprinzip die Bemessungsgrundlage. Im Umkehrschluss kann der Steuerpflichtige solche Aufwendungen, die nicht der Erzielung von Einnahmen dienen, grundsätzlich nicht zum Abzug bringen. Es handelt sich um Ausgaben der **privaten Lebensführung**. Auf diesem Grundgedanken basiert § 12 EStG, der in seinem weitgehend deklaratorischen Katalog Aufwendungen aufführt, die aufgrund ihrer Nähe zur privaten Lebensführung nicht abziehbar sind. Ausweislich des Einleitungssatzes gilt dies aber nur, soweit sich aus den Vorschriften über Sonderausgaben und außergewöhnliche Belastungen nicht ausnahmsweise anderes ergibt.

§ 12 Nr. 1 EStG: Aufwendungen für die Lebensführung

§ 12 Nr. 2 EStG: freiwillige Zuwendungen

§ 12 Nr. 3 EStG: Steuern vom Einkommen (ESt, LSt, KapESt) und andere Personensteuern (ErbSt) einschließlich auf sie entfallender Nebenleistungen

§ 12 Nr. 4 EStG: Geldstrafen und sonstige vermögensrechtliche Folgen

a) Lebensführungsaufwand

Nach **§ 12 Nr. 1 S. 1 EStG** können die für den Haushalt des Steuerpflichtigen und für den Unterhalt seiner Familienangehörigen aufgewandten Beträge als Kosten der Lebensführung nicht auf Ebene der Einkünfte abgezogen werden. Die Regelung ist insofern deklaratorisch, da derartige Kosten nicht durch die Einkünfteerzielung veranlasst sind und daher bereits nach dem objektiven Nettoprinzip nicht als Betriebsausgaben oder Werbungskosten berücksichtigt werden dürfen. **98**

Von erheblicher Bedeutung ist hingegen **§ 12 Nr. 1 S. 2 EStG**. Danach dürfen Aufwendungen für die Lebensführung, die die wirtschaftliche oder gesellschaftliche Stellung des Steuerpflichtigen mit sich bringt, auch dann nicht als beruflich veranlasst angesehen und abgezogen werden, wenn sie zur Förderung des Berufs oder der Tätigkeit des Steuerpflichtigen erfolgen. Die Norm gilt nach ihrem Wortlaut nur für sog. **Repräsentationsaufwendungen** und damit z. B. für Einladungen, Feiern sowie die im Büroalltag übliche Businesskleidung. **99**

Über den Wortlaut hinaus sollte **§ 12 Nr. 1 S. 2 EStG** auch weiterhin ein allgemeines und konstitutiv wirkendes **Aufteilungs- und Abzugsverbot** für Aufwendungen entnommen werden, bei denen private und berufliche Gründe derart ineinandergreifen, dass eine Trennung nicht möglich ist und schlichtweg willkürlich wäre. Dies bedeutet, dass Aufwendungen, die sowohl dem Privatbereich als auch der Einkünfteerzielung zuzuordnen sind (sog. **gemischte Aufwendungen**), grundsätzlich in vollem Umfang vom Betriebs- oder Werbungskostenabzug ausgeschlossen sind. Auf diese Weise wird die missbräuchliche Verknüpfung von privatem Aufwand mit der Einkünfteerzielung verhindert. **99a**

aa) Vorliegen einer gemischten Aufwendung

In einem ersten Schritt ist danach zu fragen, ob überhaupt eine gemischte Aufwendung vorliegt. Obwohl dies eigentlich Sache der Tatsachenfeststellung sein müsste, wird hierbei aus Praktikabilitätserwägungen vor allem typisierend vorgegangen. Begründet wird dies mit **§ 9 I 3 Nr. 6 EStG**, wonach Aufwendungen für Arbeitsmittel (z. B. für Werkzeuge und typische Berufskleidung) stets Werbungskosten darstellen. Bei den Aufwendungen, die ihrer Art nach typischerweise der beruflichen Tätigkeit des Steuerpflichtigen zuzuordnen sind, wird ein Veranlassungszusammenhang angenommen, ohne dass es hierfür im Einzelfall weiterer Darlegungen bedarf. Die Tatsache, dass auch Werkzeuge und typische Berufskleidung privat genutzt werden können, ist nach § 9 I 3 Nr. 6 EStG ohne Bedeutung. Die Norm enthält eine rechtsbegründende Fiktion, die die private Mitveranlassung verdrängt. Im Unter- **100** schied dazu liegen gemischt berufliche und private Aufwendungen vor, wenn die private Nutzung nach der allgemeinen Lebenserfahrung nicht ausgeschlossen werden kann.

bb) Aufteilbarkeit

101 Da das Aufteilungs- und Abzugsverbot zu Lasten der Besteuerung nach der objektiven Leistungsfähigkeit wirkt, wurde eine Aufteilung schon bisher zugelassen, wenn sich privater und einkünfteerzielender Anteil anhand eines **objektiven Maßstabs leicht und einwandfrei** trennen lassen. Soweit der private Anteil von dem durch die Einkünfteerzielung veranlassten Anteil herausgetrennt werden kann (sog. „Atomisierung der Kosten"), besteht keine Missbrauchsgefahr. Hinreichend zuverlässige Aufteilungsmaßstäbe sind z. B. die im Fahrtenbuch aufgezeichneten gefahrenen km eines Pkw, der Flächenanteil eines Arbeitszimmers im Verhältnis zur Gesamtwohnfläche der Wohnung und die in der Rechnung aufgelisteten Telefoneinheiten.

102 Mittlerweile lässt die Rechtsprechung auch bei Kosten, die nicht anhand derartiger Merkmale untergliedert werden können, eine **schätzweise Aufteilung** zu. Erforderlich hierzu sind ein sachgerechter Maßstab mit konkreten objektiven Schätzungskriterien sowie ein hinreichender Zusammenhang zwischen dem Schätzungskriterium und dem Aufwand.

Beispiele: Für **Telefonkosten** ist eine schätzungsweise Aufteilung der Grundgebühr möglich, obwohl diese nur für die Bereitstellung des Anschlusses geleistet wird und nicht einzelnen Telefonanrufen zugeordnet werden kann. Für einen gemischt genutzten **PC** wird aus Praktikabilitätserwägungen von einer hälftigen Aufteilung der Anschaffungskosten ausgegangen, soweit nicht eine andere Nutzung nachgewiesen wird. Zuletzt wurden vom GrS des *BFH* die **Kosten des Hin- und Rückflugs** zu einem beruflich veranlassten Fachkongress schätzungsweise im Verhältnis der vor Ort beruflich und privat verbrachten Tage zugelassen. Auf das Kriterium der konkreten Verursachung des Aufwands durch den jeweiligen beruflichen bzw. privaten Beitrag wird mittlerweile verzichtet.

Hinweis: Die Entscheidung des GrS des BFH wird vielfach dahingehend gedeutet, das konstitutive Aufteilungs- und Abzugsverbot sei aufgegeben worden. Allerdings verwehren auch die Verfechter dieser Ansicht eine Aufteilung, wenn kein qualifizierter Schätzungsmaßstab ersichtlich ist.

cc) Untergeordnete Bedeutung

103 Die Grundsätze zur Aufteilung einer gemischten Aufwendung finden keine Anwendung, wenn die Mitveranlassung durch die private Lebensführung nur von **untergeordneter Bedeutung** ist. Ist eine

Aufteilung nach o. g. Maßstäben möglich, wird dies regelmäßig bei einer privaten Mitveranlassung von weniger als 10 % der gesamten Nutzung angenommen. In den übrigen Konstellationen ist über das Gewicht der privaten Mitveranlassung wertend zu entscheiden.

b) Geldstrafen

Nach **§ 12 Nr. 4 EStG** dürfen die in einem Strafverfahren festgesetzten Geldstrafen nicht als berufliche Ausgaben abgezogen werden. Da diese eine persönliche Schuld voraussetzen, stehen sie auch dann in erheblicher Nähe zur Privatsphäre des Steuerpflichtigen, wenn die Tat im Zusammenhang mit einer Tätigkeit der Einkünfteerzielung begangen wurde. Im Umkehrschluss zu § 4 V 1 Nr. 8 EStG („im Geltungsbereich dieses Gesetzes"), der ein Abzugsverbot für Geldbußen, Ordnungs- und Verwarnungsgelder enthält, ist § 12 Nr. 4 EStG auch auf ausländische Geldstrafen anzuwenden. Dagegen sind **Wiedergutmachungskosten** ebenso wenig erfasst wie die **Kosten des Strafverfahrens** (Gerichts- und Anwaltskosten). Letztere können die Einkünfte mindern, soweit die Tatbegehung beruflich veranlasst war. **104**

einstweilen frei **105**

2. Einschränkungen des objektiven Nettoprinzips

Alle Aufwendungen, die objektiv durch die jeweilige steuerbare Tätigkeit veranlasst sind (§§ 4 IV, 9 I 1 EStG), sind auf Ebene der Einkünfteermittlung zu berücksichtigen. Eine Prüfung, ob die Aufwendungen zweckmäßig oder rentabel sind, findet nicht statt. Insbesondere um Missbräuche zu verhindern, enthält **§ 4 V 1 EStG** typisierte Fälle, in denen der Abzug von Betriebsausgaben v. a. aufgrund ihrer Unangemessenheit begrenzt wird. Insofern wird § 4 V 1 Nr. 7 EStG als „Schlüssel zum Verständnis" des gesamten Absatzes gesehen. Daneben ist die Norm teilweise durch die Idee des Schutzes der Gesamtrechtsordnung geprägt (§ 4 V 1 Nr. 8, 8a, 10 EStG). Für Überschusseinkünfte gilt § 4 V 1 EStG weitgehend entsprechend (**§ 9 V 1 EStG**). **106**

a) Geschenke

Aufwendungen für Geschenke an Personen, die nicht Arbeitnehmer des Steuerpflichtigen sind, dürfen den Gewinn grundsätzlich nicht mindern (**§ 4 V 1 Nr. 1 S. 1 EStG**). Ein Geschenk ist eine Zuwendung, die nicht als Gegenleistung für eine bestimmte Leistung des Empfängers gedacht ist und die nicht mit einer solchen in unmittelbarem Zusammenhang steht. **107**

108 Aufwendungen für Geschenke sind ausnahmsweise abziehbare Betriebsausgaben, wenn die Anschaffungs- oder Herstellungskosten der dem Empfänger im Jahr zugewendeten Gegenstände 35 € pro Person nicht übersteigen (§ 4 V 1 Nr. 1 S. 2 EStG). Hierbei handelt es sich um eine **Freigrenze**; übersteigen die Anschaffungs- oder Herstellungskosten den Betrag, entfällt jegliche Abzugsmöglichkeit.

b) Bewirtungskosten

109 Aufwendungen für die Bewirtung von Personen aus geschäftlichem Anlass sind gemäß **§ 4 V 1 Nr. 2 S. 1 EStG** nicht abziehbare Betriebsausgaben, soweit sie 70 % der Aufwendungen übersteigen, die nach der allgemeinen Verkehrsauffassung als angemessen anzusehen und deren Höhe und betriebliche Veranlassung durch einen sog. Bewirtungsbeleg (§ 4 V 1 Nr. 2 S. 2, 3 EStG) nachgewiesen sind. Zunächst sind folglich die tatsächlichen Bewirtungskosten anhand des Bewirtungsbelegs zu ermitteln. Im Anschluss daran sind die entstandenen Kosten einer Angemessenheitsprüfung zu unterziehen und ggf. auf das angemessene Maß zu reduzieren. Von den angemessenen Kosten dürfen nun lediglich 70 % als Betriebsausgaben abgesetzt werden.

c) Häusliches Arbeitszimmer

110 Aufwendungen für ein häusliches Arbeitszimmer sowie die Kosten der Ausstattung dürfen bei der Gewinnermittlung grundsätzlich nicht als Betriebsausgaben berücksichtigt werden (**§ 4 V 1 Nr. 6b S. 1 EStG**). Nach § 4 V 1 Nr. 6b S. 2, 3 EStG ist ein Abzug i.H.v. max. 1.250 € ausnahmsweise möglich, wenn für die konkrete Tätigkeit kein anderer Arbeitsplatz zur Verfügung steht. Bildet das Arbeitszimmer den Mittelpunkt der gesamten Erwerbsphäre des Steuerpflichtigen, ist der Abzug in unbegrenzter Höhe zulässig.

111 Für § 4 V 1 Nr. 6b S. 1 EStG ist zunächst die Frage zu beantworten, ob überhaupt ein **„häusliches" Arbeitszimmer** vorliegt. Dazu muss der Raum in die häusliche Sphäre des Steuerpflichtigen eingebunden sein und der Erledigung gedanklicher, schriftlicher oder verwaltungstechnischer bzw. organisatorischer Arbeiten dienen. Hierfür ist es erforderlich, dass das Zimmer unter einer Gesamtwürdigung der Erfordernisse der Einkunftsart **nahezu ausschließlich** beruflich genutzt wird. Eine schätzweise Aufteilung des Aufwands im Fall eines sowohl beruflich als auch privat genutzten Arbeitszimmers ist nach dem BFH GrS unzulässig.

112 Das Arbeitszimmer ist **häuslich**, wenn es sich in den Wohnräumen des Steuerpflichtigen befindet. Bei einem Raum außerhalb der Wohnung entfällt der Zusammenhang mit der Wohnung, wenn das Arbeits-

zimmer über eine der Allgemeinheit zugängliche und auch von anderen Personen genutzte Verkehrsfläche zu erreichen ist.

Zur **Ausstattung** gehören im Umkehrschluss zu § 9 I 3 Nr. 6, V 1 EStG nur Gegenstände, die in einem Nutzungs- und Funktionszusammenhang mit dem Raum stehen (z. B. Teppiche, Gardinen). Dagegen können Aufwendungen für Arbeitsmittel (z. B. Schreibtisch, Lampe, PC) als Werbungskosten abgesetzt werden. Die Wertung des § 9 I 3 Nr. 6 EStG ist aufgrund des Gleichbehandlungsgebots (Art. 3 I GG) auch für die Gewinneinkünfte maßgeblich. **113**

Steht für die Tätigkeit kein anderer Arbeitsplatz zur Verfügung, ist die Höhe des Abzugs auf 1.250 € begrenzt (§ 4 V 1 Nr. 6b S. 2, 3 Hs. 1 EStG). Bei dieser Rückausnahme dem Grunde nach ist auf die konkrete Einkunftsart abzustellen. **Kein anderer Arbeitsplatz** steht z. B. zur Verfügung, wenn die Tätigkeit ausschließlich von zu Hause ausgeübt werden soll. Gleiches gilt, wenn zwar ein anderer Arbeitsplatz besteht, dieser im Einzelfall aber nicht zur Erledigung der erforderlichen Tätigkeiten geeignet ist (z. B. wegen drohender Gesundheitsgefährdungen). **114**

Hinweis: Über das Merkmal des „anderen Arbeitsplatzes“ wird ausnahmsweise die Erforderlichkeit des Aufwands geprüft.

Eine Rückausnahme mit der Folge, dass sämtliche Aufwendungen abzugsfähig sind, besteht indes, wenn das häusliche Arbeitszimmer den Mittelpunkt der gesamten betrieblichen und beruflichen Tätigkeit darstellt (§ 4 V 1 Nr. 6b S. 3 Hs. 2 EStG). Dies bestimmt sich danach, ob der Steuerpflichtige dort diejenigen Handlungen vornimmt und Leistungen erbringt, die für den konkret ausgeübten Beruf wesentlich und prägend sind. Maßgeblich ist damit der **qualitative Mittelpunkt** seiner Tätigkeit (Kerntätigkeit). Danach ist z. B. für den Beruf des Hochschullehrers die Vorlesung in der Universität, für den Richter die rechtsprechende Tätigkeit im Gericht prägend. Dem zeitlichen quantitativen Umfang kommt lediglich eine indizielle Bedeutung zu. So kann z. B. das Arbeitszimmer eines Außendienstmitarbeiters auch dann Mittelpunkt seiner Tätigkeit sein, wenn er einen beträchtlichen Teil seiner Arbeitszeit mit Kundenbesuchen verbringt. Da auf den Mittelpunkt der betrieblichen *und* beruflichen Betätigung abzustellen ist, sind alle Erwerbstätigkeiten des Steuerpflichtigen in ihrer Gesamtheit zu betrachten. **115**

Soweit das Abzugsverbot entfällt, können die Aufwendungen für das häusliche Arbeitszimmer und die Kosten der Ausstattung zum Ansatz gebracht werden. Dazu gehören u. a. die Gebäude-AfA sowie eventuelle Schuldzinsen, soweit der Wohnraum mit Fremdkapital angeschafft oder hergestellt wurde. Wurde er angemietet, ist der auf das Arbeitszimmer entfallende Anteil abzugsfähig. Daneben können die laufenden Kosten **116**

(Heizung, Strom) in Abzug gebracht werden. Der Anteil der auf das Arbeitszimmer im Verhältnis zum Wohnraum entfallenden Aufwendungen wird im Verhältnis der Grundfläche (m^2) berechnet.

Hinweis: Unabhängig von den Voraussetzungen des § 4 V 1 Nr. 6b S. 2 EStG kann das Arbeitszimmer zum **notwendigen Betriebsvermögen** gehören. Es entstehen **stille Reserven**, die z. B. im Fall der Aufgabe der Tätigkeit aufgedeckt werden. Hierüber hilft ggf. das Wahlrecht des § 8 EStDV hinweg.

d) Unangemessene Aufwendungen

117 Andere als die in § 4 V 1 Nr. 1–6, 6b EStG bezeichneten Aufwendungen sind nicht zum Abzug zugelassen, soweit sie nach allgemeiner Verkehrsauffassung als unangemessen anzusehen sind (**§ 4 V 1 Nr. 7 EStG**). Die Vorschrift enthält eine Ausnahme von dem Grundsatz der freien Dispositionsbefugnis des Steuerpflichtigen und verhindert, dass Luxusaufwendungen über einen erwerbswirtschaftlichen Zusammenhang von der Allgemeinheit mitfinanziert werden (z. B. ein antiker Schreibtisch des Schriftstellers oder ein von einem Tierarzt nur selten genutzter Luxussportwagen).

118 Die Unangemessenheit ist durch einen **Fremdvergleich** mit dem Verhalten eines ordentlichen und gewissenhaften Steuerpflichtigen zu ermitteln. Dabei ist eine Gesamtabwägung aller Umstände des konkreten Einzelfalles vorzunehmen und zu fragen, inwieweit der Aufwand der Höhe nach sachlich gerechtfertigt und wirtschaftlich war. Die die Unangemessenheit begründenden Umstände hat das Finanzamt darzulegen.

e) Bestechungsgelder

119 Neben der Unangemessenheitsgrenze verfolgt § 4 V 1 EStG auch das Ziel der Wahrung der Gesamtrechtsordnung (s. Rn. 106). Bestechungsgelder, die z. B. von einem Bauunternehmer bei einer Ausschreibung an den Ausschreibenden geleistet werden, dürfen daher trotz ihrer betrieblichen Veranlassung nicht als Betriebsausgaben abgezogen werden (**§ 4 V 1 Nr. 10 EStG**). Die nach dem Wortlaut erforderliche Strafbarkeit kann sich insbesondere aus den §§ 266, 298 f., 331 ff. StGB ergeben. Neben der Mitteilungspflicht des Finanzamts an die Staatsanwaltschaften (§ 4 V 1 Nr. 10 S. 3 EStG i.V.m. § 30 IV Nr. 5 AO), besteht auch eine Mitteilungspflicht der Gerichte und Staatsanwaltschaften an die Finanzbehörden (§ 4 V 1 Nr. 10 S. 2 EStG).

3. Kosten der Bildung

Nach der Vorstellung des Gesetzgebers dient sowohl die allgemeine Schulbildung als auch das Erlernen erster beruflicher Grundlagen der Persönlichkeitsentwicklung. Darauf entfallender Aufwand ist folglich der Privatsphäre zuzuordnen. Für die allgemeine Schulbildung ergibt sich dies aus § 12 Nr. 1 EStG. Im Gegensatz dazu sah die Rechtsprechung die Kosten der Erstausbildung und des Erststudiums als vorweggenommene Aufwendungen einer späteren Berufsausübung an. Dies hätte zur Folge, dass Steuerpflichtige erhebliche Ausbildungsverluste in das erste Jahr der Erwerbstätigkeit vortragen (§ 10d EStG) und so ihre Steuerlast mindern könnten. Dem hat der Gesetzgeber mit den **§§ 4 IX, 9 VI EStG** widersprochen. Nach dieser Systementscheidung stellen die Aufwendungen für eine Erstausbildung (§§ 9 VI 2, 4 IX 2 EStG) grundsätzlich weder Betriebsausgaben noch Werbungskosten dar. Anderes gilt nur ausnahmsweise, wenn die Berufsausbildung bzw. das Erststudium „im Rahmen eines Dienstverhältnisses" stattfindet, also integraler Bestandteil des Dienstverhältnisses ist (§§ 9 VI 1 Alt. 2, 4 IX 2 EStG). Ob die Regelung mit dem objektiven Nettoprinzip vereinbar ist, wird das BVerfG aufgrund einer Vorlage des BFH wohl noch im Kalenderjahr 2019 entscheiden. **119a**

Hinweis: Können die Aufwendungen weder als Betriebsausgaben noch als Werbungskosten abgezogen werden, ist in Höhe von bis zu 6.000 € ein Abzug als Sonderausgabe möglich (**§ 10 I Nr. 7 EStG**). Der wesentliche Unterschied zu („vorweggenommenen") Erwerbsaufwendungen besteht darin, dass Sonderausgaben keinem Verlustvortrag zugänglich sind.

Zu unterscheiden sind: **119b**

Die **Allgemeinbildung** dient keiner konkreten Ausbildung im Hinblick auf einen bestimmten Beruf, sondern nur dem Erlernen von Grundfertigkeiten und Grundwissen. Daher sind z. B. Kosten der allgemeinen Schulausbildung ausschließlich der Privatsphäre zuzuordnen. Sie können weder als („vorweggenommene") Erwerbsaufwendungen noch als Sonderausgaben abgezogen werden (§ 12 Nr. 1 EStG).

Die **Erstausbildung** kann in einer Berufsausbildung oder in einem Studium bestehen (§§ 4 IX 1, 9 VI 1 EStG). Eine Berufsausbildung erfordert regelmäßig eine auf Basis einer Ausbildungsordnung durchgeführte Ausbildung mit einer Mindestdauer von 12 Monaten in Vollzeit sowie eine Abschlussprüfung (§ 9 VI 2–5 EStG). Unklar ist, ob diese auch bestanden worden sein muss. Der Begriff des Studiums ist gesetzlich nicht definiert. Die Auslegung wird sich an den Vorschriften zur Berufsausbildung orientieren. Entstandene Kosten sind nur dann Werbungskosten, wenn die Ausbildung im Rahmen eines Dienstverhältnisses stattfindet (§ 9 VI 1 EStG).

Von der Allgemeinbildung und der Erstausbildung sind konkret berufsbezogene **Fortbildungskosten** zu unterscheiden. Letztes sind Aufwendungen, die der Steuerpflichtige tätigt, um sich in dem ausgeübten Beruf über neue Entwicklungen zu informieren und den jeweiligen Anforderungen gerecht zu werden. Sie sind unbegrenzt auf Ebene der Einkünfteerzielung als Betriebsausgaben bzw. Werbungskosten abziehbar, da sie durch die jeweilige Einkunftsart veranlasst sind (§§ 4 IV, 9 I 1 EStG).

VI. Grenzen der steuerlichen Anerkennung

120 Insbesondere die §§ 40 ff. AO enthalten allgemeine Grundsätze über die steuerliche Anerkennung zivilrechtlicher Gestaltungen.

1. Gesetz- oder sittenwidriges Handeln, § 40 AO

121 Das Steuerrecht knüpft zwar an die zivilrechtlichen Gestaltungen an, bewertet diese aber steuerlich (§ 39 AO). Die steuerrechtliche Bewertung ist daher nicht zivilrechtsakzessorisch, sondern folgt einer wirtschaftlichen Betrachtung der tatsächlichen Gegebenheiten. Daher ist es für die Besteuerung unerheblich, ob ein Rechtsgeschäft, das den Tatbestand eines Steuergesetzes erfüllt, aufgrund eines Verstoßes gegen die §§ 134, 138 BGB nichtig ist (§ 40 AO; sog. **Wertneutralität**). Die gesetzlich angeordnete Steuerpflicht entsteht, solange die Parteien das wirtschaftliche Ergebnis des intendierten Rechtsgeschäfts herbeiführen. Daher hat z. B. auch ein Dealer die Einnahmen aus gesetzeswidrigen Drogenein- und -verkäufen gemäß § 15 EStG zu versteuern.

2. Unwirksame Rechtsgeschäfte, § 41 AO

122 Während § 40 AO Fälle der zivilrechtlichen Nichtigkeit nach §§ 134, 138 BGB erfasst, verwirklicht § 41 AO die Wertneutralität des Steuerrechts bei sonstigen zivilrechtlichen Unwirksamkeitsgründen (z. B. §§ 105, 116 ff., 117, 125 I, 142 S. 1 BGB).

Beispiele: Wird ein Grundstück ohne notarielle Beurkundung verkauft, erkennt das Steuerrecht diesen Vorgang nicht erst ab dem Zeitpunkt der Heilung (§ 311b I 2 BGB), sondern bereits ab dem Zeitpunkt des Übergangs der wirtschaftlichen Verfügungsmacht an (§ 41 I 1 AO). Bei Scheingeschäften i.S.d. § 117 BGB ist nur das verdeckte Rechtsgeschäft maßgeblich (§ 41 II 2 AO).

3. Gestaltungsmissbrauch, § 42 AO

123 Von hoher Relevanz ist § 42 AO, der dem Missbrauch rechtlicher Gestaltungsmöglichkeiten entgegenwirkt. Grundsätzlich ist es jedem

Steuerpflichtigen überlassen, wie er sich wirtschaftlich verhält; in seiner Entscheidungsfreiheit ist er durch das Steuerrecht nicht beschränkt. Werden Gestaltungen jedoch im Hinblick darauf getroffen, Steuerersparnisse zu erzielen, stellt sich die Frage nach ihrer steuerlichen Anerkennung. Diese ist nicht *per se* zu verneinen. Wie **§ 3 I Hs. 2 AO** zeigt, kann es durchaus Gesetzeszweck sein, ein bestimmtes Verhalten der **Steuervermeidung** sogar zu honorieren. Wer aber einen bestimmten Sachverhalt rechtlich derart verformt, dass der Steuertatbestand nach dem Wortlaut des Gesetzes zwar nicht, nach dem wirtschaftlichen Erfolg aber gleichwohl erfüllt ist, missbraucht die bestehende Gestaltungsmöglichkeit und muss sich in steuerlicher Hinsicht an dem wirtschaftlichen Erfolg festhalten lassen (**§ 42 I 3 AO**). Dabei können mehrere, zeitlich voneinander getrennte Handlungen zusammen betrachtet und zur Besteuerung herangezogen werden, wenn sie nach einem **Gesamtplan** verwirklicht werden.

Nach **§ 42 II 1 AO** liegt eine den Missbrauch indizierende **Steuerumgehung** vor, wenn die Wahl einer „unangemessene(n) rechtliche(n) Gestaltung" zu einem „gesetzlich nicht vorgesehenen Steuervorteil" führt und in Umgehungsabsicht gewählt wurde. **Unangemessen** ist eine Gestaltung nur, wenn der Steuerpflichtige die vom Gesetzgeber vorausgesetzte Gestaltung zur Erreichung bestimmter wirtschaftlicher Ziele nicht gebraucht, obwohl hierfür **keine beachtlichen außersteuerlichen Gründe** vorliegen (**§ 42 II 2 AO**), sondern dafür einen ungewöhnlichen Weg wählt, auf dem nach den Wertungen des Gesetzgebers das Ziel nicht erreichbar sein soll. Es muss sich also um eine Gestaltung handeln, die verständige Parteien in Anbetracht des wirtschaftlichen Sachverhalts und Ziels nicht wählen würden. Im Gegensatz zur angemessenen Gestaltung wirkt die unangemessene Gestaltung umständlich, kompliziert, schwerfällig und gekünstelt. 124

Behauptet das Finanzamt einen Missbrauch, obliegt es dem Steuerpflichtigen, diesen Vortag zu erschüttern. In Form einer **erweiterten Mitwirkungspflicht** muss er dazu „außersteuerliche Gründe" wirtschaftlicher oder persönlicher Art nachweisen, die ihn nach dem Gesamtbild zu der gewählten Gestaltung motiviert haben. Die Gründe sind jedoch unbeachtlich, wenn sie in erster Linie auf eine Steuerersparnis zielen. 125

Beispiel: Kaufen Steuerpflichtige vergleichbare Immobilien und vermieten diese untereinander, geschieht dies regelmäßig mit dem Ziel, den Aufwand als Werbungskosten steuermindernd (§ 21 EStG) anzusetzen. Eine solche „**Überkreuzvermietung**" ist eine ungewöhnliche Gestaltung. Die wirksam geschlossenen Mietverhältnisse sind steuerlich nicht anzuerkennen (§ 42 I 3 AO).

4. Verträge zwischen nahen Angehörigen

126 Werden Verträge zwischen nahen Angehörigen geschlossen, ist bei lebensnaher Betrachtungsweise davon auszugehen, dass nicht der für die Marktwirtschaft übliche Interessengegensatz für die Bestimmung von Leistung und Gegenleistung maßgeblich war. Vielmehr besteht die **Vermutung**, dass solche Verträge durch einen **Interessengleichlauf** geprägt sind, eventuell private Unterhaltsleistungen zum Gegenstand haben (§ 12 Nr. 1 EStG) und nicht oder zumindest mit anderem Inhalt mit Dritten zustande gekommen wären. Daher gelten für die steuerliche Anerkennung derartiger Rechtsgeschäfte besondere Anforderungen.

127 Für wen die nachfolgend näher erläuterten Anforderungen gelten sollen, ist im Einzelnen unklar. Der Begriff des **Angehörigen** ist zwar in § 15 AO legaldefiniert, im Hinblick auf die o. g. Zielsetzung jedoch eigenständig zu entwickeln. Daher wird ein Interessengleichlauf z. B. bei Verlobten (§ 15 I Nr. 1 AO) nur angenommen, wenn dafür konkrete Anhaltspunkte bestehen. Dasselbe gilt z. B. für Partner einer nichtehelichen Lebensgemeinschaft, obwohl diese in § 15 AO nicht aufgeführt ist.

128 Aufgrund des verfassungsrechtlich garantierten Schutzes von Ehe und Familie (Art. 6 I GG) kann dies aber nur Ausgangspunkt der Betrachtung sein. Daher hat die Rechtsprechung **Voraussetzungen** für die steuerliche Anerkennung von Verträgen unter nahen Angehörigen entwickelt:

(1) Zunächst muss der Vertragsinhalt **vor dem Leistungsaustausch** eindeutig und nach den zivilrechtlichen Vorschriften **wirksam vereinbart** werden. **Beispiel:** Bei der Anstellung des Ehegatten im Betrieb des Steuerpflichtigen muss der Arbeitsvertrag eindeutige Vereinbarungen über den Tätigkeitsbereich, die Höhe des Entgelts sowie die regelmäßige Arbeitszeit enthalten.

(2) Darüber hinaus muss das Vereinbarte während der gesamten Laufzeit des Vertrages **tatsächlich durchgeführt** werden, z. B. der Ehegatte im Betrieb des Steuerpflichtigen wie vereinbart tatsächlich arbeiten.

(3) Wichtigstes Merkmal ist der inhaltliche Vergleich des geschlossenen Vertrags mit Verträgen unter Fremden (sog. **Fremdvergleich**). Nicht erforderlich ist, dass der Vertrag mit sonst üblichen Verträgen inhaltsgleich ist. Nicht jede Abweichung vom Fremdüblichen schließt die steuerliche Anerkennung aus. Vielmehr ist unter Gesamtwürdigung aller Gegebenheiten zu prüfen, ob ein solcher Vertrag **dem Grunde und der Höhe nach** „in etwa" auch mit einem Fremden zustande gekommen wäre. Bezüglich der Höhe des Arbeitslohns besteht die Gefahr, Unterhaltsleistungen könnten entgegen § 12 Nr. 1 EStG in den steuerlich relevanten Einkünftebereich transferiert werden. Um dies zu verhindern, ist nur der nach dem Fremdvergleich angemessene Teil des Entgelts anzuerkennen. Im Übrigen überwiegt die private Lebensführung. **Beispiel:** Der Fremdvergleich dem Grunde nach scheitert bei einem **Ehegattenarbeitsverhältnis** nicht bereits daran, dass der gezahlte Lohn auf ein sog. Oder-Konto der Ehegatten gezahlt wird, auch wenn in diesen Fällen eine Zugriffsmöglichkeit des anstellenden Ehegatten besteht. Sonst entstünde ein Zwang zur getrennten Kontoführung.

E. Dualismus der Einkunftsarten

Die in § 2 I EStG aufgeführten Einkunftsarten sind in § 2 II 1 EStG in die Gewinn- und Überschusseinkünfte untergliedert. Dabei wird der Gewinn nach den §§ 4–7k, 13a EStG und der Überschuss nach den §§ 8 bis 9a EStG ermittelt. Während bei den Gewinneinkunftsarten die **Vermögenszugangstheorie** verwirklicht wurde, gilt im Rahmen der Überschusseinkünfte grundsätzlich die **Quellentheorie**. Steuerverhaftetes Betriebsvermögen ist daher nur bei den Gewinneinkünften anerkannt, so dass Unterschiede zwischen Buch- und Verkehrswert (sog. **stille Reserven**) entstehen können, die zum Zeitpunkt ihrer Aufdeckung besteuert werden. Dagegen sind Vermögenssteigerungen im Privatvermögen grundsätzlich nicht steuerbar. Ausnahmen hiervon enthalten §§ 17, 23 EStG sowie § 20 II–IV EStG. Da die Besteuerung von Wertsteigerungen der Substanz grundsätzlich nur bei den Gewinneinkünften sichergestellt ist, sind die Überschusseinkunftsarten subsidiär (§§ 20 VIII 1, 21 III, 23 II EStG). **129**

Ein weiterer Unterschied liegt in dem **Zeitpunkt der Erfassung von Einnahmen und Ausgaben**. Nach § 11 I 1, II 1 EStG gilt im Steuerrecht grundsätzlich das **Zu- und Abflussprinzip**. Maßgeblich ist der Zeitpunkt der Erlangung bzw. des Verlusts der wirtschaftlichen Verfügungsmacht (Rn. 66 ff.). Davon wird v. a. abgewichen, wenn der Steuerpflichtige den Gewinn durch Betriebsvermögensvergleich ermittelt (§§ 2 II 1 Nr. 1, 4 I 1, 5 ff. EStG). Forderungen und Verbindlichkeiten sind dann nach den Grundsätzen der ordnungsgemäßen Bilanzierung und unabhängig vom Zeitpunkt des tatsächlichen Geldflusses anzusetzen. Somit ist entscheidend, wann sie nach wirtschaftlicher Betrachtungsweise entstanden sind (sog. **Realisationsprinzip**). Dieser Unterschied in der Einkünfteermittlung kann dazu führen, dass Einkünfte zeitlich divergierend anzusetzen sind. Auf die Lebensdauer des Betriebs gerechnet besteht jedoch eine **Totalgewinngleichheit** (vor Steuern) zwischen der Gewinnermittlung nach dem Realisationsprinzip und der reinen Geldflussrechnung. **130**

Teil 1. Überschusseinkünfte

I. Einführung Überschussermittlung

Gemäß § 2 II 1 Nr. 2 EStG errechnen sich die Einkünfte bei den Einkunftsarten des § 2 I 1 Nr. 4–7 EStG aus dem Überschuss der **Einnahmen** über die **Werbungskosten** (§§ 8–9a EStG). Dabei ergibt sich der Einnahmenbegriff aus § 8 I EStG, der Begriff der Werbungs- **131** kosten aus § 9 I 1 EStG. Trotz des finalen Wortlauts des § 9 I 1 EStG ist die Norm in Anlehnung an § 4 IV EStG im Sinne des Veranlassungsprinzips auszulegen (Rn. 56 ff.). Aus Vereinfachungsgründen bestehen Werbungskostenpauschalen (§ 9a EStG). Für die Einkünfte aus Kapitalvermögen wurde mit dem Sparer-Pauschbetrag (§ 20 IX EStG) eine gegenüber §§ 9, 9a EStG vorrangige Spezialvorschrift geschaffen (§ 2 II 2 EStG).

132 Zu ermitteln sind die Überschüsse eines Kalenderjahres (§ 2 VII 2 EStG), wobei das Zu- und Abflussprinzip (§ 11 EStG) zur Anwendung gelangt. Damit sind Einnahmen und Ausgaben in dem Kalenderjahr anzusetzen, in dem sie dem Steuerpflichtigen zu- bzw. abgeflossen sind. Bei der Überschussermittlung handelt es sich somit **grundsätzlich** um eine **reine Geldflussrechnung**. Durchbrochen wird dieses Prinzip v. a. durch die AfA (§ 9 I 3 Nr. 7 EStG), bei der eine Verteilung der Anschaffungs- und Herstellungskosten des jeweiligen Wirtschaftsguts auf einen längeren Zeitraum erfolgt (Rn. 71 ff.).

II. Einkünfte aus nichtselbständiger Arbeit, § 19 EStG

133 Einkünfte aus nichtselbständiger Arbeit (§§ 2 I 1 Nr. 4, 19 EStG) sind für die Mehrheit der Steuerpflichtigen wesentliche Grundlage des Erwerbseinkommens und damit ihrer wirtschaftlichen Existenz.

1. Steuerbare Tätigkeit

134 Die als nichtselbständige Arbeit steuerbare Tätigkeit ist nicht legaldefiniert. Die Vorschrift des § 19 EStG enthält lediglich eine nicht abschließende Auflistung möglicher Einnahmen. Im Umkehrschluss zu § 15 II 1 EStG erzielt Einkünfte aus nichtselbständiger Arbeit, wer nicht selbständig arbeitet (Rn. 40). Maßgeblich ist daher nicht die unternommene Tätigkeit, sondern die Art und Weise der Ausführung.

Der Nichtselbständige erfüllt gerade **nicht** die für die Selbständigkeit erforderlichen Merkmale der **Unternehmerinitiative** und des **Unternehmerrisikos**. Unternehmerinitiative setzt Gestaltungsfreiheit im Hinblick auf Art, Zeit, Umfang und Ort der Tätigkeit voraus. Unternehmerrisiko trägt, wer auf eigene Rechnung und Gefahr tätig wird, so dass Gewinne und Verluste der unternommenen Tätigkeit in seiner Person entstehen und nicht auf andere abgewälzt werden können. Wichtiges Indiz ist, ob der Betroffene im Verhinderungsfall (Krankheit, Urlaub) gleichwohl Anspruch auf ein Entgelt hat. Aufgrund der Einordnung als **Typusbegriff** sind die für und gegen die Selbständigkeit sprechenden Merkmale nach dem Gesamtbild der Verhältnisse gegeneinander abzuwägen.

Der Begriff der Nichtselbständigkeit wird durch die **Lohnsteuer-Durchführungsverordnung** (LStDV) konkretisiert, aber nicht begrenzt. Nach § 1 I 1 LStDV ist Arbeitnehmer, wer aus einem öffentlich- oder privatrechtlichen Dienstverhältnis Arbeitslohn bezieht. Ein Dienstverhältnis liegt dabei vor, wenn der Angestellte dem Arbeitgeber seine Arbeitskraft schuldet (§ 1 II 1 LStDV) und daher in der Betätigung seines geschäftlichen Willens unter der Leitung des Arbeitgebers steht oder im geschäftlichen Organismus des Arbeitgebers dessen Weisungen zu folgen verpflichtet ist (§ 1 II 2 LStDV). Neben dem wichtigen Indiz der **weisungsabhängigen Stellung** wird wiederum auf die **wirtschaftliche Abhängigkeit** des Steuerpflichtigen abgestellt. 135

Obwohl die Qualifikation als nichtselbständig Tätiger losgelöst von der arbeits- oder sozialrechtlichen Einordnung vorzunehmen ist, wird auf ähnliche Kriterien abgestellt. Jedoch bestehen Unterschiede. Dem **Geschäftsführer einer GmbH** ist z. B. im arbeitsgerichtlichen Verfahren durch § 5 I 3 ArbGG die Arbeitnehmereigenschaft versagt, während er steuerrechtlich Einkünfte nach § 19 EStG erzielt. Er ist trotz seiner Organstellung in der Ausübung seiner unternehmerischen Initiative durch die Satzung entscheidend limitiert. Ferner trägt er regelmäßig kein Unternehmerrisiko.

2. Arbeitslohn, § 19 I 1 Nr. 1, Nr. 1a EStG

Für die Ermittlung der Einkünfte ist der Überschuss der Einnahmen über die Werbungskosten zu bilden (§ 2 II 1 Nr. 2 EStG). Werden Einnahmen aus einem gegenwärtig bestehenden Dienstverhältnis erzielt, enthält § 19 I 1 Nr. 1 EStG eine generalklauselartige Auflistung möglicher Einnahmen. Daneben finden sich auch im konkretisierenden **§ 2 LStDV** sowie in der allgemeinen Regelung des **§ 8 EStG** Bestimmungen für die Beurteilung des steuerlichen Arbeitslohns. Dabei ist in einem Zweischritt zu prüfen, (1) ob durch die Arbeitsleistung veranlasster Lohn dem Grunde nach vorliegt und (2) in welcher Höhe er anzusetzen ist. 136

a) Entgeltbezogene Veranlassung

Nach § 8 I EStG ist jede Einnahme steuerbar, die durch die nichtselbständige Arbeit veranlasst ist. Auch die Formulierung „andere Bezüge und Vorteile“ (§ 19 I 1 Nr. 1 EStG) sowie die konkretisierende Begriffsdefinition des Arbeitslohns in § 2 I LStDV und die beispielhafte Aufzählung in § 2 II LStDV zeigen, dass allein das Veranlassungsprinzip maßgeblich ist. Erforderlich ist jeweils eine **Entgeltbezogenheit** der Einnahme, d. h. sie muss mit Rücksicht auf das individuelle Dienstverhältnis im weitesten Sinne als Gegenleistung für die Zurverfügungstellung der individuellen Arbeitskraft eingeräumt worden sein. 137

Nicht durch das Dienstverhältnis veranlasst sind insbesondere Bereicherungen, die infolge **Untreue**, **Unterschlagung** oder Inempfangnahme von **Bestechungsgeldern** eintreten. Sie werden nur „bei Gelegenheit" und typischerweise gegen die Interessen des Arbeitgebers vereinnahmt. Ihre Steuerbarkeit kann sich jedoch aus § 22 Nr. 3 EStG oder § 15 EStG ergeben.

138 Für die Einordnung als Einnahme nach § 19 EStG ist es unerheblich, ob die Bereicherung in Geld oder *in natura*, einmalig oder laufend, freiwillig oder aufgrund Rechtsanspruchs zugewandt wird. Ebenso ist es gleichgültig, ob die **Zuwendung von dem Arbeitgeber oder einem Dritten** geleistet wird. Erforderlich ist nur, dass sie als Gegenleistung für die Arbeitsleistung erbracht wird. Folglich sind auch Trinkgelder (§ 107 III 2 GewO) steuerbare Einnahmen aus der nichtselbständigen Arbeit eines Kellners. Sie sind jedoch zur Entlastung und Verfahrensvereinfachung nach § 3 Nr. 51 EStG steuerfrei.

Beispiel: Die Incentive-Reise für einen besonders erfolgreichen Verkäufer eines Autohauses ist daher auch dann Lohn, wenn sie nicht vom Arbeitgeber, sondern vom Automobilhersteller veranstaltet wird.

139 Problematisch ist der erforderliche Gegenleistungscharakter bei Sonderzuwendungen des Arbeitgebers. Da es für steuerbaren Arbeitslohn nicht erforderlich ist, dass der geldwerte Vorteil explizit Teil der Lohnabrede war, ist es unerheblich, ob ein Anspruch darauf bestand oder die Leistung freiwillig erbracht wurde. Eine gegenleistungsbezogene Veranlassung ist jedoch zu verneinen, wenn die Leistung **„im ganz überwiegenden eigenbetrieblichen Interesse des Arbeitgebers"** erfolgt (sog. betriebsnahe Sachbezüge). Maßgeblich hierfür ist eine Gesamtbetrachtung aller Umstände des Einzelfalls. Ein Indiz gegen den Gegenleistungscharakter kann z. B. sein, dass ein Vorteil zur Förderung des Betriebsklimas der gesamten Belegschaft zugewandt wurde. Betriebsfunktionale Zielsetzungen können insbesondere bei der Durchführung einer Fortbildung dominieren. Generell ist davon auszugehen, dass je wertvoller die Zuwendung für den Arbeitnehmer ist, ein umso größeres eigenbetriebliches Interesse erforderlich ist, um den Arbeitslohncharakter zu verneinen.

b) Bewertung der Einnahme

140 Besteht die steuerbare Einnahme nicht in Geld, sondern in Geldeswert, ist sie zu bewerten. Für die Unterscheidung zwischen Bar- und Sachlohn ist nach dem *BFH* darauf abzustellen, welchen Anspruch der Arbeitnehmer gegen den Arbeitgeber hat. Die Art und Weise der tatsächlichen Leistung ist unbeachtlich. Daher liegt z. B. in der Überlassung eines **Warengutscheins** ein Sachlohn, wenn dem Inhaber lediglich ein Recht auf Sachwert eingeräumt wurde, d. h. ein Anspruch auf

Barauszahlung nicht besteht. Bei der Bewertung der Einnahmen werden die allgemeinen Vorschriften des BewG von den *leges speciales* des § 8 II, III EStG verdrängt (§ 1 II BewG). Danach ist wie folgt zu unterscheiden:

Nach dem **Ausgangstatbestand** des **§ 8 II 1 EStG** ist für Einnahmen, die nicht in Geld bestehen (z. B. Wohnung, Kost, Nutzungsvorteile), der übliche Endpreis gemindert um den üblichen Preisnachlass anzusetzen. Dies ist der Preis, der einschließlich der Umsatzsteuer im allgemeinen Geschäftsverkehr vom Letztverbraucher gezahlt wird. Wertbestimmend ist daher v. a. der Händlerverkaufspreis, der sich aus Katalogen oder ähnlichen Preislisten ergibt.

Häufige und damit typische Sachzuwendungen werden nach § 8 II 6, 7 EStG in einem vereinfachten Verfahren unter Anwendung der **Sozialversicherungsentgeltverordnung** (SvEV) bewertet. Für den Spezialfall der Bewertung von Mahlzeiten bei Auswärtstätigkeiten gelten die § 8 II 8, 9 EStG i.V.m. § 4 IVa EStG. Da die konkrete Ermittlung jedes üblichen Endpreises gemindert um den üblichen Preisnachlass im steuerlichen Massenverfahren kaum durchzuführen ist, dienen diese generalisierten Werte der Rechtsanwendungsgleichheit und Verwaltungsvereinfachung.

Übersteigt die Summe der Vorteile nicht die Freigrenze von 44 € im Kalendermonat (sog. **Aufmerksamkeiten**), bleiben die in Geldeswert erhaltenen Einnahmen „außer Ansatz" und damit steuerfrei (**§ 8 II 11 EStG**).

Für sog. **Personalrabatte** enthält **§ 8 III EStG** eine spezielle Bewertungsvorschrift. Danach sind Waren oder Dienstleistungen, die vom Arbeitgeber im Rahmen seines Geschäftsbetriebs v. a. für den allgemeinen Markt vertrieben oder erbracht werden und die er seinem Arbeitnehmer entgeltbezogen zukommen lässt, mit dem um 4 % geminderten Endpreis als Arbeitslohn anzusetzen. Dabei wird dem Arbeitnehmer ein Rabattfreibetrag (vgl. „soweit") i.H.v. 1.080 € je Kalenderjahr gewährt (§ 8 III 2 EStG).

Beispiel: Ein Arbeitnehmer erhält ein von seinem Arbeitgeber für den allgemeinen Markt hergestelltes Kfz statt zu dem üblichen Verkaufspreis – der regelmäßig unter dem Listenpreis liegt – von 100.000 € für 80.000 €. Der um 4 % geminderte Endpreis bildet die Bezugsgröße und beträgt 96.000 €. Da der Arbeitnehmer 80.000 € bezahlt hat, beträgt der Preisvorteil 16.000 €. Aufgrund des Freibetrags (§ 8 III 2 EStG) liegt steuerpflichtiger Lohn i.H.v. 14.920 € vor.

c) Betriebsveranstaltungen, § 19 I 1 Nr. 1a EStG

Zum 1.1.2015 wurde § 19 I 1 Nr. 1a EStG eingefügt. Danach stellen auch **Betriebsveranstaltungen** des Arbeitgebers, d. h. Veranstaltungen auf betrieblicher Ebene mit gesellschaftlichem Charakter, für den Arbeitnehmer grundsätzlich Lohn dar. Insoweit ist die Norm deklaratorisch (vgl. § 8 II EStG). Die steuerliche Behandlung des Lohns ist in den folgenden Sätzen geregelt: Steht die Teilnahme allen Betriebsangehörigen offen, ist die Zuwendung ausnahmsweise steuerfrei, soweit die Aufwendungen je teilnehmendem Arbeitnehmer 110 Euro nicht übersteigen (Satz 3). Dieser Freibetrag gilt für bis zu zwei Veranstaltungen jährlich (Satz 4). Bei der Ermittlung des zugewendeten Vorteils ist der gesamte Aufwand des Arbeitgebers zu betrachten (Satz 2) und dieser dem Arbeitnehmer auch insoweit zugeflossen, als die Aufwendungen der Begleitperson zugutegekommen sind (Satz 5).

d) Private Nutzung eines Dienstwagens

141 Wird dem Arbeitnehmer von seinem Arbeitgeber ein Dienstfahrzeug auch zur privaten Nutzung überlassen, ist der geldwerte Vorteil der Nutzungsbefugnis nach § 8 II 2–5 EStG zu bewerten. Die Bewertung erfolgt – nach der Wahl des Steuerpflichtigen – entweder pauschal (**§ 8 II 2, 3 EStG**) oder durch Ansatz der tatsächlichen Kosten des Arbeitgebers, die auf die durch ein ordnungsgemäßes Fahrtenbuch ermittelten Privatfahrten des Arbeitnehmers tatsächlich entfallen (**§ 8 II 4 EStG**).

aa) Fahrtenbuchmethode

142 Die Fahrtenbuchmethode bewertet den Nutzungsvorteil **konkret** anhand der tatsächlichen Aufwendungen des Arbeitgebers. Dazu muss das Verhältnis der privaten Fahrten und der Fahrten Wohnung/erste Tätigkeitsstätte einerseits und der beruflichen Fahrten andererseits durch ein **„ordnungsgemäßes Fahrtenbuch“** nachgewiesen werden (§ 8 II 4 EStG). Dies setzt voraus, dass **jede Fahrt** für sich genommen aufgezeichnet wird. Bei mehreren Fahrten am gleichen Kalendertag sind unterschiedliche Einträge vorzunehmen. Zu den geschäftlichen Fahrten sind Hinweise aufzuzeichnen, anhand derer sich das Interesse des Arbeitgebers plausibel nachvollziehen und ggf. nachprüfen lässt. Hierzu ist es erforderlich, dass das Fahrtenbuch neben dem Datum und den Ausgangs- und Endpunkten jeder einzelnen Fahrt auch Angaben zu den jeweils aufgesuchten Kunden enthält.

143 Darüber hinaus müssen die Aufzeichnungen der äußeren Form nach **„buchförmig“** erfolgen. Dies verlangt eine in sich geschlossene Form, die nachträgliche Änderungen ausschließt oder zumindest deutlich als solche erkennbar werden lässt. Eine Ansammlung von losen Zetteln genügt ebenso wenig wie eine mit dem Programm MS Excel geführte Auflistung.

144 Genügen die Aufzeichnungen diesen Voraussetzungen, sind die **tatsächlichen Aufwendungen** des Arbeitgebers dem Arbeitnehmer im Verhältnis der privaten zu den beruflichen Fahrten als Arbeitslohn zugeflossen. Dabei ist neben den Aufwendungen für laufende Unterhaltskosten (Steuer, Versicherung, Reparaturen, Treibstoff) auch die vom Arbeitgeber als Betriebsausgabe abzuschreibende AfA anzusetzen.

bb) Pauschale Bewertung

145 Liegt kein ordnungsgemäßes Fahrtenbuch vor, ist auf die pauschale Bewertung zurückzugreifen. Danach ist für **jeden Monat** der Nutzungsmöglichkeit **1 % des Bruttolistenpreises** zzgl. der Kosten der Sonderausstattung einschließlich der Umsatzsteuer für jeden Kalendermonat der Überlassung anzusetzen (§ 8 II 2 i.V.m. § 6 I Nr. 4 S. 2 EStG). Da die bloße Nutzungsmöglichkeit den Lohnvorteil darstellt, ist es ohne Bedeutung, ob das Fahrzeug tatsächlich privat genutzt wurde.

146 Kann das Fahrzeug auch für die **Fahrten Wohnung/ erste Tätigkeitsstätte** genutzt werden, ist für jeden Entfernungskilometer ein Betrag von 0,03 % des Bruttolistenpreises je Monat hinzuzuaddieren (§ 8 II 3 EStG). Anders als bei § 8 II 2 EStG ist für § 8 II 3 EStG entscheidend, ob das Kfz auch tatsächlich für solche Fahrten genutzt wurde. Wurde der Dienstwagen nur gelegentlich für die Fahrten Wohnung/erste Tätigkeitsstätte genutzt, ist taggenau und orientiert am Wert des § 8 II 5 EStG abzurechnen.

147 Wurde das Fahrzeug auch für **Familienheimfahrten** im Rahmen der doppelten Haushaltsführung genutzt, sind für jeden Entfernungskilometer 0,002 % des Bruttolistenpreises hinzuzuaddieren (§ 8 II 5 Hs. 1 EStG). Gemäß § 8 II 5 Hs. 2 EStG unterbleibt dies, wenn die Fahrtkosten nach § 9 I 3 Nr. 5 S. 5, 6 EStG als Werbungskosten abgesetzt werden können.

cc) Sonstige Betriebskosten

148 Bezahlt der Arbeitgeber auch **sonstige Betriebskosten** des Fahrzeugs, stellt sich die Frage, ob diese Leistungen in dem speziellen Pauschbetrag des §§ 8 II 2, 6 I Nr. 4 S. 2 EStG enthalten oder als zusätzliche Einnahmen anzusetzen sind. Nach der Rechtsprechung des *BFH* umfasst die pauschale 1 %-Regelung (§ 8 II 2 i.V.m. § 6 I Nr. 4 S. 2 EStG) alle Aufwendungen, die unmittelbar dem **Halten und dem Betrieb des Fahrzeugs** zu dienen bestimmt sind und im Zusammenhang mit der Nutzung **zwangsläufig anfallen**. Erfasst sind daher insbesondere Aufwendungen für Treibstoff sowie regelmäßig wiederkehrende Kosten für Versicherungen und die Kraftfahrzeugsteuer. Im Unterschied dazu fallen z. B. Mautgebühren ausschließlich beim Befahren gebührenpflichtiger Strecken an, so dass sie den jeweiligen Fahrten zuzuordnen und im Fall der Erstattung als Lohn anzusetzen sind.

e) Zeitpunkt der Vereinnahmung

149 Für den Zeitpunkt des Ansatzes der Einnahmen gilt grundsätzlich das Zuflussprinzip des § 11 I 1 EStG. Vorrangig ist jedoch **§ 11 I 4 i.V.m. § 38a I 2 EStG** zu beachten. Danach gilt **laufender Arbeits-**

lohn als spezialgesetzlich geregelter Fall wiederkehrender Leistungen als in dem Jahr bezogen, in dem der Lohnzahlungszeitraum endet (§ 614 BGB). Der Zeitpunkt des tatsächlichen Zuflusses ist ohne Bedeutung. Für **sonstige Bezüge** (z. B. Gratifikationen) ist hingegen allgemein der Zeitpunkt der Erlangung der wirtschaftlichen Verfügungsmacht maßgeblich (§§ 38a I 3, 11 I 1 EStG).

150 Problematisch ist der Zuflusszeitpunkt, wenn dem Arbeitnehmer **Optionsrechte** auf den späteren Erwerb von Aktien des anstellenden Unternehmens eingeräumt werden. Steigt der Börsenwert nach Erlangung des Optionsrechts und übt der Arbeitnehmer seine Option aus, kann er die im Wert gestiegenen Aktien für einen günstigeren Preis kaufen. Zu klären ist dabei v. a., zu welchem Zeitpunkt dem Arbeitnehmer der Arbeitslohn zufließt. Als Teil der sonstigen Bezüge bestimmt sich dies nach der Erlangung der wirtschaftlichen Verfügungsmacht (§ 11 I 4 i.V.m. § 38a I 3 EStG). Dabei könnte zwischen handelbaren und nicht-handelbaren bzw. weiteren denkbaren Verfügungsbeschränkungen unterschieden werden. Vorzugswürdig ist es jedoch, für den Zuflusszeitpunkt einheitlich auf den Zeitpunkt der Ausübung – oder anderweitigen Verwertung – der Option und damit auf die Einbuchung der bezogenen Aktien in das Depot abzustellen.

Hinweis: Außerdem stellt sich die Frage nach der Bewertung. Da der Zufluss durch die Ausübung der Option ausgelöst wird, ist der Vorteil eigenständig mit dem Differenzbetrag zwischen dem Übernahmepreis und dem Börsenkurs zum Zeitpunkt der Ausübung zu bewerten (§ 8 II 1 EStG). Liegen zwischen der Einräumung und der Ausübung der Option mehrere Jahre, ist § 34 EStG zu prüfen.

3. Versorgungsbezüge, § 19 I 1 Nr. 2 EStG

151 Während § 19 I 1 Nr. 1 EStG die Einnahmen aus einem bestehenden Dienstverhältnis umfasst, erklärt § 19 I 1 Nr. 2 EStG auch „Bezüge und Vorteile aus früheren Dienstleistungen“ für steuerbar. Daher erzielen auch solche Arbeitnehmer Einkünfte aus nichtselbständiger Arbeit, die nach dem Ausscheiden aus der aktiven Tätigkeit eine Versorgung von ihrem Arbeitgeber (z. B. eine **Betriebsrente**) erhalten. Hierzu zählt auch die **Beamtenpension**. Erfasst wird jedoch nur „nachlaufender Lohn“, der entgeltbezogen und damit durch die erbrachten Dienste veranlasst ist. Im Unterschied dazu sind z. B. Zahlungen der **gesetzlichen Rentenversicherung** kein entgeltbezogener Lohn, sondern Leibrenten (sog. Altersruhegeld i.S.d. § 22 Nr. 1 S. 3 lit. a aa EStG); die Anwartschaft ist aufgrund von Einzahlungen entstanden, weshalb die

Leistung nur eine verzinste Rückzahlung der erbrachten Beiträge darstellt. Ein Zusammenhang mit den im Rahmen eines ehemaligen Arbeitsverhältnisses erbrachten (Arbeits-)Leistungen besteht nicht.

Da Versorgungsbezüge in vollem Umfang, Rentenzahlungen jedoch **152** nur mit dem Zinsanteil besteuert wurden, erklärte das *BVerfG* das System aufgrund der Benachteiligung der Beamten für **verfassungswidrig**. Da die erwirtschafteten Anwartschaften jedoch nicht ohne Weiteres verloren gehen dürfen, war der Gesetzgeber gezwungen, eine sukzessive Anpassung vorzunehmen. Im Hinblick auf den „nachlaufenden Lohn" wurde dazu zum 1.1.2005 ein bis zum Jahr 2040 abschmelzender anteiliger Steuerfreibetrag eingeführt. Dieser errechnet sich gemäß **§ 19 II 1 EStG** aus dem (ggf. der Höhe nach begrenzten) **Versorgungsfreibetrag** und einem **Zuschlag zum Versorgungsfreibetrag**. Die Beträge ergeben sich aus der Tabelle des § 19 II 3 EStG.

Hinweis: Der steuerpflichtige Anteil der gesetzlichen Rente ist aus der Tabelle des § 22 Nr. 1 S. 3 lit. a aa S. 3 EStG zu entnehmen. Die Einzahlungen in die Sozialversicherungssysteme sind als Sonderausgaben abzugsfähig (§ 10 I Nr. 2 EStG). Die Rentenzahlung erfolgt somit heute aus unversteuertem Arbeitslohn.

4. Werbungskosten

Die Höhe der Einkünfte aus nichtselbständiger Arbeit ergibt sich aus **153** dem Überschuss der Einnahmen über die Werbungskosten (§ 2 II 1 Nr. 2 EStG). Aus Vereinfachungsgründen enthält § 9 I 3, IVa EStG Regelbeispiele, die typischerweise unter den Begriff der Werbungskosten fallen und daher vorrangig zu prüfen sind. Bei anderen Aufwendungen kommt der offene Tatbestand (§ 9 I 1 EStG) zur Anwendung.

Hinweis: Werbungskosten müssen durch die steuerbare Tätigkeit veranlasst sein (Rn. 56 ff.). Auf die Wirtschaftlichkeit des Aufwands kommt es nur ausnahmsweise an (vgl. §§ 4 V, 9 V 1 EStG; Rn. 106 ff.).

a) Typisierte Werbungskosten

aa) Entfernungspauschale

Die Kosten eines Arbeitnehmers für die Fahrten zwischen Wohnung **154** und erster Tätigkeitsstätte i.S.d. § 9 IV EStG sind nach dem Veranlassungsprinzip **dem Grunde nach** Werbungskosten, da sie zur Erzielung der Einnahmen aufgewendet werden (**§ 9 I 3 Nr. 4 EStG**). Die erste

Tätigkeitsstätte wird aufgesucht, um dort die geschuldete Arbeitsleistung zu erbringen. Der durch die Wahl des Wohnorts mitursächlichen Privatveranlassung kommt nur eine weit untergeordnete Rolle zu.

155 Für jeden Arbeitstag, an dem der Arbeitnehmer die erste Tätigkeitsstätte aufsucht, ist pauschal ein Betrag von **0,30 € je Entfernungskilometer** – höchstens 4.500 € im Kalenderjahr – als Werbungskosten anzusetzen (§ 9 I 3 Nr. 4 S. 2 EStG). Die Begrenzung auf 4.500 € gilt nicht, wenn der Weg mit dem Pkw zurückgelegt wird. Durch die Entfernungspauschale sind sämtliche Aufwendungen abgegolten (§ 9 II 1 EStG), die durch die bloße Entfernung Wohnung/erste Tätigkeitsstätte veranlasst sind. Folglich ist es ohne Bedeutung, wie viele Fahrten der Steuerpflichtige an einem Tag tatsächlich zurückgelegt hat.

Hinweis: Im Gegensatz zu § 6 I Nr. 4 EStG und § 8 II 4 EStG ist bei der Entfernungspauschale ein Ansatz der durch Führung eines Fahrtenbuchs ermittelten tatsächlichen Kosten ausgeschlossen.

156 Der Begriff der **ersten Tätigkeitsstätte** ist in § 9 IV EStG definiert. Danach ist erste Tätigkeitsstätte die ortsfeste betriebliche Einrichtung des Arbeitgebers, der der Arbeitnehmer dauerhaft zugeordnet ist (Satz 1). Die Zuordnung wird in erster Linie durch die dienst- und arbeitsrechtlichen Regelungen bestimmt (Sätze 2 und 3), subsidiär nach den in Satz 4 genannten Kriterien. Ein Arbeitnehmer kann je Dienstverhältnis nicht mehr als eine erste Tätigkeitsstätte haben (Satz 5). Dies erklärt sich auch aus der *ratio legis*: Nur soweit sich ein Steuerpflichtiger dauerhaft auf einen bestimmten Arbeitsweg einstellen und seine Aufwendungen durch Bildung von Fahrgemeinschaften reduzieren kann, ist die Pauschalierung entstandener Aufwendungen in der geringen Höhe gerechtfertigt. Somit dient die Entfernungspauschale nicht nur der Verwaltungsvereinfachung; sie begründet auch ein Motiv für den Umweltschutz.

Hinweis: Bei den nicht von der Regelung erfassten beruflich veranlassten Fahrten können wahlweise die *tatsächlichen* Fahrtkosten oder die jeweils höchste Wegstreckenentschädigung nach dem Bundesreisekostengesetz angesetzt werden (**§ 9 I 3 Nr. 4a EStG**).

157 Die Entfernungspauschale ist grundsätzlich unabhängig davon, welches **Verkehrsmittel** genutzt wird und ob tatsächlich Aufwendungen entstanden sind. Es ist also gleichgültig, ob die Wegstrecke zu Fuß, mit einem Fahrrad, mit dem eigenen oder einem fremden Kfz oder mit öffentlichen Verkehrsmitteln zurückgelegt wird. Davon ist nach § 9 I 3 Nr. 4 S. 3 EStG ausnahmsweise abzuweichen, wenn die Wegstrecke mit dem

Flugzeug oder einer nach § 3 Nr. 32 EStG steuerfreien Sammelbeförderung zurückgelegt wird. In dem erstgenannten Fall entstehen dem Steuerpflichtigen typischerweise wesentlich höhere, in dem letztgenannten Fall keine Kosten, weshalb die Entfernungspauschale nicht anzuwenden ist.

Die konkreten Aufwendungen für die Benutzung **öffentlicher Verkehrsmittel** können als Werbungskosten angesetzt werden, soweit sie den im Kalenderjahr *insgesamt* als Pauschale abzuziehenden Betrag übersteigen (**§ 9 II 2 EStG**). Der Begriff des die Pauschale „übersteigenden" Betrags ist dabei nicht auf den einzelnen Arbeitstag, sondern auf das Kalenderjahr bezogen zu errechnen. **158**

Mit dem nach § 9 I 3 Nr. 4 EStG errechneten Pauschbetrag sind gemäß **§ 9 II 1 EStG** sämtliche Aufwendungen **abgegolten**, die durch die Fahrten zwischen Wohnung und erster Tätigkeitsstätte veranlasst sind. Erfasst sind damit die AfA und die üblichen Betriebskosten, z. B. Parkgebühren und Kosten einer Garage. Ob außergewöhnliche Betriebskosten (z. B. beruflich veranlasste Unfallkosten) von der Pauschale erfasst sind, ist umstritten. Vorzugswürdig ist es, die Abgeltungswirkung insoweit zu erstrecken. Dafür sprechen sowohl der Wortlaut der Norm als auch ihr Vereinfachungs- und Lenkungszweck. **159**

bb) Doppelte Haushaltsführung

Mehrkosten, die einem Arbeitnehmer aufgrund einer beruflich veranlassten doppelten Haushaltsführung entstehen, sind nur nach **§ 9 I 3 Nr. 5 EStG** als Werbungskosten abzugsfähig. Eine doppelte Haushaltsführung liegt vor, wenn der Arbeitnehmer außerhalb seines Beschäftigungsortes einen Heimathausstand unterhält und zugleich am Beschäftigungsort wohnt (§ 9 I 3 Nr. 5 S. 2 EStG). **160**

Mit dem Begriff **Beschäftigungsort** ist die politische Gemeinde gemeint, in der die erste Tätigkeitsstätte des Steuerpflichtigen liegt. Das **Wohnen** am Beschäftigungsort erfordert das Innehaben einer Wohnung sowie die finanzielle Beteiligung an den Kosten der Lebensführung (§ 9 I 3 Nr. 5 S. 3 EStG). Voraussetzung der Abzugsfähigkeit ist die beruflich bedingte Aufspaltung der normalerweise einheitlichen Haushaltsführung auf zwei Haushalte an verschiedenen Orten. Diese Rechtfertigung trägt auch in Fällen der sog. **Wegverlegung**, in denen der Lebensmittelpunkt aus privaten Gründen an einen anderen Ort als den Beschäftigungsort verlegt wird. **161**

Liegen die Voraussetzungen einer doppelten Haushaltsführung vor, können v. a. die **Kosten der Unterkunft** am Beschäftigungsort (z. B. die Aufwendungen für Miete, Heizung, Strom und Wohnungsreinigung) abgesetzt werden. Ihr Ansatz ist jedoch auf 1.000 € pro Monat begrenzt (§ 9 I 3 Nr. 5 S. 4 EStG). **Verpflegungsmehraufwand** ist nur in den **162** ersten drei Monaten abziehbar (§ 9 IVa 12 Hs. 1, S. 6 EStG). Für **Familienheimfahrten** ist der Werbungskostenabzug nach § 9 I 3 Nr. 5 S. 5–8 EStG auf eine Fahrt pro Woche begrenzt; für die Höhe der Aufwendungen gelten die Grundsätze der Entfernungspauschale entsprechend.

Hinweis: Wird ein Arbeitnehmer an einen anderen Beschäftigungsort versetzt und hat er zur Erleichterung des beruflich erforderlichen Umzugs vorübergehend einen doppelten Mietaufwand, gilt die Begrenzung des § 9 I 3 Nr. 5 EStG nicht. Die Aufwendungen sind nach § 9 I 1 EStG in vollem Umfang abziehbar.

cc) Arbeitsmittel

163 Gemäß **§ 9 I 3 Nr. 6 EStG** sind Aufwendungen für Arbeitsmittel (z. B. für Werkzeuge und typische Berufskleidung) als Werbungskosten zum Abzug zuzulassen. Insofern gilt ein **typisierter Veranlassungszusammenhang** ohne Prüfung des konkreten Einzelfalls. Es kommt nicht darauf an, ob der Steuerpflichtige die Werkzeuge und die Berufskleidung privat verwenden kann und ggf. verwendet. Ob ein Arbeitnehmer die Anschaffungskosten solcher Wirtschaftsgüter im Jahr der Anschaffung oder nur über die AfA als Werbungskosten abziehen kann, richtet sich hingegen nach **§ 9 I 3 Nr. 7 EStG** (siehe § 9 I 3 Nr. 6 S. 2 EStG).

dd) Absetzung für Abnutzung

164 Nach **§ 9 I 3 Nr. 7 EStG** sind auch im Rahmen der Überschusseinkünfte die Grundsätze der AfA (Rn. 71 ff.) zu beachten. Insofern wird das Zu- und Abflussprinzip des § 11 II 1 EStG durchbrochen; getätigte Aufwendungen sind nur verteilt über die jeweilige Jahres-AfA zum Abzug zugelassen. Die degressive AfA nach § 7 II EStG a. F. findet im Rahmen der Überschusseinkünfte keine Anwendung; die Vorschrift setzt ein Anlagevermögen voraus, das den Überschusseinkünften fremd ist. Eine Poolabschreibung ist mangels ausdrücklicher Verweisung des § 9 I 3 Nr. 7 S. 2 EStG auf § 6 IIa EStG ebenso wenig durchzuführen. Für die sofortige Absetzbarkeit geringwertiger Wirtschaftsgüter gilt damit nur die Grenze von 800 € netto.

ee) Mehraufwendungen für Verpflegung

164a Verpflegungskosten sind grundsätzlich Teil der privaten Lebensführung (§ 12 Nr. 1 EStG). Wird der Arbeitnehmer aber außerhalb seiner ersten Tätigkeitsstätte und außerhalb seiner Wohnung für den Arbeitgeber tätig (sog. **auswärtige berufliche Tätigkeit**, § 9 IVa 2 EStG), entstehen ihm im Vergleich mit der häuslichen Verpflegung regelmäßig höhere finanzielle Aufwendungen. Diese werden durch die Pauschalen des § 9 IVa 3 EStG abgegolten.

Erhält der Arbeitnehmer bei der Auswärtstätigkeit vom Arbeitgeber eine unentgeltliche Verpflegung, ist diese steuerbarer Sachlohn und nach § 8 II 8 EStG zu bewerten. Sie bleibt aber ausnahmsweise steuerfrei, wenn eine Verpflegungspauschale i.S.d. § 9 IVa 1–7 EStG in Betracht käme (§ 8 II 9 EStG). Im Gegenzug wäre auf Werbungskostenseite die Verpflegungspauschale zu kürzen (§ 9 IVa 8 EStG). **164b**

Hinweis: Die Grundsätze zum Verpflegungsmehraufwand (§ 9 IVa EStG) gelten nach **§ 4 V 1 Nr. 5 EStG** entsprechend für die Gewinnermittlung des Selbständigen.

b) Sonstige Werbungskosten

Da § 9 I 3 EStG keine abschließende Aufzählung möglicher Werbungskosten enthält, können aufgrund des offenen Tatbestands des § 9 I 1 EStG weitere Aufwendungen vorliegen. Entgegen seiner **finalen Formulierung** wird der Werbungskostenbegriff parallel zu dem der Betriebsausgaben (§ 4 IV EStG) durch das **Veranlassungsprinzip** bestimmt. Eine berufliche Veranlassung ist danach gegeben, wenn die Aufwendungen objektiv mit dem Beruf zusammenhängen und subjektiv zu dessen Förderung erbracht werden (Rn. 97 ff.). Beispiele: **165**

aa) Bewirtung von Kunden und Kollegen

Trägt der Arbeitnehmer die Kosten einer Feierlichkeit, ist zunächst nach der beruflichen Veranlassung dem Grunde nach zu fragen (§ 9 I 1 EStG). Zur Abgrenzung von der privaten Lebensführung ist bei einer **Gesamtwürdigung aller Umstände des Einzelfalls** v. a. auf den Ort und den Anlass der Feier sowie den Teilnehmerkreis abzustellen. Werden Arbeitskollegen bewirtet, ist für die Zuordnung insbesondere erheblich, ob der Steuerpflichtige eine variable, vom Erfolg seiner Arbeit abhängige Entlohnung erhält. In diesem Fall tritt er wie ein Arbeitgeber auf, da er durch die Motivation seiner Mitarbeiter die Höhe der eigenen Bezüge selbst beeinflussen kann. **166**

Liegen Werbungskosten dem Grunde nach vor, ist in einem zweiten Schritt die Abzugsbeschränkung der **§§ 4 V 1 Nr. 2, 9 V 1 EStG** zu beachten. Danach dürfen Aufwendungen für die Bewirtung von Personen aus beruflichem Anlass die Einnahmen nicht mindern, soweit sie 70 % der Aufwendungen übersteigen, die nach der allgemeinen Verkehrsauffassung als angemessen anzusehen sind und deren Höhe und berufliche Veranlassung nachgewiesen wird. Der Begriff „**geschäftlicher Anlass**“ umfasst insbesondere die Pflege von Lieferanten- und **167**

Kundenbeziehungen. Daher werden Kosten, die einem Arbeitgeber für die Bewirtung seiner Arbeitnehmer entstehen, von der Abzugsbeschränkung nicht erfasst. Für die Verweisung des § 9 V 1 EStG folgt daraus, dass solche Aufwendungen der Abzugsbeschränkung nicht unterliegen, die ein *Arbeitnehmer* aus beruflichem Anlass für die Bewirtung von **unterstellten Arbeitskollegen** trägt. Denn insoweit verhält der Arbeitnehmer sich wie ein bewirtender Arbeitgeber. Diese Aufwendungen können in vollem Umfang abgezogen werden.

bb) Fortbildungskosten

168 Bildungskosten sind Werbungskosten, wenn sie beruflich veranlasst sind (Rn. 119a). Der für den Werbungskostenabzug von **Lehrgangskosten** erforderliche berufliche Zusammenhang besteht, wenn die Teilnahme an dem Lehrgang ausschließlich oder nahezu ausschließlich beruflich veranlasst ist. Bei der gebotenen Würdigung aller Umstände des Einzelfalls ist insbesondere zu berücksichtigen, ob der Teilnehmerkreis homogen, die Veranstaltung „lehrgangsmäßig straff organisiert" war und die Veranstaltung tatsächlich besucht wurde.

169 Fand die besuchte Veranstaltung **im Ausland** statt, bestehen typischerweise erhebliche Berührungspunkte zur Förderung der Allgemeinbildung. Folglich ist ein Werbungskostenabzug versagt, wenn die (hypothetische) Durchführung derselben Veranstaltung im Inland den gleichen Erfolg hätte haben können. Dies gilt aufgrund der Dienstleistungsfreiheit des **Art. 56 AEUV** nicht für Veranstaltungen in den Mitgliedstaaten der EU. Da **Sprachreisen** im Inland erfahrungsgemäß einen nicht ebenso hohen Nutzen haben wie vor Ort im Land der jeweiligen Sprache, gelten diese Grundsätze für sie ebenfalls nicht.

170 Neben den Kursgebühren sind auch die mit der Lehrgangsteilnahme verbundenen **Reisekosten** als Werbungskosten abziehbar. Für die Frage des Veranlassungszusammenhangs und der Aufteilbarkeit gemischter Aufwendungen gelten die allgemeinen Grundsätze (Rn. 99 ff.). Dabei sind grundsätzlich die tatsächlich entstandenen Kosten in Ansatz zu bringen. Bei den Fahrtkosten kann auf die Ansätze des BRKG zurückgegriffen werden (§ 9 I 3 Nr. 4a S. 2 EStG).

cc) Umzugskosten

171 Umzugskosten sind als Werbungskosten abziehbar, wenn der Umzug nahezu ausschließlich beruflich veranlasst ist, private Gründe also eine allenfalls ganz untergeordnete Rolle spielen. Dies ist u. a. anzunehmen, wenn der Umzug den erforderlichen Zeitaufwand für den Weg zwischen Wohnung und erster Tätigkeitsstätte wesentlich, d. h. täglich um mindestens eine Stunde verringert.

Hinsichtlich des Umfangs ist zu beachten, dass nur die durch den beruflich veranlassten Umzug verursachten Kosten als Werbungskosten abzugsfähig sind (z. B. Lkw-Miete, Umzugshelfer). Dagegen sind z. B. die Maklergebühren für Wohneigentum Teil der Anschaffungsnebenkosten (§ 255 I 2 HGB). Zu den Umzugskosten gehören sie hingegen, wenn am neuen Ort eine Wohnung angemietet wird. 172

c) Werbungskostenpauschbetrag

Der Arbeitnehmer-Pauschbetrag kommt zur Anwendung, wenn der Steuerpflichtige keine tatsächlichen Werbungskosten nachweist, die 1.000 € bzw. 102 € übersteigen (§ 9a S. 1 Nr. 1 EStG). Bei dem **Pauschbetrag** handelt es sich um einen Jahresbetrag. Es erfolgt keine zeitanteilige Aufspaltung, sollte der Steuerpflichtige z. B. lediglich sechs Monate als Arbeitnehmer tätig gewesen sein. Übersteigt der Pauschbetrag die Höhe der Einnahmen, sind die Einkünfte mit Null anzusetzen. Ein verrechenbarer Verlust kann nicht entstehen (§ 9a S. 2 EStG). 173

Kinderbetreuungskosten sind zwar Teil der privaten Lebensführung (§ 12 Nr. 1 EStG), aber als Sonderausgaben abzugsfähig (§ 10 I Nr. 5 EStG). Dies gilt auch dann, wenn die Eltern die freie Zeit für die Ausübung einer nichtselbständigen Arbeit nutzen. 174

5. Zuschüsse und Ersatzleistungen des Arbeitgebers

Erstattet der Arbeitgeber dem Arbeitnehmer Aufwendungen, die diesem z. B. für Fahrten, Arbeitsmittel oder in sonstiger Weise beruflich veranlasst angefallen sind, ist wie folgt zu unterscheiden: 175

Führen die Zahlungen des Arbeitgebers zu einer objektiven Bereicherung des Arbeitnehmers, die ihren Ursprung im Arbeitsverhältnis hat, handelt es sich grundsätzlich um steuerbaren Arbeitslohn (§ 8 I EStG). Im Gegenzug sind Werbungskosten des Arbeitnehmers anzusetzen (§ 9 I 1 EStG). Da eine Saldierung im Einnahmenbegriff verboten ist, ist ein solcher **Werbungskostenersatz** wirtschaftlich von Bedeutung, wenn der Arbeitnehmer den Pauschbetrag des § 9a S. 1 Nr. 1 lit. a EStG mangels nachgewiesener höherer Werbungskosten ansetzt. Andernfalls egalisieren sich Zu- und Abfluss bei der Einkünfteermittlung (ggf. auch erst periodenübergreifend). 176

In besonderen Fällen hat der Gesetzgeber eine Steuerfreiheit von Leistungen des Arbeitgebers an den Arbeitnehmer angeordnet (vgl. § 3 Nr. 13, 16, 30, 31, 32, 50 EStG). Trägt in diesen Fällen zunächst der Arbeitnehmer die Last, ist die Erstattung ausnahmsweise steuerfrei. Man spricht nicht von Werbungskosten-, sondern von steuerfreiem **Auslagenersatz** (§ 3 Nr. 50 EStG). Im Gegenzug sind auch die Auf- 177 wendungen des Arbeitnehmers steuerlich neutral (§ 3c EStG). Der Pauschbetrag des § 9a S. 1 Nr. 1 lit. a EStG wird also nicht aufgezehrt.

178 Die Abgrenzung zwischen Werbungskosten- und Auslagenersatz erfolgt damit nach **arbeitsrechtlichen Kriterien**. Auslagenersatz ist nur anzunehmen, wenn der Arbeitgeber die Kosten nach arbeitsrechtlichen Regelungen ohnehin zu tragen hätte. Dies ist v. a. zu bejahen, wenn der Aufwand im eigenen Interesse des Arbeitgebers getätigt wurde. Insofern liegen originäre Betriebsausgaben vor.

Beispiel: Unternimmt der Arbeitnehmer eine Geschäftsreise zum Zwecke der Kundenpflege und ersetzt ihm der Arbeitgeber die Fahrt-, Übernachtungs- und Verpflegungskosten (§ 3 Nr. 16 EStG), liegt steuerfreier Auslagenersatz vor. Werden dagegen sonstige Aufwendungen des Arbeitnehmers erstattet (z. B. die Kosten der Fahrten Wohnung/erste Tätigkeitsstätte), ist von Werbungskostenersatz auszugehen, der den Pauschbetrag des § 9a S. 1 Nr. 1 lit. a EStG aufzehrt.

6. Lohnsteuerverfahren, §§ 38 ff. EStG

179 Die Abgrenzung der selbständigen von der nichtselbständigen Tätigkeit ist neben der maßgeblichen Methode der Einkünfteermittlung u. a. auch für das Erhebungsverfahren von Bedeutung. Die Erhebung betrifft die Durchsetzung des entstandenen Steueranspruchs. Sie ist v. a. in den §§ 218 ff. AO und den §§ 36 ff. EStG als *leges speciales* geregelt. Wie jeder Gläubiger trägt auch der Fiskus das Risiko der Zahlungsunfähigkeit seiner Schuldner. Daher sowie zur Schaffung einer monatlichen Einnahmequelle und aus Vereinfachungsgründen wurde das Lohnsteuerverfahren **(§§ 38 ff. EStG)** geschaffen.

180 Die Lohnsteuer ist **keine eigene Steuerart**, sondern eine besondere Erhebungsform. Bei jeder Lohnzahlung behält der Arbeitgeber einen Teil ein und führt diesen an das Betriebsstättenfinanzamt ab (§ 41a I 1 Nr. 2 EStG). Da der Arbeitnehmer nach § 38 II 1 EStG Steuerschuldner bleibt, geschieht dies auf Rechnung des Arbeitnehmers (§ 38 III 1 EStG). Die Lohnsteuer wird unmittelbar an der Einkunftsquelle erhoben und daher als **Quellensteuer** bezeichnet. Sie wird in der Folge wie eine Vorauszahlung behandelt und auf die in dem Steuerbescheid (§ 155 I AO) festgesetzte Einkommensteuerschuld angerechnet (§ 36 II 1 Nr. 2 lit. a EStG). Als „Steuer vom Einkommen" darf die Lohnsteuer die eigene Bemessungsgrundlage nicht mindern (§ 12 Nr. 3 EStG).

Hinweis: Nicht ordnungsgemäß einbehaltene und abgeführte Lohnsteuer schulden der Arbeitnehmer als Steuerschuldner (§ 38 II 1 EStG) und der Arbeitgeber als Haftungsschuldner (§ 42d I Nr. 1 EStG). Sie sind Gesamtschuldner (§ 44 AO).

7. Exkurs: Typische „Abzüge" vom Lohn

Wer Einkünfte aus nichtselbständiger Tätigkeit erzielt, findet auf seiner Lohnsteuerbescheinigung (§ 41b I 2, 3 EStG) diverse Abzüge: 181

Ist der Arbeitnehmer kirchensteuerpflichtig, wird auch die Kirchensteuer im Rahmen des Lohnsteuerverfahrens einbehalten (sog. **Kirchenlohnsteuer**). Als Steuer vom Einkommen i.S.d. § 12 Nr. 3 EStG ist die Kirchensteuer der privaten Lebenssphäre zugeordnet und darf auf Ebene der Einkünfteerzielung nicht steuermindernd berücksichtigt werden. Allerdings mindert sie als Sonderausgabe (§ 10 I Nr. 4 EStG) die Bemessungsgrundlage der Einkommensteuer.

Der **Solidaritätszuschlag** wird nach § 1 I SolZG als „Ergänzungsabgabe zur Einkommensteuer" erhoben. Damit unterfällt er als Annexsteuer zur Einkommensteuer ebenfalls § 12 Nr. 3 EStG und mindert die Einkünfte nicht.

Der Bruttolohn umfasst auch die **Beiträge zu den gesetzlichen Sozialversicherungen** (Renten-, Kranken-, Pflege- sowie Arbeitslosenversicherung). Dabei ist der **Arbeitgeberanteil** für den Arbeitnehmer eine weitere Einnahme aus nichtselbständiger Arbeit i.S.d. §§ 19 I Nr. 1, 8 I EStG, die jedoch nach § 3 Nr. 62 S. 1 EStG steuerfrei ist. Im Gegensatz dazu wird der **Arbeitnehmeranteil** vom Arbeitnehmer aufgewendet und durch den Arbeitgeber lediglich in dessen Namen und auf dessen Rechnung abgeführt. Als private Vorsorgeaufwendungen (§ 12 Nr. 1 EStG) kann der Arbeitnehmer derartige Beiträge nach § 10 I Nr. 2 lit. a, Nr. 3 EStG als Sonderausgaben ansetzen.

III. Einkünfte aus Kapitalvermögen, § 20 EStG

Die Einkünfte aus Kapitalvermögen zählen zu den Überschusseinkunftsarten (§ 2 II 1 Nr. 2 EStG). Zu ermitteln ist daher der Überschuss der Einnahmen über die Werbungskosten. 182

Als **Einnahmen** (§ 8 I EStG) werden nach § 20 I EStG die Erträge aus der Anlage von privatem Kapitalvermögen besteuert. Neben der **Fruchtziehung** sind – als Fremdkörper im Bereich der Überschusseinkünfte – auch die Überschüsse aus der Verwertung der privaten **Vermögenssubstanz** der Besteuerung unterworfen (§ 20 II–IV EStG). Insoweit ist der Unterschiedsbetrag zwischen Ankaufs- und Verkaufspreis als Einnahme („Gewinn") im Rahmen der Einkünfte aus Kapitalvermögen steuerbar (§ 20 IV 1 EStG). 183

Der **Werbungskostenabzug** bestimmt sich gemäß **§ 2 II 2 EStG** nicht nach den allgemeinen Vorschriften der §§ 9, 9a EStG, sondern ausschließlich nach **§ 20 IX EStG**. Dieser gilt insgesamt für § 20 EStG und damit sowohl für die Einnahmen aus Fruchtziehung als auch für Einnahmen aus einer Substanzverwertung. 184

1. Fruchtziehungserträge, § 20 I EStG

185 Die Besteuerung der Einnahmen aus Kapitalvermögen im Wege einer Fruchtziehung aus dem Vermögensstamm ist in § 20 I EStG geregelt. Die steuerbaren Einnahmen sind in § 20 I EStG **abschließend** aufgezählt. Die wichtigsten Fälle sind Erträge aus Beteiligungen an Kapitalgesellschaften (§ 20 I Nr. 1 EStG), Erträge aus einer Beteiligung als stiller Gesellschafter und aus partiarischen Darlehen (§ 20 I Nr. 4 EStG) sowie aus sonstigen Kapitalforderungen (§ 20 I Nr. 7 EStG).

a) Erträge aus Beteiligungen

186 Als Einnahmen nach § 20 I Nr. 1 EStG werden Gewinnanteile und sonstige Bezüge aus Aktien, GmbH-Anteilen o. ä. erfasst. Erzielt werden diese von dem jeweiligen Inhaber der Anteile aufgrund des ihm zustehenden Rechts. Wer Inhaber der Anteile ist, richtet sich primär nach dem Zivilrecht (§ 20 V 1 EStG), wobei Abweichungen aufgrund der wirtschaftlichen Betrachtungsweise (§ 39 AO) geboten sein können.

aa) Offene Ausschüttung

187 Einkünfte aus Kapitalvermögen nach **§ 20 I Nr. 1 EStG** sind insbesondere die Gewinnanteile aus der Beteiligung an Kapitalgesellschaften (§ 1 I Nr. 1 KStG), z. B. in den Rechtsformen der Aktiengesellschaft und der GmbH. Wird auf der Haupt- bzw. Gesellschafterversammlung beschlossen, einen Teil des erzielten Gewinns an die Aktionäre bzw. Gesellschafter auszuschütten, erzielen diese mit dem Zufluss der Gewinnbeteiligungen Einkünfte nach § 20 I Nr. 1 EStG. Man spricht von einer offenen Gewinnausschüttung, da sie auf einem ordnungsgemäßen Beschluss des zuständigen Organs beruht.

Hinweis: Anders als bei Personengesellschaften, bei denen eine transparente Zurechnung des Gewinns an die Mitunternehmer erfolgt (Rn. 511 ff.), ist für einen steuerpflichtigen Ertrag der Gesellschafter einer Körperschaft eine Ausschüttung erforderlich.

bb) Verdeckte Gewinnausschüttung

188 Die Einkünfte aus Kapitalvermögen umfassen neben offenen Gewinnausschüttungen auch sog. verdeckte Gewinnausschüttungen (§ 20 I Nr. 1 S. 2 EStG). Der Begriff der vGA ist zwar weder im EStG noch in § 8 III 2 KStG definiert. Seine Tatbestandsmerkmale sind aber durch langjährige Rechtsprechung konkretisiert. Danach liegt eine vGA vor, wenn die Kapitalgesellschaft ohne entsprechenden Gewinnverteilungsbeschluss einem ihrer Gesellschafter einen Vermögensvorteil ohne entsprechende Gegenleistung zuwendet und diese Zuwendung

durch das Verhältnis als Gesellschafter begründet ist. Die **Veranlassung *societatis causa*** ist durch einen hypothetischen Fremdvergleich zu ermitteln. Durch Auslegung ist im Einzelfall zu prüfen, ob ein ordentlicher und gewissenhafter Geschäftsleiter den Vermögensvorteil unter sonst gleichen Umständen auch einem Dritten, d. h. einem Nichtgesellschafter, zugewendet hätte.

Im Fall einer Zuwendung an den **beherrschenden Gesellschafter**, der mehr als 50 % der Anteile der zuwendenden Kapitalgesellschaft hält, ist darüber hinaus eine im Voraus wirksam abgeschlossene Vereinbarung mit klarem und eindeutigem Inhalt erforderlich.

Ergibt der **Drittvergleich**, dass die Zuwendung nur aufgrund der 189 Gesellschafterstellung erfolgt, liegt auf Seiten des Empfängers eine nach § 20 I Nr. 1 S. 2 EStG steuerbare vGA vor. Auf Ebene der Gesellschaft darf keine den Gewinn mindernde Betriebsausgabe angesetzt werden (§ 8 III 2 KStG).

b) Stille Gesellschaft und partiarisches Darlehen

Zu den Einkünften aus Kapitalvermögen gehören nach **§ 20 I Nr. 4** 190 **EStG** auch die Einnahmen aus der Beteiligung an einem Handelsgewerbe als stiller Gesellschafter und aus partiarischen Darlehen, soweit der Empfänger nicht als Mitunternehmer anzusehen ist.

Ob eine **stille Gesellschaft** vorliegt, richtet sich nach den Vorschrif- 191 ten des HGB. Gemäß **§ 230 I HGB** ist ein stiller Gesellschafter nicht am Gesellschaftsvermögen beteiligt. Ihm steht nach **§ 232 HGB** lediglich ein Anteil am laufenden Gewinn und Verlust der Gesellschaft sowie bei seinem Ausscheiden ein Anspruch auf Rückgewähr der geleisteten Einlage zu. An den stillen Reserven ist er nicht beteiligt, da sich diese nur im Vermögen des Inhabers des Handelsgeschäfts befinden. Wird in dem Gesellschaftsvertrag von den Vorschriften des HGB z. B. dergestalt abgewichen, dass dem stillen Gesellschafter bei seinem Ausscheiden ein Anspruch auf Teilhabe an den während seiner Beteiligungszeit entstandenen stillen Reserven des Gesellschaftsvermögens zusteht, handelt es sich um eine sog. **atypische stille Beteiligung**. Bei dieser Gestaltung trägt der atypische stille Gesellschafter Unternehmerrisiko, so dass seine Stellung nach § 20 I Nr. 4 Hs. 2 EStG in eine **Mitunternehmerschaft** (§ 15 I 1 Nr. 2 EStG) umschlägt. Er erzielt keine Einkünfte aus Kapitalvermögen, sondern Gewinneinkünfte. Die Qualifizierung der Einnahmen ist somit von der Ausgestaltung der stillen Gesellschaft abhängig. Nur im Fall einer typischen stillen Gesellschaft (§§ 230–236 HGB) liegen Einkünfte aus Kapitalvermögen i.S.d. § 20 I Nr. 4 EStG vor.

192 Von einem gewöhnlichen Darlehen (§§ 488 ff. BGB) unterscheidet sich ein sog. **partiarisches Darlehen** dadurch, dass an die Stelle einer von der Darlehensvaluta abhängigen Verzinsung eine prozentuale Gewinnbeteiligung tritt. Gleichwohl gehen Darlehensgeber und Darlehensnehmer keine gesellschaftsrechtliche Zweckgemeinschaft ein. Eine Verlustbeteiligung ist im Regelfall nicht vorgesehen.

Hinweis: Auf Seiten des Handelsgewerbes sind sowohl die Zahlungen an die stillen Gesellschafter als auch an die Darlehensgeber eines partiarischen Darlehens Betriebsausgaben.

c) Erträge aus sonstigen Kapitalforderungen

193 **§ 20 I Nr. 7 EStG** fungiert als **Auffangtatbestand** für sonstige Kapitalerträge. Erfasst werden Einnahmen, die aus der Fruchtziehung, nicht aber einer Substanzverwertung der Kapitalforderung resultieren. Hierzu zählen v. a. Zinsen aus Bankguthaben, herkömmlichen Darlehen, Pfandbriefen und steuerlichen Erstattungsansprüchen (§ 233a AO, § 20 I Nr. 7 S. 3 EStG). Der Zinsbegriff wird weit verstanden, so dass auch Verzugszinsen (§ 288 BGB) erfasst sind.

Auch die Auszahlung bei **abgezinsten Sparbriefen** unterliegt mit dem Aufzinsungsanteil den Einkünften aus Kapitalvermögen nach § 20 I Nr. 7 EStG. Dies sind solche Wertpapiere, die zwar keine laufenden Zinsen gewähren, aber zu einem Kurs unter 100 % (sog. Erwerbskurs) ausgegeben und bei Fälligkeit zum Nennwert ausgezahlt werden. Der Differenzbetrag ist der Aufzinsungsanteil. Werden abgezinste Sparbriefe vor Fälligkeit verkauft, ist der durch den Verkauf realisierte Wertzuwachs nach § 20 II 1 Nr. 7 EStG steuerbar.

194 Für die Steuerbarkeit zugeflossener Beträge ist es irrelevant, ob der Betreffende einen zivilrechtlich durchsetzbaren Anspruch hatte. Einkünfte nach § 20 I Nr. 7 EStG liegen nach der Wertung der §§ 40, 41 I 1 AO auch dann vor, wenn das zur Verfügung gestellte Kapital zum Aufbau bzw. Erhalt eines „**Schneeballsystems**" verwendet wird und dem Steuerpflichtigen aus dem Kapital anderer getäuschter Anleger eine „Scheinrendite" gezahlt wird. Das kann sogar im Fall eines ernsthaften Auszahlungsangebots und der einvernehmlichen Gutschrift zur Neuanlage gelten.

2. Veräußerungsgewinne, § 20 II–IV EStG

195 Die Besteuerung von Gewinnen aus der Veräußerung von Kapitalbeteiligungen ist in § 20 II–IV EStG umfassend geregelt. Leitgedanke der Besteuerung ist – im Gegensatz zu § 20 I EStG – nicht die Fruchtziehung, sondern die **Verwertung privater Vermögenssubstanz**.

Gegenstand der Besteuerung sind daher nicht laufende Erträge, sondern die im Wege der Veräußerung realisierten Wertsteigerungen. Dogmatisch handelt es sich um eine Fortentwicklung der §§ 17, 23 EStG motiviert durch das gesetzgeberische Anliegen, Kapitalerträge möglichst umfassend zu besteuern.

Hinweis: Im Unterschied zu § 23 I EStG enthält § 20 II EStG **keine Spekulationsfrist**. Die Veräußerungen sind daher unabhängig von dem zwischen der Anschaffung und der Veräußerung vergangenen Zeitraum steuerbar.

Steuerbare Einnahmen sind die im Zuge der Veräußerung bestimm- **196**
ter Kapitalforderungen (§ 20 II EStG) erzielten Gewinne. Der **Veräußerungsgewinn** ist nach Maßgabe des § 20 IV EStG zu ermitteln.

a) Gegenstände der Veräußerung

Die Gegenstände einer steuerbaren Veräußerung privater Kapitalan- **197**
teile und Kapitalforderungen führt **§ 20 II 1 EStG** abschließend auf. Die auf den ersten Blick unübersichtliche Aufzählung orientiert sich am Aufbau des § 20 I EStG, so dass sich die Nummern weitestgehend entsprechen. Von Bedeutung ist daher v. a. die Veräußerung von Anteilen an Kapitalgesellschaften i.S.d. § 20 I 1 Nr. 1 EStG (§ 20 II 1 **Nr. 1** EStG). Dazu gehören nicht nur Aktien und GmbH-Anteile, sondern auch aktienähnliche Genussrechte (§ 221 III AktG), ähnliche Beteiligungen und Anwartschaften (z. B. Wandelschuldverschreibungen, § 221 I 1 AktG) sowie Optionsanleihen.

Der Gewinn (§ 20 IV EStG) aus der Veräußerung bzw. der Beendi- **198**
gung eines partiarischen Darlehens oder einer typischen stillen Gesellschaft ist gemäß § 20 II 1 **Nr. 4** EStG steuerbar. Ebenso unterliegt der Gewinn aus der Übertragung von Hypotheken, Grund- und Rentenschulden oder aufgrund der Veräußerung von Ansprüchen aus Kapitallebensversicherungen der Besteuerung (§ 20 II 1 **Nr. 5** bzw. **Nr. 6** EStG). Als Auffangtatbestand für die Veräußerung sonstiger Kapitalforderungen fungiert § 20 II 1 **Nr. 7** EStG.

b) Identitätsgrundsatz

Der sog. Identitätsgrundsatz ist v. a. für die Ermittlung des Veräuße- **199**
rungsgewinns von Bedeutung. Danach muss der Gegenstand der Anschaffung mit dem der Veräußerung grundsätzlich identisch sein.

Probleme bereitet insoweit die **Sammelverwahrung** (§ 5 DepotG) **200**
von Wertpapieren. Bei einer solchen kann weder das Kreditinstitut als Verwalter des Depots noch der Anteilsinhaber feststellen, welche der jeweils zu unterschiedlichen Zeitpunkten und zu unterschiedlichen

Einstandskursen angeschafften Aktien konkret veräußert werden. Um die Berechnung der Veräußerungsgewinne nachvollziehbar zu gestalten, wurde **§ 20 IV 7 EStG** geschaffen. Danach wird bei in Sammelverwahrung gehaltenen Wertpapieren unterstellt, dass die zuerst angeschafften Wertpapiere zuerst veräußert werden (*„first in, first out“*, sog. **FiFo-Methode**).

c) Anschaffung und Veräußerung

201 Die Begriffe der Anschaffung und Veräußerung sind zivilrechtsähnlich auszulegen. Es handelt sich um **dingliche Vorgänge**, die auf einem Willensakt des Steuerpflichtigen beruhen. Außerdem bedarf es des Übergangs des rechtlichen oder wirtschaftlichen Eigentums.

201a Wird ein Wertpapier aus dem Betriebsvermögen in das Privatvermögen derselben Person überführt (sog. Entnahme, § 4 I 2 EStG), fehlt es an einem Rechtsträgerwechsel. Damit liegt zwar weder eine Anschaffung noch eine Veräußerung vor. Diese werden nach **§ 20 IV 3 EStG** aber fingiert und der jeweilige Entnahmewert angesetzt.

202 Werden **Anteile an einer Personengesellschaft** übertragen, tritt hinsichtlich der im Gesellschaftsvermögen befindlichen Aktien und sonstigen Wertpapiere zivilrechtlich kein Rechtsträgerwechsel ein. Aufgrund der Teilrechtsfähigkeit der Personengesellschaft (§§ 124 I, 161 II HGB) stehen diese zivilrechtlich weiterhin der Gesellschaft zu. Da das Einkommensteuerrecht Personengesellschaften transparent besteuert (Rn. 500 ff.), gilt auch dieser Vorgang als Anschaffung bzw. Veräußerung der jeweiligen Kapitalforderungen (**§ 20 II 3 EStG**). Insofern fingiert das Steuerrecht eine vom Zivilrecht abweichende Rechtslage.

d) „Gewinnermittlung“

203 Nach § 20 IV 1 EStG ist Gewinn der Unterschied zwischen dem Veräußerungspreis einerseits und den Anschaffungs- und unmittelbaren Erwerbungskosten andererseits. Da es sich bei den Einkünften aus Kapitalvermögen um eine Überschusseinkunftsart handelt, findet das Zu- und Abflussprinzip (§ 11 I 1, II 1 EStG) Anwendung.

Hinweis: Der Begriff „Gewinn“ wird im EStG an verschiedenen Stellen mit unterschiedlicher Bedeutung verwendet. Bei den Gewinneinkünften (**§ 2 II 1 Nr. 1 EStG**) meint Gewinn die Höhe der Einkünfte (§§ 4, 5 ff. EStG). Im Rahmen des **§ 20 II–IV EStG** handelt es sich um einen gegenüber § 8 EStG speziellen Einnahmenbegriff. Erst durch den Abzug der spezialgesetzlichen Werbungskosten (§ 20 IX EStG) wird der Überschuss als Höhe der Einkünfte aus Kapitalvermögen bestimmt.

Der Unterschiedsbetrag nach § 20 IV 1 Hs. 1 EStG lehnt sich an die Regelungen der §§ 17 II 1, 23 III 1 EStG an. Der Begriff der **Anschaffungskosten** umfasst entsprechend § 255 I 1 HGB die Aufwendungen, die geleistet werden, um einen Vermögensgegenstand zu erwerben. Die gemäß § 255 I 2 HGB grundsätzlich einzubeziehenden Anschaffungsnebenkosten sind nach § 20 IV 1 EStG nicht zu berücksichtigen. Danach dürfen zur Ermittlung des Unterschiedsbetrags nur solche **Erwerbungskosten** von den Einnahmen aus der Veräußerung abgezogen werden, die in einem unmittelbaren sachlichen Zusammenhang mit dem Veräußerungsgeschäft stehen. Diese sind von den allgemeinen Werbungskosten aus Kapitalvermögen abzugrenzen, die durch den **Sparer-Pauschbetrag** des § 20 IX 1 EStG abgegolten sind. Letzterer umfasst v. a. allgemeine Kosten der Depotführung. Im Gegensatz dazu sind spezifische, für die einzelne Transaktion angefallene Kosten nach § 20 IV 1 EStG zum Abzug zugelassen. **204**

Der Gewinn i.S.d. § 20 IV 1 EStG kann sowohl positiv als auch negativ (sog. Veräußerungsverlust) sein. Im letzteren Fall sind Einschränkungen bei der **Verlustverrechnung** zu beachten, § 20 VI EStG (Rn. 209 ff.). **205**

3. Subsidiarität, § 20 VIII EStG

Gemäß § 20 VIII 1 EStG sind die Einkünfte aus Kapitalvermögen subsidiär v. a. gegenüber den Gewinneinkunftsarten (§ 2 II 1 Nr. 1 EStG) sowie den Einkünften aus Vermietung und Verpachtung (§ 21 EStG). Dies gilt sowohl für Einnahmen, die im Wege der Fruchtziehung aus Kapitalvermögen erzielt werden (§ 20 I EStG), als auch für Einnahmen aus der Realisierung von Wertsteigerungen (§ 20 II–IV EStG). **206**

Aufgrund der Subsidiarität ist stets zu prüfen, ob die Einkünfte anderen, vorrangigen Einkunftsarten zuzurechnen sind. Ein spezieller Fall der Gewerblichkeit ist § 17 EStG (Rn. 353 ff.). Im Übrigen ist nach dem **Gepräge des steuerbaren Verhaltens** abzugrenzen. Danach liegt ein gewerblicher Wertpapierhandel (§ 15 II 1 EStG) und keine private Vermögensverwaltung z. B. vor, wenn der Steuerpflichtige durch erheblichen An- und Verkauf von Wertpapieren in Erscheinung tritt. Dafür genügen jedoch nicht die bloße Kurspflege und die Umschichtung von Wertpapieren des Privatvermögens. Vielmehr ist es erforderlich, dass der Steuerpflichtige gleich einem Händler auftritt. Indizien hierfür sind die Tätigkeit für fremde Rechnung sowie der Handel mit institutionellen Partnern. **207**

Nicht genannt in § 20 VIII 1 EStG sind **Einkünfte aus nichtselbständiger Arbeit**. Gibt ein Arbeitnehmer seinem Arbeitgeber ein Darlehen, sind die Erträge daher grundsätzlich nach § 20 I Nr. 7 EStG steuerbare Einkünfte. Diese können nach dem Veranlassungsprinzip ausnahmsweise § 19 EStG zuzuordnen sein, z. B. wenn der Anspruch auf Rückzahlung der Darlehensvaluta zur finanziellen Unterstützung des Arbeitgebers und damit zur Sicherung des Arbeitsplatzes erlassen wird.

4. Sparer-Pauschbetrag, § 20 IX EStG

208 Als sog. Sparer-Pauschbetrag ist bei der Ermittlung der Einkünfte aus Kapitalvermögen ein Betrag von 801 € (bzw. 1.602 € bei zusammenveranlagten Ehegatten) abzuziehen (§ 20 IX 1 Hs. 1, S. 2 EStG). Der Sparer-Pauschbetrag stellt eine Besonderheit bei der Einkünfteermittlung dar. Er vereint in sich einen Werbungskostenpauschbetrag und einen Freibetrag. Ein Abzug der tatsächlich entstandenen Werbungskosten ist ausgeschlossen (§ 20 IX 1 Hs. 2 EStG). Daher ist z. B. der Abzug von Kreditzinsen im Zusammenhang mit einem fremdfinanzierten Erwerb von GmbH-Anteilen unzulässig. Auch die Aufwendungen eines Aktionärs, um seine Rechte auf einer Hauptversammlung geltend zu machen (z. B. Fahrt- und Übernachtungskosten) können nicht abgezogen werden. Als speziellere Regelung (**§ 2 II 2 EStG**) schließt die Vorschrift die Anwendung von § 9 I 1 EStG grundsätzlich aus.

Hinweis: Der Eingriff in das objektive Nettoprinzip wird mit der verfahrenstechnisch notwendigen Vereinheitlichung begründet. Die Erhebung einer besonderen linearen Abgeltungsteuer wäre sonst nicht durchführbar. Daher ist es folgerichtig, dass § 20 IX EStG ausnahmsweise nicht zur Anwendung kommt und die tatsächlichen Werbungskosten (§ 9 I 1 EStG) zu ermitteln und abzuziehen sind, wenn die Abgeltungswirkung entfällt (§§ 2 II 2, 32d II EStG).

5. Verlustausgleich, § 20 VI EStG

209 Nach § 20 VI 1 EStG ist ein Verlustausgleich mit Einkünften aus anderen Einkunftsarten (sog. **vertikaler Verlustausgleich**) sowohl für das laufende als auch für das vergangene oder folgende Kalenderjahr ausgeschlossen; § 10d EStG ist insofern ausgeschlossen.

210 Verluste aus einzelnen Anlageformen (§ 20 I EStG) oder einzelnen Veräußerungsgeschäften (§ 20 II EStG) können jedoch nach § 20 VI 2 EStG grundsätzlich unbeschränkt innerhalb der Einkunftsart ausgeglichen werden (sog. **horizontaler Verlustausgleich**). Ergibt der Verlustausgleich negative Einkünfte aus Kapitalvermögen (§ 2 I 1 Nr. 5 EStG) ist für diese nur ein Vortrag möglich (§ 20 VI 2 EStG). Der üblicherweise gestattete Verlustrücktrag ist unzulässig. Für den Verlustvortrag gilt § 10d IV EStG entsprechend (§ 20 VI 3 EStG), so dass die vorzutragenden Verluste nach § 179 I AO gesondert festzustellen sind.

Der horizontale Verlustausgleich für **Verluste aus der Veräußerung von Aktien** ist nach § 20 VI 4 EStG beschränkt. Diese Verluste dürfen im selben Jahr sowie in folgenden Jahren nur mit Gewinnen aus solchen Aktiengeschäften verrechnet werden. Insofern gilt § 20 IV 3, 4 EStG entsprechend. Soweit die Einkommensteuer als Kapitalertragsteuer erhoben wird (Rn. 497 f.), erfolgt die Verlustverrechnung an der Quelle und damit bei dem Depot führenden Kreditinstitut, wenn der Steuerpflichtige eine Verlustbescheinigung (§ 43a III 4 EStG) vorlegt. **211**

6. „Duales System“

a) Einführung

Kapitalgesellschaften sind eigenständige Steuersubjekte (§ 1 I Nr. 1 KStG), die der **Körperschaftsteuer** nach dem KStG unterliegen. Hieraus folgt eine Doppelbesteuerung der ausgeschütteten Gewinne. Diese unterliegen auf Ebene der Körperschaft einer Besteuerung nach dem KStG und nach der Ausschüttung auf Ebene des Anteilseigners einer Besteuerung nach § 20 I Nr. 1 S. 1 EStG. **212**

Der doppelten Besteuerung durch Körperschaft- und Einkommensteuer wurde **bis zum VZ 2008** durch das sog. **Halbeinkünfteverfahren** entgegengewirkt. Während zunächst der Gewinn der Körperschaft mit 25 % nach dem KStG besteuert wurde, wurden die Kapitaleinkünfte für den Anteilseigner gemäß §§ 3 Nr. 40 S. 1 lit. d, 3c II EStG a. F. zur Hälfte steuerfrei gestellt. Somit waren als Einkünfte aus Kapitalvermögen nur 50 % der Ausschüttungen in der Bemessungsgrundlage zu berücksichtigen und nach dem persönlichen Steuersatz des Regeltarifs (§ 32a EStG) zu versteuern. Dies galt auch, wenn die Anteile im Betriebsvermögen gehalten wurden (§ 3 Nr. 40 S. 2 EStG a. F.). **213**

b) Teileinkünfteverfahren

Im Zuge der Reform des § 20 EStG und der Einführung der sog. Abgeltungsteuer wurde **§ 3 Nr. 40 EStG neu gefasst**. Dabei wandelte sich das Halbeinkünfte- zum gegenwärtigen Teileinkünfteverfahren. Da der Tarif der Körperschaftsteuer auf 15 % gesenkt wurde (§ 23 I KStG), wurde der durch § 3 Nr. 40 S. 1 lit. d EStG steuerfrei gestellte Anteil auf 40 % verringert. Folglich sind 60 % der Einkünfte steuerpflichtig (§ 3c II 1 EStG); sie unterliegen dem individuellen Regeltarif (§ 32a EStG, siehe § 43 V 2 EStG). **214**

Elementarer Bestandteil der Reform ist § 3 Nr. 40 **S. 2** EStG. Danach findet das Teileinkünfteverfahren in Bezug auf die in § 3 Nr. 40 **215**

S. 1 lit. d EStG genannten Einkünfte nur Anwendung, soweit **§ 20 VIII EStG** erfüllt ist, die Anteile also im **Betriebsvermögen** gehalten werden oder, wenn sie Bestandteile des **Privatvermögens** sind, der Einkunftsart des § 21 EStG dienen. Andernfalls sind die Gewinnanteile in voller Höhe steuerbar.

Hinweis: § 3 Nr. 40 S. 2 EStG enthält die grundlegende Weichenstellung und damit den Ausgangspunkt des „dualen Systems".

c) „Abgeltungsteuer"

216 Dieses auf den ersten Blick sonderliche Ergebnis einer vollen Steuerpflicht ist durch die Einführung der „Abgeltungsteuer" begründet. Diese sieht in § 32d I 1 EStG für alle Formen der Einkünfte aus Kapitalvermögen, die nicht von § 20 VIII EStG erfasst sind, einen **linearen Steuertarif** i.H.v. 25 % (§ 32d I 1 EStG) mit Abgeltungswirkung vor (§ 43 V 1 Hs. 1 EStG). Insofern werden Einkünfte aus Kapitalvermögen aus der üblichen Bemessungsgrundlage der Einkommensteuer und dem darauf anwendbaren Regeltarif (§ 32a EStG) ausgenommen (§ 2 Vb EStG) und mittels eines besonderen Tarifs linear besteuert. Ziel dieses Systemwechsels ist es, die Doppelbesteuerung durch das KStG und EStG nicht auf Ebene der Steuerbarkeit, sondern auf Ebene des Tarifs abzumildern. Die Umsetzung ist allerdings insoweit inkonsequent, als der Tarifvorteil bei allen Anlageformen der Kapitaleinkünfte zur Anwendung gelangt, also auch bei solchen, bei denen keine Doppelbesteuerung durch EStG und KStG gegeben ist (z. B. § 20 I Nr. 7 EStG). Bei missbräuchlichen Gestaltungen dient § 32d II EStG als Korrektiv.

Hinweis: Die Einkünfte, die der „Abgeltungsteuer" unterliegen, bleiben zur Umsetzung des verfahrenstechnischen Vereinfachungszwecks nach **§ 2 Vb EStG** bei den Begriffsbestimmungen des EStG (Einkünfte, Summe der Einkünfte, Einkommen, zu versteuerndes Einkommen) unberücksichtigt. Die damit einhergehenden Eingriffe in das subjektive Nettoprinzip sind hinzunehmen.

d) Kapitalertragsteuer, §§ 43 ff. EStG

217 Bei den Einkünften aus Kapitalvermögen wird die Einkommensteuer grundsätzlich an der jeweiligen Quelle als sog. Kapitalertragsteuer erhoben (§§ 43 ff. EStG). Banken als Schuldner der Kapitalerträge haben den Steuerabzug vorzunehmen, d. h. die Kapitalertragsteuer auf Rechnung des Konto- bzw. Depotinhabers einzubehalten und an das Finanzamt abzuführen (§ 44 I 3 EStG). Vergleichbar der Lohnsteuer (§§ 38 ff.

EStG) handelte es sich dabei bis zur Einführung der Abgeltungsteuer zum VZ 2009 **ausschließlich** um eine **besondere Erhebungsform**. Die Kapitalertragsteuer war gleich einer Vorauszahlung zu behandeln und auf die nach dem Regeltarif (§ 32a EStG) ermittelte Einkommensteuerschuld anzurechnen (§ 36 II Nr. 2 EStG).

Der Abzug der Kapitalertragsteuer erfolgt gemäß **§ 43 IV EStG** un- **218**
abhängig davon, ob die Kapitalanteile im Privat- oder Betriebsvermögen des Steuerpflichtigen gehalten werden und das Teileinkünfteverfahren (§ 3 Nr. 40 S. 2 EStG) oder die Abgeltungswirkung (§ 43 V 1 Hs. 1 EStG) zur Anwendung kommt. Zu einer reibungslosen Verwirklichung der Abgeltungswirkung wurde die Kapitalertragsteuer einheitlich auf 25 % festgesetzt (§ 43a I EStG).

Der Steuerabzug durch Kapitalertragsteuer hat für die Einkommen- **219**
steuer auf Kapitalerträge i.S.d. § 20 EStG grundsätzlich **Abgeltungswirkung** (§ 43 V 1 EStG), es sei denn, dass der Tarif des § 32d I EStG ausnahmsweise nicht zur Anwendung gelangt (so z. B. in den Fällen der Missbrauchskontrolle des § 32d II EStG oder wenn ein Antrag auf Günstigerprüfung nach § 32d VI EStG gestellt wird). Soweit die Einkünfte anderen Einkunftsarten zuzurechnen sind (§ 20 VIII EStG), die Kapitalanteile also im Betriebsvermögen gehalten oder für Vermietungseinkünfte verwendet werden, besteht keine Abgeltungswirkung (§ 43 V 2 EStG). In diesen Fällen ist ggf. das Teileinkünfteverfahren anzuwenden (§ 3 Nr. 40 S. 1 EStG) und der steuerpflichtige Anteil dem Regeltarif zu unterwerfen. In diesen Ausnahmefällen ist die Kapitalertragsteuer als bloßer Steuerabzugsbetrag zu behandeln und nach § 36 II 1 Nr. 2 lit. a EStG auf die Einkommensteuer anzurechnen.

IV. Vermietung und Verpachtung, § 21 EStG

Die Einkünfte aus Vermietung und Verpachtung (§ 2 I 1 Nr. 6 EStG) **220**
erfassen Einnahmen aus der entgeltlichen Überlassung des Gebrauchs oder der Nutzung bestimmter Gegenstände des Privatvermögens. Ähnlich § 20 I EStG sind dies also Erträge aus der Fruchtziehung. Wertsteigerungen im Vermögensstamm sind nicht nach § 21 EStG, ggf. aber nach §§ 22 Nr. 2, 23 I EStG steuerbar.

1. Steuerbare Tätigkeit

§ 21 I 1 EStG umfasst die Gebrauchs- und Nutzungsüberlassung **221**
von unbeweglichem Vermögen (Nr. 1), Sachinbegriffen (Nr. 2), Rechten (Nr. 1, 3) sowie die Veräußerung von Miet- und Pachtzinsforderungen (Nr. 4). Die Überschusseinkünfte aus Vermietung und Verpach-

tung sind gemäß **§ 21 III EStG** gegenüber anderen Einkunftsarten **subsidiär**. Werden z. B. Grundstücke des Betriebsvermögens vermietet, sind die hierdurch erzielten Einkünfte solche aus Gewerbebetrieb (§ 15 EStG).

a) Vermietung von unbeweglichem Vermögen

222 Die steuerbare Tätigkeit der „Vermietung und Verpachtung" ist nicht auf bürgerlich-rechtliche Verträge nach §§ 535 ff. bzw. §§ 581 ff. BGB beschränkt. Maßgeblich ist vielmehr der wirtschaftliche Gehalt der Vereinbarung. Die Begriffe Vermietung und Verpachtung sind nur als Gegenstück zur Veräußerung zu verstehen. Erfasst ist **jede Nutzungsüberlassung gegen Entgelt**, also auch aufgrund dinglicher Nutzungsrechte, wie z. B. einer Grunddienstbarkeit (z. B. bei Hochspannungsleitungen). Charakteristisch für die Vermietung ist, dass die Substanz nicht endgültig weggegeben, sondern nur vorübergehend überlassen wird. Im Unterschied zur Miete berechtigt die Pacht zur Substanzausbeute. Demnach liegen Einkünfte aus **§ 21 I 1 Nr. 1 EStG** auch dann vor, wenn ein Grundstück z. B. zum Kiesabbau überlassen wird.

223 Die Vermietung und Verpachtung von Grundstücken ist grundsätzlich eine Form der **privaten Vermögensverwaltung**. Sie wird nicht bereits dadurch zur gewerblichen Tätigkeit, dass die Verwaltung einen in kaufmännischer Weise eingerichteten Geschäftsbetrieb erfordert (§ 1 II HGB). Erforderlich ist vielmehr das Hinzutreten besonderer gewerblicher Begleitumstände (sog. gewerbliches Gepräge). Dies ist u. a. bei Zusatzleistungen wie einem hotelartigen Service oder häufigen Mieterwechseln in Tennis- oder Campinganlagen anzunehmen. Die Nutzungsüberlassung der Immobilien wird dann ausnahmsweise zu einer gewerblichen Tätigkeit (§§ 21 III, 15 II 1 EStG).

Hinweis: Dagegen überschreitet die Vermietung beweglicher Gegenstände (§ 22 Nr. 3 EStG) den Rahmen der Überschusseinkünfte bereits dann, wenn sie nicht nur gelegentlich, sondern nachhaltig erfolgt.

224 Eine spezielle Ausprägung haben bei § 21 I 1 Nr. 1 EStG die Grundsätze der **Liebhaberei** erfahren. Die sog. Einkünfteerzielungsabsicht ist dem Begriff „erzielt" in § 2 I EStG zu entnehmen und damit ein allgemeines Tatbestandsmerkmal sämtlicher steuerbaren Einkünfte.

225 **(1)** Für Einkünfte aus der dauerhaften Überlassung einer Wohnung zu Wohnzwecken enthält **§ 21 II EStG** eine spezielle Regelung. Deren Kernaussage besteht darin, dass auch die Werbungskosten abgezogen werden dürfen, die mit einem anteiligen Einnahmeverzicht (bis zu 34 %)

im Zusammenhang stehen. Hinsichtlich der Überschusserzielungsabsicht und des Umfangs des Werbungskostenabzugs ist wie folgt zu unterscheiden:

Beträgt die Miete **mindestens 66 %** der ortsüblichen Marktmiete, wird bei einer auf Dauer angelegten Wohnungsvermietung eine umfassende Überschusserzielungsabsicht fingiert (§ 21 II 2 EStG). Unabhängig von dem Ergebnis der Überschussprognose können die aufgewandten Werbungskosten *in vollem Umfang* abgezogen werden.

Bei einer Miete von **weniger als 66 %** des Ortsüblichen ist das Mietverhältnis gemäß § 21 II 1 EStG in einen entgeltlichen und einen unentgeltlichen Teil aufzuteilen. Werbungskosten können daher nur anteilig in Höhe des entgeltlichen Teils abgezogen werden, für den die Überschusserzielungsabsicht unterstellt wird.

(2) Handelt es sich bei dem Mietobjekt nicht um Wohnraum, wird der Wohnraum nicht dauerhaft, sondern nur sporadisch vermietet, oder steht der Wohnraum unvermietet leer, finden die allgemeinen Rechtsprechungsgrundsätze zur Liebhaberei (Rn. 42 ff.) Anwendung. Danach ist zu ermitteln, ob ein Totalüberschuss der Einnahmen über die Werbungskosten zu erwarten ist. Bei der Vermietung von Immobilien wird von einer **Totalperiode** von 30 Jahren ausgegangen. In Fällen des Leerstands sind v. a. die Vermietungsbemühungen des Steuerpflichtigen zu beurteilen. **226**

Wird eine **Ferienwohnung** sowohl vermietet als auch zu eigenen Wohnzwecken und damit gemischt genutzt, ist bei der Prognose des Totalgewinns in der Totalperiode auf Folgendes zu achten: Den Mieteinnahmen dürfen nur die Aufwendungen gegenübergestellt werden, die durch die Vermietung veranlasst sind. Kosten während der Eigennutzung sind Teil der Privatsphäre. Aufwendungen während der Leerstandszeiten sind nach Maßgabe des zeitlichen Verhältnisses der tatsächlichen Eigen- und Fremdnutzung aufzuteilen.

b) Vermietung von Sachinbegriffen

Ein Sachinbegriff i.S.d. **§ 21 I 1 Nr. 2 EStG** umfasst eine Vielzahl beweglicher Sachen, die nach ihrer Zweckbestimmung zusammengehören (z. B. Bibliothek, möbliertes Zimmer). **227**

Hinweis: Die gelegentliche Vermietung *einzelner* beweglicher Gegenstände ist als Leistung i.S.d. § 22 Nr. 3 EStG steuerbar (Rn. 320).

Bei der **Verpachtung eines Betriebs** ist zu unterscheiden: **228**

(1) Zum einen kann der Verpächter den Betrieb als „ruhend" weiterführen und auf diese Weise selbst Einkünfte aus Gewerbebetrieb erzielen (§ 15 EStG). Die stillen Reserven bleiben in dieser Alternative steuerverhaftet.

(2) Zum anderen kann er den Betrieb aufgeben (Rn. 349 ff.). Dies hat zur Folge, dass die betrieblichen Wirtschaftsgüter in das Privatvermögen übergehen. Die Besteuerung richtet sich nach der Privilegierung der §§ 16 III, 34 EStG. In diesem Fall ist die Verpachtung des Inventars als ehemaliges bewegliches Betriebsvermögen nach § 21 I 1 Nr. 2 EStG steuerbar.

Hinweis: Nimmt der Verpächter seine betriebliche Tätigkeit wieder auf, gründet er im letzteren Fall einen neuen Betrieb, in den er die vom Pächter zurückgegebenen Wirtschaftsgüter zum Teilwert einlegt (§ 6 I Nr. 6, 5, 1 S. 3 EStG). Zwischenzeitliche Wertsteigerungen in der Privatsphäre sind grundsätzlich nicht steuerbar.

c) Überlassung von Rechten

229 Nach **§ 21 I 1 Nr. 3 EStG** ist insbesondere die Überlassung von schriftstellerischen, künstlerischen und gewerblichen Urheberrechten steuerbar. Dabei sind **zwei Einschränkungen** zu beachten:

230 Zum einen ist nur die Überlassung ***fremder*** **Rechte** erfasst, da ein Steuerpflichtiger mit der Überlassung eigener Urheberrechte Einkünfte aus der jeweiligen Gewinneinkunftsart erzielt (z. B. § 18 I Nr. 1 EStG als Schriftsteller). Nötig ist damit das Recht, Unterlizenz zu erteilen.

231 Die Überlassung darf außerdem **nur vorübergehend** erfolgen. Wird das geschützte Recht unbefristet eingeräumt, liegt regelmäßig keine „Überlassung“, sondern gegebenenfalls eine nach §§ 22 Nr. 2, 23 I 1 Nr. 2 EStG steuerbare Veräußerung vor.

Rechtlich **ungeschütztes Wissen** ist kein Wirtschaftsgut. Als geistiges Eigentum kann es weder veräußert noch verpachtet werden. Es kann allenfalls Gegenstand einer Leistung i.S.d. § 22 Nr. 3 EStG sein.

d) Veräußerung von Miet- und Pachtforderungen

232 In den Fällen des **§ 21 I 1 Nr. 4 EStG** liegt keine Nutzungsüberlassung, sondern ein Veräußerungsgeschäft vor. Im Wege einer (deklaratorischen) Surrogatsbesteuerung wird das anstelle des Miet- bzw. Pachtzinses zufließende Entgelt den Einkünften unterworfen.

2. Einnahmen

233 Zu den Einkünften gehören alle Einnahmen (§ 8 I EStG), die durch die Überlassung veranlasst sind. Der Zeitpunkt der Einnahme ist nach dem Zuflussprinzip (§ 11 I 1 EStG) zu bestimmen. Begleicht der Mieter die Miete im Wege einer Vorauszahlung, kommen für den Vermieter die Grundsätze über den Zufluss **regelmäßig wiederkehrender Leistungen** zur Anwendung. Nach dem speziellen **§ 11 I 3, II 3 EStG** kann der Vermieter die Einnahmen gleichmäßig auf den Vorauszah-

lungszeitraum verteilen, wenn die Zahlung für eine Nutzungsüberlassung von mehr als fünf Jahren im Voraus geleistet wurde. Bei kürzeren Zeiträumen ist nur **§ 11 I 2 EStG** anzuwenden (Rn. 69 f.).

Das allgemeine Saldierungsverbot wird im Rahmen des § 21 EStG **234**
als „**Brutto-Prinzip**" bezeichnet. Danach sind auch durchlaufende Posten als Einnahmen zu erfassen und bei tatsächlichem Abfluss als Werbungskosten in Ansatz zu bringen. § 3 Nr. 50 EStG ist auf Einnahmen aus nichtselbständiger Arbeit begrenzt. In der Folge sind monatliche Nebenkostenabschläge des Mieters Einnahmen des Vermieters. Begleicht der Vermieter seinerseits Rechnungen (z. B. für Heizöl), handelt es sich um Werbungskosten. Nur auf diese Weise lassen sich Differenzen zwischen Vereinnahmung und Verausgabung erfassen.

Bei der **Kaution** ist das zivilrechtliche Treuhandverhältnis (§ 551 III **235**
BGB) zu beachten. Danach bewirkt die Zahlung der Kaution keine Bereicherung des Vermieters. Anderes gilt ab dem Eintritt des Kautionsfalls. Die während der Mietzeit auflaufenden Zinsen stehen dem Mieter zu und sind von ihm zu versteuern (§ 20 I Nr. 7 EStG).

Im Zusammenhang mit (**Schönheits-)Reparaturen** muss unter- **236**
schieden werden, wer diese vornimmt bzw. vornehmen lässt. Führt der Vermieter die Reparaturen aus, entstehen ihm Werbungskosten in Form eines sofort abziehbaren Erhaltungsaufwands (§ 9 I 1 EStG). Werden die Kosten vom Mieter erstattet oder aus der Kaution entnommen, liegen gleichzeitig Einnahmen vor (§ 8 I 1 EStG). Gleiches gilt, wenn der Mieter in Abkürzung des Zahlungsweges (§ 267 I BGB) die Verbindlichkeit des Vermieters begleicht. Lässt hingegen der Mieter die Reparaturen ausführen, fallen beim Vermieter weder Einnahmen noch Werbungskosten an.

Auch sog. **Mietereinbauten** sind durch das Mietverhältnis veran- **237**
lasst. Sofern die Einbauten *wirtschaftlich* in das Eigentum des Vermieters übergehen, sind sie nach § 8 II 1 EStG zu bewerten. Bleibt hingegen der Mieter wirtschaftlicher Eigentümer (§§ 95 II BGB, 39 II AO), fließen die werterhöhenden Aufwendungen dem Vermieter nur und erst dann zu, wenn er den vermieteten Gegenstand (samt Mietereinbau) zurückerhält. Hat der Vermieter für den Einbau eine Entschädigung gezahlt, kann er diese Anschaffungskosten als Werbungskosten geltend machen. Handelt es sich bei dem Einbau nicht um ein sog. geringwertiges Wirtschaftsgut (§ 6 II 1 EStG), hat er ihn mittels der AfA abzuschreiben (§ 9 I 3 Nr. 7 i.V.m. § 7 I, IV EStG). Wurde keine Entschädigung gezahlt, hat der Vermieter den Vorteil also unentgeltlich erhalten, hat er ggf. die (hypothetische) AfA des Mieters fortzuführen (§ 11d I 1 EStDV).

3. Werbungskosten

238 Zunächst sind die **dem Grunde nach** abzugsfähigen Werbungskosten zu ermitteln. Dabei ist zwischen den AfA-pflichtigen Anschaffungs- und Herstellungskosten (§ 9 I 3 Nr. 7 i.V.m. § 7 IV, V EStG) und den übrigen Aufwendungen zu unterscheiden. Zu letzterem zählt insbesondere Erhaltungsaufwand. Dieser kann „sofort", d. h. im Jahr der Zahlung, abgesetzt werden (§ 11 II 1 EStG).

239 Anschließend ist zu fragen, ob die ermittelten Werbungskosten in vollem **Umfang** oder nur teilweise abgezogen werden können. Wird die Immobilie gemischt genutzt, können Aufwendungen nur insoweit abgezogen werden, als sie der Einkünfteerzielung dienen. Auch nach § 21 II EStG kann eine Aufteilung vorzunehmen sein (Rn. 225).

a) Gebäude-AfA

240 Bei der Überschusseinkunftsart des § 21 EStG gehören nach § 9 I 3 Nr. 7 EStG auch die AfA-Raten zu den Werbungskosten. Dabei enthält **§ 7 IV–Va EStG** zwingendes Recht, d. h. der Steuerpflichtige kann nicht zugunsten des Sofortabzugs optieren. Voraussetzung hierfür ist ein AfA-fähiger Gegenstand.

aa) AfA-fähiger Gegenstand

241 Gegenstand der AfA können nur abnutzbare Wirtschaftsgüter sein, d. h. solche, die einem technischen oder wirtschaftlichen Wertverzehr unterliegen. Im Falle des § 7 IV, V EStG ist das Wirtschaftsgut ein **Gebäude**. Nach § 7 Va EStG gelten die Vorschriften entsprechend für Eigentumswohnungen und sonstige **selbständig nutzbare Gebäudeteile**. Unabhängig von der zivilrechtlichen Sonderrechtsfähigkeit können damit auch Räume (z. B. ein Arbeitszimmer) ein eigenständiges Wirtschaftsgut darstellen. Voraussetzung ist, dass sie zu dem übrigen Gebäude nicht in einem **einheitlichen Nutzungs- und Funktionszusammenhang** stehen. Mit jeder unterschiedlichen Nutzung entsteht ein eigenständiges Wirtschaftsgut. In einem Gebäude können daher **bis zu vier Typen an Wirtschaftsgütern** vereint sein: Das Gebäude als Betriebsvermögen kann eigen- und fremdgenutzt werden. Soweit das Gebäude im Privatvermögen steht, kann es zu eigenen (Wohn-)Zwecken genutzt oder vermietet werden.

242 Da die AfA auf abnutzbare Wirtschaftsgüter beschränkt ist, ist bei § 7 IV–Va EStG abweichend von §§ 93, 94 I 1 BGB eine Trennung des Gebäudes von Grund und Boden vorzunehmen. Der auf den **Grund und Boden** entfallende Anteil der Anschaffungskosten darf nicht in die AfA-Bemessungsgrundlage einbezogen werden. Nur das Gebäude bzw. der Gebäudeteil ist abnutzbar. Der Grund und Boden unterliegt weder einer technischen noch einer wirtschaftlichen Abnutzung.

bb) AfA-Methode

Nach § 7 I 2 EStG ist der AfA grundsätzlich die betriebsgewöhnliche Nutzungsdauer zugrunde zu legen. Abweichend davon hat der Gesetzgeber für die Gebäude-AfA über die **Prozentsätze des § 7 IV, V EStG** die Dauer der Abschreibung indirekt bestimmt. Die Möglichkeit des Nachweises einer kürzeren Nutzungsdauer ist jedoch zugelassen (§ 7 IV 2 EStG i.V.m. § 11c EStDV). **243**

Der Steuerpflichtige kann zwischen der **linearen AfA** nach § 7 IV EStG und der **„degressiven“ AfA** nach § 7 V EStG wählen. Bei der Bestimmung der AfA-Rate ist danach zu differenzieren, ob das Gebäude zum Betriebsvermögen (§ 7 IV 1 Nr. 1, V 1 Nr. 1 EStG) oder zum Privatvermögen (§ 7 IV 1 Nr. 2, V 1 Nr. 2 EStG) gehört und zu welchem Zeitpunkt der Bauantrag gestellt bzw. zu welchem Zeitpunkt das Gebäude fertiggestellt wurde. **244**

Hinweis: Im Vergleich zur degressiven AfA bei sonstigen Wirtschaftsgütern (§ 7 II EStG a. F.) enthält die „degressive“ Gebäude-AfA nach § 7 V EStG mit den ursprünglichen Anschaffungs- und Herstellungskosten eine stets gleich bleibende Bemessungsgrundlage und einen sich nach bestimmten Jahren reduzierenden Prozentsatz. Dagegen war bei § 7 II EStG a. F. der Prozentsatz konstant und die Bemessungsgrundlage jeweils neu zu bestimmen.

Ein weiterer Unterschied zwischen § 7 IV und § 7 V EStG ist der **Zeitpunkt des Abschreibungsbeginns**. Während die degressive AfA stets zu Beginn des Jahres der Anschaffung bzw. Fertigstellung einsetzt (**§ 7 V 3 EStG**), darf die lineare Abschreibung nur *pro rata temporis* und damit zeitanteilig geltend gemacht werden (**§ 7 I 4 EStG**). Maßgeblicher Zeitpunkt ist damit weder der Abschluss des Kaufvertrags noch die Umschreibung des Grundbuchs, sondern der Erwerb des wirtschaftlichen Eigentums durch den Übergang von Nutzungen und Lasten (§ 9a EStDV). **245**

b) Bestimmung der Anschaffungskosten

Grundlage der AfA sind die Anschaffungs- oder Herstellungskosten (§ 7 IV 1, V 1 EStG). Bei der Gewinnermittlung findet die Vorschrift des § 255 HGB aufgrund der sog. **Maßgeblichkeit der Handelsbilanz** (§ 5 I 1 EStG) entsprechende Anwendung. Als allgemeiner Rechtsgedanke wird die Norm aufgrund der Verweisung des § 9 I 3 Nr. 7 EStG auch bei den Überschusseinkünften angewendet (Rn. 77). **246** *aa) Anschaffungskosten*

247 Nach **§ 255 I 1 HGB** sind Anschaffungskosten solche Aufwendungen, die geleistet werden, um einen Vermögensgegenstand zu erwerben und ihn in einen betriebsbereiten Zustand zu versetzen. Dazu zählt insbesondere der **Kaufpreis**. Maßgebend ist die aufgrund des Vertrags tatsächlich erfolgte Leistung, unabhängig von ihrer Wirtschaftlichkeit.

248 Erwirbt der Steuerpflichtige das Grundstück unentgeltlich, tritt er in die AfA seines Rechtsvorgängers ein und führt diese unverändert fort (§ 11d I 1 EStDV). Im Falle einer **gemischten Schenkung** ist die Anschaffung in einen unentgeltlichen und einen entgeltlichen Teil aufzuspalten, so dass fortan zwei AfA-Reihen laufen. Im Hinblick auf den unentgeltlichen Teil führt der Steuerpflichtige die AfA seines Rechtsvorgängers fort. Soweit die Anschaffung entgeltlich erfolgt, ist eine neue AfA-Reihe zu beginnen.

249 Erwirbt der Steuerpflichtige das Grundstück im Zuge einer **Erbauseinandersetzung**, gelten diese Grundsätze entsprechend. Bei einer Realteilung des Nachlasses erwirbt der Miterbe die ihm zugewandten Gegenstände zur Erfüllung seiner Erbquote (§ 2047 I BGB) und damit unentgeltlich (§ 11d I EStDV). Übersteigt das dem Miterben im Zuge der Erbauseinandersetzung zugewandte Wirtschaftsgut seine Erbquote, liegt in Höhe der Ausgleichszahlung eine entgeltliche Anschaffung vor, so dass fortan auch hier zwei AfA-Reihen zu führen sind.

Hinweis: Unabhängig von der Frage der Entgeltlichkeit führen die Kosten der Erbauseinandersetzung bei vermieteten Immobilien zu Anschaffungsnebenkosten (§ 255 I 2 HGB), die über die AfA des Gebäudes anteilig abgeschrieben werden können.

bb) Anschaffungsnebenkosten

250 Zu den Anschaffungskosten gehören gemäß § 255 I 2 HGB auch die sog. Anschaffungsnebenkosten, z. B. die Notarkosten, die Gebühren für die Umschreibung des Grundbuchs und die Grund*erwerb*steuer. Dagegen ist die **Grundsteuer** sofort abziehbar und nicht in die AfA-Bemessungsgrundlage aufzunehmen (§ 9 I 3 Nr. 2 EStG). Auch die für ein Anschaffungsdarlehen abzuführenden **Schuldzinsen** sind sofort abzugsfähig (§ 9 I 3 Nr. 1 EStG).

cc) Nachträgliche Anschaffungskosten

251 Zu den Anschaffungskosten rechnen nach § 255 I 2 HGB auch die sog. nachträglichen Anschaffungskosten. Zu diesen zählen z. B. das Entgelt für die Ablösung dinglicher Lasten und die Kosten für die erstmalige

Erschließung des Grundstücks. Im Unterschied dazu sind Aufwendungen für einen Hausanschluss Herstellungskosten des Gebäudes.

c) Bestimmung der Herstellungskosten

Ob Aufwendungen für eine Renovierung, Instandhaltung oder Modernisierung sofort als Werbungskosten abgezogen werden dürfen (§ 9 I 1 EStG), oder ob sie in die AfA-Bemessungsgrundlage eingestellt und zeitanteilig verteilt werden müssen (§ 9 I 3 Nr. 7 EStG), richtet sich nach dem Umfang des Begriffs der Herstellungskosten. Zu den Herstellungskosten zählen entsprechend § 255 II 1 HGB die Aufwendungen für die Herstellung eines Vermögensgegenstands (Var. 1), für seine Erweiterung (Var. 2) und die Aufwendungen, die für eine über seinen ursprünglichen Zustand hinausgehende wesentliche Verbesserung entstehen (Var. 3). **252**

Hinweis: Während bei den Anschaffungskosten der Grund-und-Boden-Anteil herauszurechnen ist, beziehen sich die Herstellungskosten *per se* nur auf das abnutzbare Wirtschaftsgut „Gebäude“.

aa) Herstellungskosten

Der Begriff der Herstellung i.S.d. § 255 II 1 **Var. 1** HGB umfasst die sog. Erst-Herstellung, die sog. Zweit-Herstellung und eine sog. Funktions- bzw. Wesensänderung. **253**

Eine **Erst-Herstellung** liegt vor, wenn auf dem Grundstück erstmalig ein Gebäude errichtet und damit ein bisher nicht vorhandenes Wirtschaftsgut erschaffen wird. **254**

Zweit-Herstellung ist die Wiederherstellung eines zerstörten oder unbrauchbar gewordenen Wirtschaftsguts. Dies ist insbesondere bei einer sog. Generalüberholung anzunehmen, wenn das Gebäude so sehr abgenutzt worden ist, dass es unbrauchbar geworden war (sog. Vollverschleiß) und durch die Instandsetzungsarbeiten unter Verwendung der übrigen noch nutzbaren Teile ein neues Wirtschaftsgut entsteht. **255**

Hingegen ist eine Herstellung in Form der **Funktions- bzw. Wesensänderung** anzunehmen, wenn sich durch bauliche Maßnahmen die Nutzung und damit die Zweckbestimmung des Gebäudes ändert. **256**

bb) Erweiterung

Unter dem Gesichtspunkt der Erweiterung i.S.d. § 255 II 1 **Var. 2** HGB liegen Herstellungskosten vor, wenn – gemessen an der Funktion – bisher nicht vorhandene Bestandteile in das Gebäude eingefügt werden, deren Einbau neben der Substanzmehrung auch eine „Erweiterung der Nutzungsmöglichkeit des Gebäudes“ zur Folge hat. Eine **257** solche Erweiterung liegt u. a. vor, wenn ein Gebäude aufgestockt (z. B. aus einem Flachdach wird ein Satteldach, so dass der neue Raum genutzt werden kann) oder ein Anbau errichtet wird, die nutzbare Fläche vergrößert wird oder nachträglich eigenständige Bestandteile (z. B. Garagen) eingebaut werden, die bisher nicht vorhanden waren. Im Unterschied zu der Verbesserung i.S.d. § 255 II 1 Var. 3 HGB ist es aufgrund der Eigenständigkeit der Erweiterung unerheblich, ob diese wesentlich ist.

cc) Wesentliche Verbesserung

258 Eine wesentliche Verbesserung i.S.d. § 255 II 1 **Var. 3** HGB ist gegeben, wenn das Nutzungspotential und damit der Gebrauchswert der bereits vorhandenen Substanz durch die Baumaßnahme in wesentlichem Umfang gehoben wurde. Ein solcher sog. **Standardsprung** liegt im Bereich der Wohnraumvermietung vor, wenn mindestens drei der vier Kernbereiche der Ausstattung (Elektro-, Heizungs-, Sanitärinstallationen und Fenster) von Grund auf erneuert werden. Ein hoher finanzieller Aufwand allein ist kein Indiz für eine wesentliche Verbesserung. Denn auch die Wiederherstellung des ursprünglichen Zustands kann hohe Kosten verursachen.

258a Ebenso wenig genügt es, wenn lediglich einzelne Bestandteile des Gebäudes durch zeitgemäße neue ersetzt werden. Insoweit liegt nur zum Sofortabzug berechtigender **Erhaltungsaufwand** vor (§ 9 I 1 EStG), der das Gebäude in den Zustand zurückversetzt, den es durch den technischen Fortschritt und die Veränderung der Lebensumstände verloren hat. Da der Steuerpflichtige in seiner Entscheidung frei ist, wann und in welchem Umfang er solche Maßnahmen ausführt, werden solche Erhaltungsaufwendungen auch nicht dadurch zu Herstellungskosten, dass sie „geballt“ in einem VZ vorgenommen werden. Die Grenze zur wesentlichen Verbesserung wird erst überschritten, wenn die Maßnahmen über eine zeitgemäße Erneuerung hinausreichen und den Gebrauchswert des Gebäudes im Ganzen deutlich erhöhen.

dd) Vermengung mehrerer Maßnahmen

259 Wird bei einem Gebäude der Dachstuhl renoviert, liegt Erhaltungsaufwand vor. Wird zugleich der im Dachgeschoss befindliche Speicher derart ausgebaut, dass er fortan als Wohnraum vermietet werden kann, handelt es sich um eine Herstellungsmaßnahme in Form der Erweiterung (Rn. 257). Soweit die Kosten nicht eindeutig der Erhaltung bzw. Herstellung zugeordnet werden können, ist zur Missbrauchsabwehr und nach dem Grundsatz der **Einheitlichkeit der Baumaßnahme** im Zweifel insgesamt von Herstellungskosten auszugehen. Greifen die Maßnahmen bautechnisch derart „ineinander“, dass eine Trennung der

Kosten nicht möglich und eine Baumaßnahme durch die andere bedingt ist, sind sie einheitlich in die AfA-Bemessungsgrundlage einzubeziehen.

ee) Anschaffungsnahe Herstellungskosten

Auch die Figur des sog. anschaffungsnahen Aufwands beugt Missbrauch vor. Es besteht die Gefahr, dass Steuerpflichtige ein renovierungsbedürftiges Gebäude zu einem geringen Preis anschaffen und so in den Genuss einer geringen AfA-Bemessungsgrundlage gelangen, das Gebäude aber sogleich nach der Übergabe renovieren und diese Kosten als Erhaltungsaufwand in vollem Umfang sofort abziehen wollen. Dem wirkt **§ 6 I Nr. 1a EStG** teilweise entgegen. Im Wege einer wirtschaftlichen Betrachtungsweise erhöhen die Aufwendungen die AfA-Bemessungsgrundlage, wodurch der Käufer so gestellt wird, als hätte der Verkäufer das Gebäude renoviert und die Kosten auf den Kaufpreis umgelegt. Dies gilt auch im Rahmen der Überschusseinkünfte (§ 9 V 2 EStG). **260**

Zu den Herstellungskosten gehören daher auch Aufwendungen für Instandsetzungs- und Modernisierungsarbeiten, die **innerhalb von drei Jahren** nach der Anschaffung (§ 9a EStDV) getätigt werden, wenn der Nettobetrag der Aufwendungen **15 % der Anschaffungskosten für das *Gebäude*** übersteigt (§ 6 I Nr. 1a S. 1 EStG). Ausgenommen sind die Kosten einer Erweiterung (§ 255 II 1 Var. 2 HGB) und solche Aufwendungen, die die „jährlich üblichen Erhaltungsarbeiten" nicht überschreiten (§ 6 I Nr. 1a S. 2 EStG). Strittig ist die Einordnung von (klassischen) Schönheitsreparaturen. Handelt es sich bei den Instandhaltungen und Modernisierungen um anschaffungsnahe Herstellungskosten i.S.d. § 6 I Nr. 1a EStG, sind die Aufwendungen rückwirkend zu aktivieren. **261**

d) AfaA und Abbruchkosten

Nach § 7 IV 3, I 7 Hs. 1 EStG sind auch im Bereich der Gebäude-AfA Absetzungen für außergewöhnliche Abnutzungen (AfaA) zulässig (Rn. 84 ff.). Da die AfA dem Zweck dient, die Anschaffungs- oder Herstellungskosten auf die Nutzungsdauer eines Wirtschaftsguts zu verteilen, ist sie nicht mehr gerechtfertigt und anzupassen, sobald das Gebäude (z. B. durch einen Brand) ganz oder teilweise zerstört wird. **262**

Wird das **Gebäude insgesamt zerstört**, endet die AfA-Reihe zu diesem Zeitpunkt. Damit sind in diesem VZ sowohl der (anteilige) Jahresbetrag der regulären AfA als auch die AfaA in Höhe des restlichen „Buchwerts" als Werbungskosten in Abzug zu bringen. **263**

Bei den **Abbruchkosten** des zerstörten Gebäudes handelt es sich um nachträgliche Werbungskosten aus der Vermietung und Verpachtung des abgerissenen Gebäudes. Wird das Grundstück hingegen von vornherein in der Absicht erworben, das vorhandene Gebäude abzubrechen und ein neues zu errichten, zählen die Abbruchkosten zu den Herstellungskosten des neuen Gebäudes.

Hinweis: Soweit im Gegenzug eine Versicherungsleistung (z. B. für die Abbruchkosten eines abgebrannten Gebäudes) ausgezahlt wird, erlangt der Steuerpflichtige damit Einnahmen (§ 8 I EStG) aus Vermietung und Verpachtung.

264 Wird das Gebäude **nur beschädigt** (z. B. Zerstörung des Dachgeschosses), kann der auf den beschädigten Teil entfallende Wert künftig nicht mehr verteilt werden. Demnach ist der auf ihn entfallende „Restbuchwert" nach § 162 I 1 AO zu schätzen und ggf. außergewöhnlich abzuschreiben (§ 7 IV 3, I 7 EStG). Wird der beschädigte Gebäudeteil repariert, entsteht dadurch kein neues Wirtschaftsgut. Es fallen aber nachträgliche Herstellungskosten an, die der Bemessungsgrundlage des nicht zerstörten Gebäudeteils zuzuschlagen sind (§ 255 II HGB).

Etwaige **Abbruchkosten** können sofort als Werbungskosten abgezogen werden (§ 9 I 1 EStG), da sie nur durch die Beseitigung des alten Gebäudeteils veranlasst sind und nur mittelbar dem Aufbau des neuen dienen.

e) Sonstige sofort abzugsfähige Ausgaben

265 Öffentliche Abgaben (z. B. Gebühren für die Benutzung eines **Abwasserkanals**) sind als Werbungskosten abziehbar, soweit sie durch § 21 I Nr. 1 EStG veranlasst sind (§ 9 I 3 Nr. 2 EStG).

266 **Versicherungsbeiträge** werden durch die Erzielung von Einnahmen aus Vermietertätigkeit veranlasst, wenn die Versicherung der Abwehr sonstiger Werbungskosten dient (z. B. Gebäudehaftpflicht-, Sturm- und Feuerversicherung). Sie können daher gemäß § 9 I 3 Nr. 2 EStG als Werbungskosten abgezogen werden.

267 **Schuldzinsen**, die der Vermieter für einen Anschaffungs- oder Herstellungskredit zahlt, dienen dem Erwerb der Darlehensvaluta, die für den Kaufpreis des Mietobjekts verwendet wird. Sie stehen in einem wirtschaftlichen Zusammenhang mit der Vermietertätigkeit und können daher sofort als Werbungskosten angesetzt werden (§ 9 I 3 Nr. 1 EStG). Der Begriff der Schuldzinsen ist weit auszulegen. Er umfasst nicht nur das Entgelt für den Kredit, sondern auch die Kosten für die Geldbeschaffung, soweit sie für Sicherheiten angefallen sind (z. B. Schätzgebühren, Notar- und Grundbuchkosten). Dabei ist der Zinsanteil vom **Tilgungsanteil** zu unterscheiden. Nur letzterer wird als Teil der Anschaffungs- und Herstellungskosten über die AfA angesetzt

(§ 255 III 1 HGB). Für die Zinsen während der Bauphase (sog. Bauzeitzinsen) gilt bei den Überschusseinkünften das Wahlrecht nach § 255 III 2 HGB entsprechend.

Hinweis: Ob Schuldzinsen für Anschaffungsdarlehen nach der Aufgabe der Vermietertätigkeit als nachträgliche Werbungskosten bei § 21 EStG abgezogen werden können, richtet sich nach dem Veranlassungszusammenhang. Im Fall einer nicht nach §§ 22 Nr. 2, 23 EStG steuerbaren Veräußerung ist ein Ansatz nachträglicher Schuldzinsen bei § 21 EStG möglich, wenn und soweit die Verbindlichkeiten durch den Veräußerungserlös nicht getilgt werden konnten.

4. Nießbrauchskonstruktionen

Der Nießbrauch (§§ 1030 ff. BGB) gewährt eine absolut wirkende ausschließliche Nutzungs- und Fruchtziehungsbefugnis. Ist ein Gebäude auf einem nießbrauchbelasteten Grundstück an einen Dritten vermietet, stellt sich daher die Frage, ob die Mietzahlungen dem Eigentümer oder dem Nießbraucher als Einkünfte zuzurechnen sind. Von Bedeutung ist dies auch für die Abziehbarkeit des Aufwands. Die Zurechnung von Einkünften setzt voraus, dass der Steuerpflichtige diese in seiner Person „erzielt" (§ 2 I 1 EStG). Im Bereich des § 21 EStG bedeutet dies, dass der Steuerpflichtige Sachen und Rechte an eine andere Person entgeltlich zur Nutzung überlassen haben muss. Da hierfür zivilrechtliches Eigentum nicht erforderlich ist (§ 39 II Nr. 1 AO), werden auch Nießbrauchskonstruktionen anerkannt. 268

Unterschieden wird zwischen dem **Zuwendungsnießbrauch**, bei dem der Eigentümer einem anderen einen Nießbrauch einräumt, und dem **Vorbehaltsnießbrauch**, bei dem sich der Eigentümer bei der Übertragung des Grundeigentums einen Nießbrauch vorbehält. 269

Hinweis: Nießbrauchskonstellationen sind regelmäßig steuerlich dadurch motiviert, Einkünfte personell zu verlagern und stille Vermögenszuwächse ggf. der Besteuerung zu entziehen.

a) Entgeltlicher Zuwendungsnießbrauch

Beispiel: Gegen Zahlung von 10.000 € bestellt A dem B für die Dauer von 10 Jahren ein Nießbrauchsrecht an seinem Grundstück. In Ausübung des Nießbrauchs vermietet B das Grundstück an C.

Die Tätigkeit des A ist als Nutzungsüberlassung aufgrund der Bestellung eines dinglichen Rechts nach § 21 I 1 Nr. 1 EStG steuerbar. 270

Daher erzielt A Einnahmen aus Vermietung und Verpachtung i.H.v. 10.000 €. Als Werbungskosten kann A die Gebäude-AfA absetzen (§§ 7 IV, V, 9 I 3 Nr. 7 EStG). Auch B erzielt aus der Vermietung an C Einnahmen in Höhe der Miete. Auch wenn B das Gebäude weder angeschafft noch hergestellt hat, steht ihm mit dem Nießbrauch ein selbständiges dingliches Nutzungsrecht zu. Dabei handelt es sich aufgrund der Befristung um ein immaterielles abnutzbares Wirtschaftsgut, das er mit den Anschaffungskosten i.H.v. 10.000 € auf zehn Jahre abzuschreiben hat (§§ 7 I, 9 I 3 Nr. 7 EStG).

b) Unentgeltlicher Zuwendungsnießbrauch

Beispiel: A bestellt B unentgeltlich (z. B. aufgrund eines Vermächtnisses) einen Nießbrauch und B vermietet das Grundstück entgeltlich an C.

271 Der unentgeltlich Zuwendende erzielt keine Einnahmen. Er kann daher auch keine Gebäude-AfA geltend machen. Aus der entgeltlichen Nutzungsüberlassung an C erzielt B Einkünfte nach § 21 I 1 Nr. 1 EStG. Er hat den Nießbrauch jedoch unentgeltlich erhalten, so dass er keine Anschaffungskosten absetzen kann (§§ 7 I, 9 I 3 Nr. 7 EStG). Insofern fallen die Belastung durch die Anschaffungskosten und die steuerbaren Einnahmen auseinander. Auch § 11d I 1 EStDV hilft darüber nicht hinweg, da B nicht das Grundstück, sondern nur den Nießbrauch unentgeltlich erworben hat. Als Werbungskosten kann B nur eigene Aufwendungen (z. B. getätigten Erhaltungsaufwand) abziehen. Demnach handelt es sich bei den Anschaffungskosten des A aus Sicht des B um nicht absetzbaren Drittaufwand.

c) Vorbehaltsnießbrauch

Beispiel: A veräußert ein Grundstück an B, behält sich aber einen Nießbrauch vor und vermietet das Grundstück auf diese Weise weiter an C.

272 Bei der Vermietung eines Grundstücks durch den Vorbehaltsnießbraucher erzielt nur er steuerbare Einkünfte. Abweichungen zum Zuwendungsnießbrauch bestehen im Bereich der Gebäude-AfA. Der Vorbehaltsnießbraucher kann die AfA wie zuvor als Eigentümer in Anspruch nehmen. Es handelt sich nicht um Drittaufwand, da solcher nur vorliegt, wenn ein Dritter tatsächlich Kosten trägt, die durch die Einkünfteerzielung des Steuerpflichtigen veranlasst sind. Hier ist aber der Vorbehaltsnießbraucher zugleich derjenige, der die Anschaffungs- und Herstellungskosten getragen hat. Ob auch der neue Eigentümer die für das Eigentum aufgewendeten Anschaffungskosten über die AfA als Werbungskosten ansetzen kann, hängt davon ab, ob er seinerseits Einkünfte nach § 21 EStG aus dem belasteten Grundstück erzielt. Dies ist regelmäßig nicht der Fall.

V. Sonstige Einkünfte, §§ 22, 23 EStG

Unter dem irreführenden Begriff „sonstige Einkünfte" sind nur Einkünfte aus den in §§ 22, 23 EStG abschließend aufgezählten Tätigkeiten steuerbar. Die Normen fungieren nicht als Auffangtatbestände. 273

§ 22 Nr. 1, 1a EStG	wiederkehrende Bezüge
§§ 22 Nr. 2, 23 EStG	private Veräußerungsgeschäfte
§ 22 Nr. 3 EStG	Einkünfte aus Leistungen
§ 22 Nr. 4 EStG	Bezüge der Abgeordneten
§ 22 Nr. 5 EStG	Altersvorsorgeverträge (v. a. „Riester-Rente")

1. Wiederkehrende Bezüge, § 22 Nr. 1, Nr. 1a EStG

Nach § 22 Nr. 1 S. 1 EStG sind dieser Einkunftsart nur solche wiederkehrenden Bezüge zuzuordnen, die nicht von einer der Einkunftsarten des § 2 I Nr. 1–6 EStG erfasst sind. Aufgrund dieser **Subsidiarität** sind z. B. Ruhegelder aus einer Mitunternehmerschaft (§§ 15, 18, 24 Nr. 2 EStG), betriebliche Versorgungsbezüge und Pensionen (§ 19 I Nr. 2, II EStG), Zinsen und die in Teilzahlungen enthaltenen Zinsanteile (§ 20 I Nr. 7 EStG) oder Mieteinnahmen (§ 21 I EStG) vorrangig den entsprechenden Einkunftsarten zuzurechnen. 274

a) Begrifflichkeiten

Daher stellt sich die Frage, welche Einnahmen von dem nicht legaldefinierten Begriff **wiederkehrende Bezüge** i.S.d. § 22 Nr. 1 EStG erfasst werden. Es muss sich um mehrmalige, dem Empfänger in Geld oder Geldeswert aufgrund eines bestimmten Rechtsgrundes oder zumindest eines einheitlichen Entschlusses periodisch, nicht zwingend in gleicher Höhe, zufließende Einnahmen handeln. 275

Typische Erscheinungsformen sind die Leibrente und die dauernde Last. Die **Leibrente** als Unterfall der wiederkehrenden Bezüge erfordert das Bestehen eines einheitlichen Verpflichtungsgrundes oder zumindest eines einheitlichen Entschlusses zur Zahlung sowie einen regelmäßig wiederkehrenden, der Höhe nach gleichmäßigen und nicht abänderbaren Zufluss. Ist dieser auf Lebenszeit oder mindestens zehn Jahre angelegt, spricht man von einer Leibrente. Da die steuerrechtliche Qualifikation aufgrund der zivilrechtlichen Vereinbarung erfolgt, ist es unschädlich, wenn der Leistungsempfänger bereits vor dem Ablauf des Zahlungszeitraums verstirbt. Das Erfordernis eines einheitlichen Verpflichtungsgrundes folgt aus dem zivilrechtlichen Leibren- 276 tenbegriff (§§ 759 ff. BGB). Danach ist Grundlage der Leibrente das sog. **Rentenstammrecht**.

Beispiel: Der nach Maßgabe des Sozialversicherungsrechts begründete Anspruch gegen die Bundesagentur für Arbeit (BA) auf Leistung der gesetzlichen Altersrente ist ein solches Rentenstammrecht (§ 22 Nr. 1 S. 3 lit. a aa EStG). Steuerbar sind aber auch Renten aus einem privatrechtlichen Rentenversicherungsvertrag oder aus einem sonstigen privaten Rechtsgeschäft (§ 22 Nr. 1 S. 3 lit. a bb EStG) ohne vergleichbares Stammrecht.

277 Wesentliches Kriterium für die Abgrenzung der Leibrente von der **dauernden Last** ist die Vereinbarung über die Höhe der Zuwendungen. Wurde eine gleichmäßige Zahlung vereinbart, liegt eine Leibrente vor. Der Höhe nach variable Zahlungen begründen hingegen eine dauernde Last. Eine Änderungsmöglichkeit der Höhe nach kann sich insbesondere aus **§ 313 BGB** ergeben. Danach können vor allem Unterhaltstitel nachträglich abgeändert werden, wenn eine wesentliche Veränderung der Umstände eingetreten ist. Die Änderung wird in den Verfahren nach § 323 ZPO bzw. § 238 FamFG umgesetzt. Von einer konkludenten Einbeziehung der Normen in den Rentenvertrag ist steuerrechtlich bereits dann auszugehen, wenn die Zahlungen auch den Unterhalt des Empfängers sichern sollen und sich daher in ihrer Höhe an der Bedürftigkeit des Empfängers und der Leistungsfähigkeit des Gebers orientieren. Im Unterschied dazu ist eine sog. **Wertsicherungsklausel** unschädlich, da sie nur die Inflation kompensiert und damit die Gleichmäßigkeit der Zuwendungen perpetuiert.

Hinweis: Die Einordnung als Leibrente oder dauernde Last ist für den Umfang der Besteuerung von Bedeutung. Während Leibrenten nach § 22 Nr. 1 S. 3 lit. a EStG nur mit dem sich aus den Tabellen ergebenden Anteil steuerbar sind, werden dauernde Lasten nach § 22 Nr. 1 S. 1 EStG grundsätzlich in vollem Umfang besteuert.

278 Neben der Untergliederung der wiederkehrenden Bezüge in Leibrenten, dauernde Lasten und sonstige wiederkehrende Bezüge ist vor allem das **Verhältnis zur Gegenleistung** von Bedeutung. Besteuert wird nur der Zuwachs der individuellen Leistungsfähigkeit. Wiederkehrende Bezüge, die ohne eine unmittelbare Gegenleistung bezogen werden, sind insbesondere Altersbezüge oder Unterhaltsleistungen.

b) Altersbezüge

279 Altersbezüge werden nach ihrem Sinn und Zweck als gleichmäßig wiederkehrende Geldleistungen auf Lebenszeit erbracht. Sie sind daher als **Leibrente** einzuordnen und nach § 22 Nr. 1 S. 3 lit. a EStG steuerbar. Dabei ist zwischen zwei Gruppen zu unterscheiden:

§ 22 Nr. 1 S. 3 **lit. a aa** EStG erfasst Leibrenten, die aus gesetzlichen Rentenversicherungen, berufsständischen Vorsorgeeinrichtungen sowie aus Rentenversicherungen i.S.d. § 10 I Nr. 2 lit. b EStG gezahlt werden. Besteuert wird nur der sog. **Besteuerungsanteil** (§ 22 Nr. 1 S. 3 lit. a aa S. 2 EStG). 280

Hinweis: Bis zum VZ 2005 wurden Beamtenpensionen als Einkünfte nach § 19 EStG a. F. in vollem Umfang, Alterseinkünfte nach § 22 Nr. 1 S. 3 lit. a EStG a. F. jedoch nur mit dem sog. Ertragsanteil (d. h. nicht der Rückzahlungsanteil) besteuert. Diese Rechtslage verstieß gegen **Art. 3 I GG**. Folglich wurde u. a. § 22 Nr. 1 S. 3 EStG neu gefasst, der den Besteuerungsanteil der Bezüge aus der gesetzlichen Rentenversicherung nunmehr sukzessive bis zum Jahr 2040 an die vollumfängliche Besteuerung der Beamtenpensionen anpasst. Für den fixen Prozentsatz ist jeweils das Jahr des Rentenbeginns maßgeblich (sog. **Kohortenprinzip**). Zugleich werden der Versorgungsfreibetrag und der Zuschlag zum Versorgungsfreibetrag (§ 19 II EStG n. F.) bis zum Jahr 2040 verringert (Rn. 152). Um eine Doppelbesteuerung des im aktiven Arbeitsleben erzielten Einkommens zu vermeiden, sind die Rentenbeiträge als Sonderausgaben abzugsfähig (§ 10 I Nr. 2, Nr. 3, II, III EStG n. F.). Dadurch erfolgt ein schrittweiser Übergang zum sog. **System der nachgelagerten Besteuerung**.

Im Unterschied dazu erfasst § 22 Nr. 1 S. 3 **lit. a bb** EStG sämtliche in Doppelbuchstabe aa nicht genannten Leibrenten, v. a. die auf sonstigen privaten Renten- und Lebensversicherungen basierenden Zahlungen. Diese werden aufgrund des darin enthaltenen Rückzahlungsanteils nur mit dem aus der Tabelle ersichtlichen sog. **Ertragsanteil** besteuert (§ 22 Nr. 1 S. 3 lit. a bb S. 3, 4 EStG). 281

c) Unterhaltsleistungen

aa) Grundsatz

Weitere Fälle, in denen wiederkehrende Bezüge typischerweise ohne oder nur gegen geringfügige Gegenleistung bezogen werden, sind Unterhaltskonstellationen. Erfolgt die Zahlung aufgrund einer freiwillig begründeten Rechtspflicht oder wird sie an eine gesetzlich unterhaltsberechtigte Person gewährt, ist sie vom Empfänger nicht zu versteuern (**§ 22 Nr. 1 S. 2 EStG**). Aufgrund der korrespondierenden Vorschrift des **§ 12 Nr. 2 EStG** kann sie im Gegenzug auch vom Leistenden nicht abgezogen werden. Dieses sog. **Korrespondenzprinzip** stellt sicher, dass nur solche Geldflüsse steuererhöhend erfasst 282 werden, die sich auch steuermindernd ausgewirkt haben. Andernfalls käme es zu einer ungerechtfertigten Doppelbesteuerung.

Hinweis: Berücksichtigung finden Unterhaltszahlungen hingegen u. a. nach **§ 33a I 1 EStG**. Danach können Zuwendungen an eine gesetzlich unterhaltsberechtigte Person bis zu einem Betrag von 9.168 € im Kalenderjahr als außergewöhnliche Belastung vom Gesamtbetrag der Einkünfte abgezogen werden (§ 2 IV EStG).

283 § 12 Nr. 2 EStG gilt nur für „Zuwendungen". Solche sind anzunehmen, wenn und soweit den Leistungen keine Gegenleistung gegenübersteht. Anhand dieses Merkmals sind Unterhaltsleistungen von sog. **Veräußerungsleistungen** abzugrenzen (Rn. 290 ff.), bei denen das Verhältnis von Leistung und Gegenleistung nach kaufmännischen Gesichtspunkten ermittelt wird.

bb) Realsplitting

284 Abweichend von §§ 22 Nr. 1 S. 2, 12 Nr. 2 EStG wird Unterhalt beim Empfänger nach **§ 22 Nr. 1a EStG** besteuert, soweit er vom Leistenden nach § 10 Ia Nr. 1 EStG als Sonderausgabe abgezogen werden kann. Auch insoweit gilt das **Korrespondenzprinzip**.

285 Nach **§ 10 Ia Nr. 1 EStG** können Unterhaltsleistungen an den geschiedenen oder dauernd getrenntlebenden unbeschränkt einkommensteuerpflichtigen Ehegatten i.H.v. bis zu 13.805 € im Kalenderjahr als Sonderausgaben abgezogen werden, wenn dies mit **Zustimmung des Ehegatten** beantragt wird. Im Gegenzug hat der Empfänger die Unterhaltsleistungen nach § 22 Nr. 1a EStG zu versteuern. Da die Zustimmung des Ehegatten mit dem Nachteil steuerbarer Einnahmen verbunden ist, darf sie grundsätzlich verweigert werden. Nur soweit der Leistende anbietet, die zusätzliche Steuerlast auszugleichen, besteht ein zivilrechtlicher Anspruch auf Zustimmung (§§ 1353 I 2, 242 BGB). Für den Geber ist ein Abzug aufgrund des progressiven Tarifs regelmäßig von Vorteil. Da das Zusammenspiel der §§ 22 Nr. 1a, 10 Ia Nr. 1 EStG faktisch eine dem Splitting-Tarif ähnliche Wirkung entfaltet, wird es als **begrenztes Realsplitting** bezeichnet. Die Unterhaltsleistungen sind dann jedoch nicht mehr als außergewöhnliche Belastungen nach § 33a I EStG zu berücksichtigen.

Hinweis: Während einer „intakten Ehe" (d. h. verheiratete Ehegatten leben nicht getrennt) sind Unterhaltsleistungen für den Leistenden nicht abzugsfähige Kosten der privaten Lebensführung (§ 12 Nr. 2 EStG). Allerdings steht den Ehegatten die Möglichkeit der Zusammenveranlagung (§§ 26b, 32a V EStG) offen (Rn. 476, 482).

d) Veräußerung gegen wiederkehrende Bezüge

Werden wiederkehrende Bezüge als Gegenleistung für eine Veräußerung erbracht und gehen die Parteien davon aus, das Verhältnis von Leistung und Gegenleistung nach kaufmännischen Gesichtspunkten ermittelt zu haben, handelt es sich um eine sog. **Veräußerungsrente**. **286**

aa) Zivilrechtliche Gestaltung

Werden Immobilien oder Betriebe veräußert, ist der Erwerber oftmals nicht in der Lage, den vereinbarten Kaufpreis sofort in voller Höhe zu bezahlen. Bei der Ausgestaltung der Zahlungspflicht kommen unterschiedliche Gestaltungen in Betracht: **287**

(1) Zum einen kann eine **Ratenzahlung** vereinbart werden. Dabei hat der Schuldner eine der Höhe nach bestimmte Kaufpreisforderung in mehreren Teilzahlungen zu begleichen.

(2) Zum anderen kann ein **Altenteilsrecht** vereinbart werden. Dabei hat der Schuldner im Zuge einer Rentenverpflichtung (§§ 759 ff. BGB) regelmäßig eine lebenslange Rente zu erbringen. Da der Todeszeitpunkt des Empfängers unbekannt ist, haben beide Parteien unmittelbar die Chance bzw. das Risiko eines guten oder schlechten Abschlusses (sog. Wagnisgeschäft).

bb) Bemessung der Rente

Ein rein tatsächliches Problem stellt die Berechnung der angemessenen Gegenleistung im Fall der Leibrente dar. Neben dem (vereinbarten) Wert des übertragenen Gegenstands ist v. a. die Lebenserwartung des Leistungsempfängers von Bedeutung. Diese wird bei der steuerrechtlichen Berechnung des sog. **Rentenbarwerts** (d. h. des gegenwärtigen Werts der Rente) auf Grundlage der statistischen Lebenserwartung des Berechtigten nach den Sterbetafeln einbezogen. **288**

Unabhängig davon ist zu berücksichtigen, dass der Schuldner durch die hinausgeschobenen Zahlungszeitpunkte einen Zinsvorteil erlangt. Dieser ist darin begründet, dass er die Gegenleistung nicht sofort, sondern gestreckt auf einen längeren Zeitpunkt zu erbringen hat. Die „Teilzahlungsbeträge“ könnte er in der Zwischenzeit also zinsbringend anlegen. Dieser Umstand wird durch eine sog. **Aufzinsung**, d. h. den Aufschlag eines Zinssatzes auf den Rentenbarwert, ausgeglichen. **289**

cc) Veräußerungsleistungen

Von einer Veräußerungsleistung i.S.d. Einkommensteuerrechts ist auszugehen, wenn für die Geldzuwendungen eine Gegenleistung in Form der Übertragung eines Vermögensgegenstands erbracht wird und beide Leistungen nach kaufmännischen Gesichtspunkten gegeneinander abgewogen sind und von den Parteien für gleichwertig befunden **290** werden. Derartige Veräußerungsrenten sind von einer bloßen **Teilzahlung** des Kaufpreises abzugrenzen. Diese wird auf einen bereits zum Zeitpunkt der Vereinbarung der Höhe nach feststehenden Kaufpreis erbracht.

291 Liegt zivilrechtlich die Vereinbarung einer **Rentenverpflichtung** i.S.d. §§ 759 ff. BGB vor, ist auch einkommensteuerlich von einer Leibrente auszugehen (Rn. 276). Wurde das Verhältnis des Rentenwerts zum übertragenen Wirtschaftsgut nach der Vorstellung der Beteiligten nach kaufmännischen Grundsätzen ermittelt, handelt es sich um eine **Veräußerungs-** bzw. **Gegenleistungsrente**. Die Leibrentenzahlungen sind folglich in einen Tilgungs- und einen Zinsanteil aufzuspalten.

Bei der Veräußerung eines Wirtschaftsguts des **Privatvermögens** hat der Empfänger den Ertragsanteil zu versteuern, der im Steuerrecht typisierend der Tabelle des § 22 Nr. 1 S. 3 lit. a bb EStG entnommen wird. Die Steuerbarkeit der Substanzverwertung richtet sich v. a. nach § 23 EStG.

Wird ein Wirtschaftsgut des **Betriebsvermögens** veräußert, sind sowohl der Zinsanteil als auch evtl. Gewinne aus der Substanzverwertung nach §§ 13, 15, 18 EStG i.V.m. § 4 I EStG steuerbar. Aus Vereinfachungsgründen richtet sich die Bestimmung der Anteile ebenfalls nach der Tabelle des § 22 Nr. 1 S. 3 lit. a bb EStG.

Hinweis: Wird bei der Veräußerung von Privatvermögen aufgrund der Ratenzahlung ein Zins auf den ausstehenden Kaufpreis vereinbart, hat der Veräußerer diesen nach § 20 I Nr. 7 EStG zu versteuern. Allein die zeitliche Streckung der vollständigen Zahlung führt nicht zu wiederkehrenden Bezügen nach § 22 Nr. 1 S. 1 EStG.

292 Den **Ertragsanteil** kann der Leistende als sofort abziehbare Werbungskosten (§ 9 I 3 Nr. 1 S. 2 EStG) bzw. Betriebsausgaben (§ 4 IV EStG) geltend machen, wenn er das Wirtschaftsgut im Rahmen einer Einkunftsart anschafft. Im Übrigen geht der **Rentenbarwert** als Anschaffungskosten in die Bemessungsgrundlage der AfA ein.

Hinweis: Da die Einnahmen aus einer Betriebsübertragung nach §§ 16, 34 EStG privilegiert besteuert werden, wird dem Veräußerer ein Wahlrecht zuerkannt, wenn er den gesamten Betrieb gegen Veräußerungsrente überträgt. Er kann eine **Sofortversteuerung** wählen. In diesen Fällen wird der Rentenbarwert nach §§ 16, 34 EStG privilegiert, der Ertragsanteil nach § 22 Nr. 1 S. 3 lit. a bb EStG besteuert. Alternativ kann er die **laufende Versteuerung** wählen. Dann sind die gesamten Raten nachträgliche Einkünfte (§§ 13, 15, 18 i.V.m. § 24 Nr. 2 EStG). Von dem Zeitpunkt an, ab dem sie den Wert des Kapitalkontos des Übergebers überschreiten, sind sie vollumfänglich als Einnahmen zu versteuern.

dd) Teilentgeltliche Geschäfte

Sind der Rentenbarwert und der Wert des übertragenen Vermögensgegenstands nach den Vorstellungen der Beteiligten nicht nach kaufmännischen Grundsätzen in einem angemessenen Verhältnis ermittelt und liegen die Voraussetzungen einer Versorgungsleistung i.S.d. §§ 22 Nr. 1a, 10 Ia Nr. 2 EStG nicht vor (Rn. 294 ff.), handelt es sich um ein teilentgeltliches Geschäft. **293**

Hinweis: Beträgt der Rentenbarwert weniger als 50 % des Werts des übertragenen Gegenstands und ist dies beabsichtigt, ist nicht mehr von einem teilentgeltlichen Erwerb, sondern von einem **unentgeltlichen Erwerb** auszugehen. Bei der Rentenbemessung steht dann regelmäßig der Bedarf des Übergebers und die Leistungsmöglichkeit des Übernehmers, nicht aber der Wert des übertragenen Gegenstands im Vordergrund. Die Rentenzahlung wird insgesamt als Unterhaltsleistung (§ 12 Nr. 2 EStG) eingeordnet.

e) Versorgungsrenten

Die sog. Versorgungsrente (§§ 22 Nr. 1a, 10 Ia Nr. 2 EStG) ist systematisch zwischen den nicht abzugsfähigen Unterhaltsrenten (§§ 22 Nr. 1 S. 2, 12 Nr. 2 EStG) und den Veräußerungsleistungen verortet. Ausgangssituation ist regelmäßig ein Fall der **vorweggenommenen Erbfolge**. Dabei überträgt die ältere Generation bereits zu Lebzeiten Vermögenswerte auf die jüngere Generation und erhält im Gegenzug wiederkehrende Leistungen. Da dies typischerweise unter nahen Angehörigen geschieht, spricht bereits eine Vermutung gegen die Angemessenheit des Rentenbarwerts im Verhältnis zum übertragenen Vermögen. Unter Anwendung der o. g. Grundsätze wäre von einem teilentgeltlichen Geschäft (min. 50 %) oder gar einer Unterhaltsleistung (weniger als 50 %) auszugehen. **294**

Abweichend davon sind die Zahlungen im Fall einer sog. Versorgungsleistung nach § 10 Ia Nr. 2 EStG beim Leistenden in vollem Umfang als Sonderausgaben abzugsfähig und vom Empfänger nach **§ 22 Nr. 1a EStG** zu versteuern. Auch an dieser Stelle gilt also das sog. **Korrespondenzprinzip**. Hintergrund der Regelung ist neben der Berücksichtigung des Versorgungscharakters für den Übertragenden v. a. der Bestandsschutz der besonderen übertragenen „Vermögenseinheit“. **295**

Eine derartig begünstigte Vermögensübergabe gegen Versorgungsleistungen ist nach **§ 10 Ia Nr. 2 EStG** anzunehmen, wenn ein Mitunternehmeranteil an einer „aktiven“ Personengesellschaft (§ 10 Ia Nr. 2 S. 2 lit. a EStG), ein Betrieb oder Teilbetrieb (§ 10 Ia Nr. 2 S. 2 lit. b EStG) oder ein mindestens 50 % betragender GmbH-Anteil unter gleichzeiti- **296** gem Übergang der Geschäftsführung (§ 10 Ia Nr. 2 S. 2 lit. c EStG) übertragen wird. Die **Aufzählung** ist **abschließend**, so dass ein Sonderausgabenabzug für Versorgungsrenten im Rahmen der Übertragung von privaten Immobilien oder Kapitalvermögen steuerlich nicht (mehr) möglich ist.

Hinweis: Die Einordnung der Versorgungsrente im Bereich der Sonderausgaben zeigt, dass derartige Vermögensübergaben insgesamt als unentgeltlich gelten. Dies ist u. a. für die Fortführung der AfA von Bedeutung (§§ 6 III EStG, 11d EStDV).

f) Werbungskostenpauschbetrag

297 Bei den sonstigen Einkünften handelt es sich um eine Überschusseinkunftsart. Die Einkünfte sind nach § 2 II 1 Nr. 2 EStG als Überschuss der Einnahmen über die Werbungskosten zu ermitteln. Für die wiederkehrenden Bezüge nach § 22 Nr. 1, 1a und 5 EStG gilt vorbehaltlich höherer tatsächlicher Aufwendungen ein Werbungskostenpauschbetrag i.H.v. **102 €** (§ 9a S. 1 Nr. 3 EStG).

2. Veräußerungsgeschäfte, §§ 22 Nr. 2, 23 EStG

298 Mit §§ 22 Nr. 2, 23 EStG werden Vermögenssteigerungen im Privatvermögen im Zeitpunkt ihrer Realisation steuerlich erfasst. Wie auch bei §§ 17, 20 II–IV EStG wird also die Quellentheorie durchbrochen. Dabei bestehen jedoch zeitliche Beschränkungen. Besteuert werden nur Gewinne aus der Veräußerung der genannten Wirtschaftsgüter vor Ablauf der jeweiligen Haltefrist (sog. **Spekulationsfrist**).

§ 23 I 1 **Nr. 1** EStG: Veräußerung von Grundstücken, wenn zwischen Anschaffung und Veräußerung nicht mehr als zehn Jahre liegen

§ 23 I 1 **Nr. 2** EStG: Veräußerung anderer Wirtschaftsgüter, wenn zwischen Anschaffung und Veräußerung nicht mehr als ein Jahr liegt

§ 23 I 1 **Nr. 3** EStG: sog. Leerverkäufe, bei denen die Veräußerung der Wirtschaftsgüter früher erfolgt als der Erwerb

a) Subsidiarität, § 23 II EStG

299 Spekulationsgeschäfte sind nur dann nach den §§ 22 Nr. 2, 23 I EStG steuerbar, wenn sie keiner der anderen Einkunftsarten zugehören (§ 23 II EStG). Damit sind Einkünfte aus privaten Veräußerungsgeschäften v. a. gegenüber den Gewinneinkünften subsidiär.

Beispiel: Werden im Betriebsvermögen befindliche Grundstücke veräußert, sind die aufgedeckten stillen Reserven im Rahmen der laufenden Gewinnermittlung und unabhängig von einer Veräußerungsfrist steuerlich zu erfassen.

b) Veräußerung privater Grundstücke

Nach **§ 23 I 1 Nr. 1 EStG** sind Veräußerungsgeschäfte über Grundstücke oder grundstücksgleiche Rechte steuerbar, wenn zwischen Anschaffung und Veräußerung nicht mehr als zehn Jahre liegen. Für die Einbeziehung der auf dem Grundstück errichteten Gebäude und Außenanlagen gilt **§ 23 I 1 Nr. 1 S. 2 EStG**. **300**

Erwirbt der Steuerpflichtige einen **Miteigentumsbruchteil** (§§ 1008 ff. BGB), wird dies als Erwerb eines Eigentumsrechts an einem Grundstück von § 23 I 1 Nr. 1 EStG ebenfalls erfasst. Erwirbt der Steuerpflichtige einen **Anteil an einer Personengesellschaft**, die ein Grundstück im Betriebsvermögen hält, wird der Erwerb aufgrund der transparenten Besteuerung der Personengesellschaften einem (Miteigentums-)Bruchteil an dem Grundstück gleichgestellt (§ 23 I 4 EStG). Bei der Veräußerung des Anteils liegen Einkünfte nach § 23 I 1 Nr. 1 EStG vor.

Die maßgebliche **Veräußerungsfrist** ist eine Ereignisfrist (§ 108 I AO i.V.m. §§ 187 I, 188 II Alt. 1 BGB). Sowohl für den Fristbeginn als auch das Fristende sind die Verpflichtungsgeschäfte maßgeblich. Hierfür spricht, dass die Daten der notariellen Verträge (§ 311b I 1 BGB) feststehen und aufgrund der Meldepflicht der Notare (§ 18 GrEStG) den Finanzämtern bekannt sind. Dagegen ist der Zeitpunkt des wirtschaftlichen Übergangs von Nutzungen und Lasten als Tatsachenfrage oft nur schwer ermittelbar. **301**

Nach **§ 23 I 1 Nr. 1 S. 3 EStG** ist die Veräußerung steuerfrei, wenn die Immobilie zwischen Anschaffung und Veräußerung *ausschließlich* zu eigenen Wohnzwecken (Alt. 1) oder im Jahr der Veräußerung sowie den zwei vorangegangenen Jahren zu eigenen Wohnzwecken genutzt wurde (Alt. 2). **302**

Hat der Steuerpflichtige in dem Gebäude ein **Arbeitszimmer**, fehlt es an einer ausschließlichen Wohnnutzung. Eine Steuerfreiheit kommt nur nach § 23 I 1 Nr. 1 S. 3 Alt. 2 EStG in Betracht. Unabhängig davon ist zu prüfen, ob es sich bei dem mitveräußerten Arbeitszimmer um Betriebsvermögen handelt. Der auf das Arbeitszimmer entfallende Veräußerungsgewinn wäre dann den jeweiligen Gewinneinkünften (§§ 23 II, 15, 18 EStG) zuzurechnen. Um letzteres zu verhindern, kann der Steuerpflichtige ggf. zu einer Behandlung als Privatvermögen optieren (§ 8 EStDV).

c) Veräußerung anderer privater Wirtschaftsgüter

Veräußerungsgeschäfte über andere Wirtschaftsgüter als Grundstücke **303**
oder das in § 20 II EStG aufgeführte Kapitalvermögen sind nach **§ 23 I 1**

Nr. 2 EStG nur steuerbar, wenn der Zeitraum zwischen Anschaffung und Veräußerung nicht mehr als ein Jahr beträgt.

304 Umstritten war lange, ob auch private **Gegenstände des täglichen Gebrauchs** von § 23 I 1 Nr. 2 EStG erfasst sind. Dagegen wurde angeführt, dass es den Finanzbehörden an effektiven Ermittlungs- und Kontrollmöglichkeiten fehle und regelmäßig ohnehin nur ein Verlust zu erwarten sei. Mittlerweile hat der Gesetzgeber reagiert und die Ausnahme in **§ 23 I Nr. 2 S. 2 EStG** angeordnet. Unklar bleibt die Begriffsdefinition. Nach der Gesetzesbegründung sollen alle Wirtschaftsgüter der nichtsteuerbaren Sphäre zugeordnet werden, die meist einem durch Nutzung bedingten Wertverlust unterliegen. Damit verbleibt nur ein geringer Anwendungsbereich für § 23 I 1 Nr. 2 S. 1 EStG (z. B. für Kunstgegenstände, Antiquitäten und Schmuck). Aufgrund der typisierend abstrakten Betrachtungsweise führt selbst der „tägliche Gebrauch" dieser Gegenstände nicht zu einer Steuerfreiheit.

d) Anschaffung und Veräußerung

305 Wie § 20 II–IV EStG stellt auch § 23 I 1 EStG auf die Zeitpunkte der Anschaffung und Veräußerung ab. Anschaffung und Veräußerung sind willensgesteuerte Vorgänge eines **entgeltlichen Rechtsträgerwechsels** (zu Einzelheiten siehe Rn. 201 ff.).

306 Mangels eines Rechtsträgerwechsels liegt eine Anschaffung in Fällen der **Entnahme** oder Betriebsaufgabe nicht vor. Diese wird jedoch nach § 23 I 2 EStG fingiert.

307 Auch der **Erbfall** ist ein unentgeltlicher Vorgang. Dem Erben wird jedoch der Zeitpunkt der Anschaffung durch den Erblasser zugerechnet (§ 23 I 3 EStG). Wird eine Miterbengemeinschaft auseinandergesetzt, liegt in Höhe der Ausgleichszahlungen ein teilentgeltlicher Erwerb vor (sog. Trennungslösung).

308 Im Fall einer **Einlage** ist § 23 I 5 EStG zu beachten. Danach wird eine Veräußerung bei Grundstücken fingiert, wenn das Grundstück innerhalb von zehn Jahren seit Anschaffung veräußert (§ 23 I 5 Nr. 1 EStG) oder verdeckt in eine Kapitalgesellschaft eingelegt wird (§ 23 I 5 Nr. 2 EStG). Für die steuerliche Relevanz dieser Vorgänge wird der maßgebliche Zeitpunkt durch § 23 III 6 EStG bestimmt.

309 Letztlich ist der **Identitätsgrundsatz** (auch als sog. Nämlichkeit bezeichnet) zu beachten. Danach müssen das angeschaffte und veräußerte Wirtschaftsgut identisch sein. Wird ein Wirtschaftsgut angeschafft und daraus ein neues hergestellt, ist die Veräußerung des Produkts grundsätzlich nicht nach § 23 I EStG steuerbar. Modifikationen erfährt dieser Grundsatz in § 23 I Nr. 1 S. 2 EStG.

e) Einkünfteermittlung, § 23 III 1–6 EStG

Bei den privaten Veräußerungsgeschäften nach §§ 22 Nr. 2, 23 EStG handelt es sich um eine **Überschusseinkunftsart** (§ 2 II 1 Nr. 2 EStG). Gleichwohl ist nach § 23 III 1 EStG ein „Gewinn" zu ermitteln. Dies ist der Unterschiedsbetrag zwischen dem Veräußerungspreis einerseits sowie den Anschaffungs- oder Herstellungskosten und den Werbungskosten andererseits. Dabei findet das Zu- und Abflussprinzip (§ 11 EStG) Anwendung. Wird der Veräußerungspreis in Raten gezahlt, ist ein Überschuss folglich erst in dem VZ anzunehmen, in dem die Summe der zugeflossenen Raten die Anschaffungs- bzw. Herstellungskosten übersteigt. **310**

Die Begriffe der **Anschaffungs-** und **Herstellungskosten** sind § 255 HGB in entsprechender Anwendung zu entnehmen. Nach § 23 III 4 EStG sind sie um die **AfA** zu mindern. Damit wirkt die AfA im Rahmen des § 23 EStG ausnahmsweise steuererhöhend, da sie die Differenz zwischen dem Veräußerungspreis und den (geminderten) Anschaffungs- bzw. Herstellungskosten vergrößert. Da § 23 EStG private Veräußerungsgeschäfte besteuert, findet § 23 III 4 EStG nur Anwendung, wenn das veräußerte Wirtschaftsgut zuvor im Rahmen einer Überschusseinkunftsart (§ 9 I 3 Nr. 7 EStG) abgeschrieben wurde. Dass sich die AfA dort bereits steuermindernd ausgewirkt hat, wird durch § 23 III 4 EStG wirtschaftlich rückgängig gemacht. **311**

Hinweis: Wird eine Immobilie veräußert, ist bei den Anschaffungskosten zu berücksichtigen, dass die AfA-Raten nur für das Gebäude bzw. den Gebäudeteil, nicht aber für den Grund und Boden angesetzt wurden.

Nach der **Freigrenze** des **§ 23 III 5 EStG** sind Einkünfte aus privaten Veräußerungsgeschäften steuerfrei, *wenn* der Gesamtgewinn aller privaten Veräußerungsgeschäfte im Kalenderjahr weniger als 600 € beträgt. Im Unterschied zu einem Freibetrag unterliegen alle Einkünfte der Besteuerung, wenn die Grenze überschritten wird. **312**

f) Beschränkung des Verlustausgleichs

Nach § 23 III 7 Hs. 1 EStG ist der **vertikale Verlustausgleich** ausgeschlossen, so dass ein Verlust aus privaten Veräußerungsgeschäften nicht mit positiven Einkünften aus anderen Einkunftsarten desselben VZ ausgeglichen werden kann. **313**

Auch der **horizontale Verlustausgleich** ist beschränkt. Eine Verrechnung ist nur mit Spekulationsgewinnen nach §§ 22 Nr. 2, 23 EStG gestattet. Positive Überschüsse aus anderen Tatbeständen der sonstigen Einkünfte (§ 22 EStG) bleiben unberücksichtigt. **314**

315 Diese Beschränkungen setzen sich auch beim **Verlustvortrag** und **Verlustrücktrag** fort. Nach § 23 III 8 EStG ist § 10d EStG nur mit der Maßgabe anzuwenden, dass ein Verlustausgleich nur mit positiven Einkünften aus privaten Veräußerungsgeschäften im unmittelbar vorangegangenen VZ oder in folgenden Veranlagungszeiträumen gestattet ist. Im Übrigen ist die Anwendung des § 10d EStG ausgeschlossen (§ 23 III 7 Hs. 2 EStG).

3. Sonstige Leistungen, § 22 Nr. 3 EStG

a) Tätigkeits- und Nutzungsbereich

316 Der Tatbestand setzt als steuerbare Tätigkeit „Leistungen" voraus. Eine Leistung i.S.d. **§ 22 Nr. 3 EStG** ist jedes Tun, Dulden oder Unterlassen, das Gegenstand eines entgeltlichen Vertrags sein kann und eine Gegenleistung auslöst. Den Begriff „Leistung" umschreibt das Gesetz anhand der Beispiele einer gelegentlichen Vermittlung und Vermietung beweglicher Gegenstände.

317 Der **Tätigkeitsbereich** („Vermittlung") setzt keine vertraglichen Beziehungen voraus, sondern erfordert nur ein Entgelt, das als Gegenleistung durch die Leistung veranlasst ist. Greift der Steuerpflichtige z. B. ohne Wissen des Berechtigten durch Unterschlagung auf fremdes Vermögen zu, basiert seine daraus resultierende Bereicherung nicht auf einer *eigenen* Leistung, sondern der Verwertung fremden Vermögens.

Ebenso wenig beruhen Einnahmen aus einer **Lotterie** auf einer Leistung, da sie nicht durch die bloße Teilnahme, sondern durch den Zufall veranlasst sind. Anders ist dies bei Gewinnen, die maßgeblich auf der besonderen Geschicklichkeit des Teilnehmers beruhen.

318 Der **Nutzungsbereich** („Vermietung beweglicher Gegenstände") ist u. a. von der Veräußerung privater Wirtschaftsgüter abzugrenzen. Wird das Entgelt als Ausgleich für den endgültigen Verlust der Substanz des Wirtschaftsguts gezahlt, liegt ein nach § 22 Nr. 2 EStG steuerbares Veräußerungsgeschäft vor. Wird es hingegen für die bloße Gebrauchsüberlassung gezahlt, liegt eine Leistung im Nutzungsbereich (§ 22 Nr. 3 EStG) vor.

b) Grundsatz der Subsidiarität

319 § 22 Nr. 3 EStG ist nicht nur gegenüber den anderen Einkunftsarten subsidiär, sondern auch innerhalb des § 22 EStG nachrangig. Zu den Einkünften aus nichtselbständiger Arbeit (§ 19 EStG) ist z. B. bei der Annahme von **Schmier- und Bestechungsgeldern** durch einen Arbeitnehmer abzugrenzen. Diese sind nicht durch das Dienstverhältnis veranlasst, sondern beruhen auf eigenem Betreiben. Der insoweit

selbständig agierende Steuerpflichtige erzielt Einkünfte nach § 22 Nr. 3 EStG, solange er nicht die Schwelle zur Gewerblichkeit (§ 15 II EStG) überschreitet.

Von den Einkünften aus selbständiger Tätigkeit (§§ 13, 15, 18 EStG) unterscheiden sich Einkünfte nach § 22 Nr. 3 EStG dadurch, dass sie nur **gelegentlich** und damit nicht nachhaltig i.S.d. § 15 II 1 EStG erzielt werden. Die Vorschrift des § 22 Nr. 3 EStG betrifft daher v. a. „punktuelle nichtprofessionelle Vorgänge". Dies gilt auch für die **Vermietung beweglicher Gegenstände** des Privatvermögens. Da Mobilien in § 21 I EStG nicht genannt sind, werden solche Einkünfte grundsätzlich nach § 22 Nr. 3 EStG besteuert. Erfolgt die Vermietung nachhaltig, tritt der Aspekt der privaten Vermögensverwaltung in den Hintergrund, so dass Einkünfte aus Gewerbebetrieb erzielt werden. **320**

c) Einkünfteermittlung

Auch die Einkünfte nach § 22 Nr. 3 EStG sind als Überschusseinkunftsart durch Vergleich der Einnahmen mit den Werbungskosten zu ermitteln (§ 2 II 1 Nr. 2 EStG). Der Überschuss ist nach der **Freigrenze** des § 22 Nr. 3 S. 2 EStG steuerfrei, *wenn* er weniger als 256 € im Kalenderjahr beträgt. **321**

Besondere Begrenzungen des vertikalen Verlustausgleichs sowie des Verlustrücktrags und -vortrags enthält § 22 Nr. 3 S. 3, 4 EStG. **322**

Teil 2. Gewinneinkünfte

Zu den Gewinneinkünften zählen nach § 2 II 1 Nr. 1 EStG die Einkünfte aus Land- und Forstwirtschaft, aus Gewerbebetrieb sowie aus selbständiger Tätigkeit. **323**

I. Einkünfte aus Gewerbebetrieb, §§ 15 ff. EStG

Nach § 15 I 1 Nr. 1 EStG gehören zu den Einkünften aus Gewerbebetrieb insbesondere die Einkünfte aus gewerblichen Unternehmen. **324**

1. Gewerbebetrieb, § 15 II 1 EStG

Ein Gewerbebetrieb liegt nach der **Legaldefinition** des § 15 II 1 EStG vor, wenn der Steuerpflichtige eine selbständige, nachhaltige Betätigung mit der Absicht ausübt, Gewinn zu erzielen, sich diese als Beteiligung am allgemeinen wirtschaftlichen Verkehr darstellt und dabei weder als Ausübung von Land- und Forstwirtschaft noch als **325**

Ausübung einer selbständigen Tätigkeit anzusehen ist. Diese Begriffsdefinition ist der **Grundtatbestand aller Gewinneinkünfte**; andernfalls hätten die Einkünfte aus Land- und Forstwirtschaft sowie selbständiger Tätigkeit nicht explizit ausgeschlossen werden müssen.

326 Der Gewerbebetrieb ist ein **Typusbegriff**. Die einzelnen Merkmale müssen nicht gleichermaßen stark ausgeprägt sein. Vielmehr sind sie im Wege einer Gesamtbetrachtung zu untersuchen.

a) Selbständige Tätigkeit

327 Die Voraussetzung der Selbständigkeit dient der Abgrenzung der Gewinneinkünfte von der nichtselbständigen Tätigkeit i.S.d. § 19 EStG. Eine selbständige Tätigkeit ist anzunehmen, wenn der Steuerpflichtige **Unternehmerinitiative** entfalten kann und **Unternehmerrisiko** trägt. Insofern kommt es nicht auf den Inhalt der unternommenen Tätigkeit, sondern auf die Art und Weise ihrer Ausübung an.

328 Unternehmerinitiative hat v. a. inne, wer die Kompetenz für unternehmerische Entscheidungen hat und damit einen hinreichenden Gestaltungsspielraum besitzt. Unternehmerrisiko bedeutet eine wirtschaftliche Teilhabe am Erfolg oder Misserfolg des von der Initiative getragenen Betriebs. Dies ist insbesondere gegeben, wenn der Betroffene das Vergütungsrisiko seiner Entscheidungen trägt.

b) Nachhaltigkeit

329 Mit dem Merkmal der Nachhaltigkeit soll die Dauerhaftigkeit der gewerblichen Betätigung belegt werden. Sie setzt den Entschluss voraus, die Tätigkeiten zu wiederholen und daraus eine ständige Erwerbsquelle zu machen. Dies muss sich aus objektiven Gesichtspunkten ergeben. Nicht erforderlich ist die tatsächlich wiederholte Ausübung der Betätigung. Es genügt auch eine erstmalige Betätigung, wenn die erforderlichen objektiven und subjektiven Kriterien erfüllt sind.

330 Den Gegensatz zur nachhaltigen Tätigkeit bildet die **gelegentliche Tätigkeit**. Da aber selbst eine Aktivität, die nur auf einmalige Durchführung gerichtet ist, im Fall eines hinreichend professionellen Erscheinungsbildes unter Verzicht auf die Wiederholungsabsicht als nachhaltig eingeordnet wird, liegen Überschusseinkünfte nach § 22 Nr. 3 EStG nur bei nichtprofessionellen Gelegenheitsgeschäften des Alltags vor.

c) Gewinnerzielungsabsicht

331 Darüber hinaus muss der Steuerpflichtige den Betrieb mit dem Bestreben führen, in der Totalperiode ein positives Geschäftsergebnis zu erzielen. Das Merkmal ist bereits in der allgemeinen Einkünfteerzielungsabsicht, die allen Einkunftsarten gemeinsam ist (§ 2 I 1 EStG

„erzielt“), enthalten. Fehlt die Gewinnerzielungsabsicht, handelt es sich um nicht steuerbare **Liebhaberei**.

Aus Gründen der Missbrauchsanfälligkeit und der erleichterten Feststellung im steuerlichen Massenverfahren wird die Gewinnerzielungsabsicht anhand objektiver Indizien im Wege einer zweistufigen Prüfung ermittelt (Rn. 44). Ob dem Steuerpflichtigen rückblickend ein positives Geschäftsergebnis tatsächlich gelingt, ist nicht entscheidend. **332**

d) Beteiligung am wirtschaftlichen Verkehr

Die Beteiligung am wirtschaftlichen Verkehr setzt voraus, dass sich der Steuerpflichtige mit seiner Tätigkeit an einen Markt wendet. Unschädlich ist es, wenn dieser nur in begrenztem Umfang besteht. **333**

Nicht gewerblich ist u. a. die **Selbstversorgung**, z. B. der Bau eines Eigenheims. Auch bei **hoheitlichem Handeln** kann die Beteiligung am wirtschaftlichen Verkehr zu verneinen sein. Treten die Anbieter der hoheitlichen Tätigkeit (z. B. Notare) in einen Wettbewerb, bieten sie ihre Leistung aber am Markt an. **334**

e) Abgrenzung zu den §§ 13, 18 EStG

Insbesondere im Hinblick auf die Art der Gewinnermittlung und eine mögliche Gewerbesteuerpflicht ist die gewerbliche Tätigkeit von der Land- und Forstwirtschaft und der selbständigen Arbeit abzugrenzen. Das Verhältnis zwischen Land- und Forstwirtschaft und gewerblicher Tätigkeit wird maßgeblich durch den Gedanken der **Urproduktion** bestimmt, da bei § 13 EStG in erster Linie eine Bewirtschaftung des Bodens betrieben wird. Für die Qualifikation einer Tierzucht als gewerbliche Tätigkeit ist damit maßgeblich, ob der jeweilige Tierbestand mit selbst produzierten Futtermitteln versorgt werden kann. **335**

Hinweis: Gewerblich sind die Tierzucht und Tierhaltung hingegen, wenn Futtermittel (hinzu-)gekauft werden. Eventuelle Verluste unterliegen ggf. der Abzugsbeschränkung (§ 15 IV 1, 2 EStG).

Die Abgrenzung zwischen selbständiger und gewerblicher Tätigkeit erfolgt v. a. anhand des persönlichen Einsatzes des Steuerpflichtigen. Der Schwerpunkt einer selbständigen Arbeit liegt typischerweise auf dem Einsatz der durch eine **besonders qualifizierte Ausbildung** erworbenen geistigen Fähigkeiten, während im Rahmen der gewerblichen Tätigkeit vornehmlich Kapital und andere Wirtschaftsgüter im Wege einer kaufmännischen Organisation eingesetzt werden. Vereinfacht wird die Abgrenzung durch den Katalog des § 18 I EStG. **336**

f) Keine private Vermögensverwaltung

337 Über § 15 II 1 EStG hinaus ist eine Tätigkeit nicht gewerblich, wenn sie nur der privaten Vermögensverwaltung dient. Dieses ungeschriebene negative Tatbestandsmerkmal ergibt sich zum einen aus einer systematischen Gesamtbetrachtung. Da **§ 2 II 1 EStG** zwischen Gewinn- und Überschusseinkünften unterscheidet, muss die gewerbliche Tätigkeit auch von den §§ 20, 21, 22 EStG abgegrenzt werden. Diese haben die private Vermögensverwaltung zum Gegenstand. Ferner kann das Merkmal **§ 14 S. 1 AO** entnommen werden. Im Unterschied zu dem dort beschriebenen wirtschaftlichen Geschäftsbetrieb liegt in der Regel eine Vermögensverwaltung vor (§ 14 S. 3 AO), wenn vorhandenes Vermögen genutzt wird, z. B. Kapitalvermögen verzinslich angelegt oder unbewegliches Vermögen vermietet oder verpachtet wird. Um die Subsidiarität der Überschusseinkünfte (§§ 20 VIII, 21 III, 23 II EStG) zu wahren, ist jeweils zu untersuchen, ob die „Schwelle" zur gewerblichen Tätigkeit überschritten ist.

aa) Veräußerung von Immobilien

338 Die Veräußerung im Privatvermögen befindlicher Immobilien ist bei Unterschreiten der zehnjährigen Haltefrist grundsätzlich als privates Veräußerungsgeschäft (§§ 22 Nr. 2, 23 I 1 EStG) steuerbar. Die Veräußerung ist jedoch ausnahmsweise Teil eines gewerblichen Grundstückshandels (§ 15 I 1 Nr. 1 EStG), wenn sie sich nach ihrem Gesamtbild als gewerbliche Ausnutzung der substantiellen Vermögenswerte darstellt. Ist die aufgrund objektiver Indizien ermittelte Absicht des Steuerpflichtigen von vornherein auf Umschichtungsgewinne gerichtet, ist von einer gewerblichen Tätigkeit auszugehen. Eine derartige Veräußerungsabsicht ist v. a. bei gewerbetypischen Berufen (z. B. **Bauträgern**) anzunehmen. Da diese Berufsgruppen nach ihrer Geschäftsidee Grundstücke erwerben, bebauen und weiterveräußern, liegt unabhängig von der Anzahl der Immobilien eine gewerbliche Tätigkeit vor.

339 Ist eine Veräußerungsabsicht nicht bereits mittels der berufstypischen Gegebenheiten feststellbar, bedarf es weiterer Indizien für die Gewerblichkeit. Erhebliches Gewicht kommt dabei der sog. **Drei-Objekt-Regel** zu. Danach ist die Grenze zum gewerblichen Grundstückshandel *in der Regel* überschritten, wenn mehr als drei Objekte in einem Zeitraum von fünf Jahren angeschafft und veräußert werden.

Hinweis: Die Drei-Objekt-Regel wurde zu einer Zeit entwickelt, zu der die Spekulationsfrist des § 23 I Nr. 1 EStG a. F. zwei Jahre betrug. Mittlerweile wurde die Frist in § 23 I Nr. 1 EStG auf zehn

Jahre verlängert. Abgesehen von der Gewerbesteuerpflicht hat die Drei-Objekt-Regel daher an Bedeutung verloren.

Zählobjekte i.S.d. Drei-Objekt-Regel sind nur solche Grundstücke und Eigentumswohnungen nach dem WEG, die selbständig nutzbar und im Rahmen eines Grundstücksgeschäfts veräußerbar sind. Insofern kommt es zivilrechtsakzessorisch darauf an, ob die Objekte Gegenstand selbständiger Kaufverträge sein können. Auch wenn in einem Gebäude steuerlich mehrere Wirtschaftsgüter bestehen (§ 7 Va EStG), ist nur von einem Zählobjekt zu sprechen. 340

Das jeweilige Zählobjekt muss in einem **engen zeitlichen Zusammenhang** angeschafft und veräußert worden sein. Typisierend wird auf eine **Haltedauer von fünf Jahren** abgestellt. Wie bei § 23 I 1 Nr. 1 EStG kommt es für den Zeitpunkt des Erwerbs und der Veräußerung nicht auf das Vollzugsgeschäft (§§ 873 I, 925 I BGB bzw. § 4 I, II WEG), sondern das Verpflichtungsgeschäft an. Dieser Zeitpunkt ist aufgrund der notariellen Meldepflicht (§ 18 I 1 Nr. 1 GrEStG) leicht feststellbar und kaum manipulationsanfällig. 341

Das Überschreiten der Drei-Objekt-Grenze begründet ein **Indiz** für eine von Anfang an bedingt bestehende Veräußerungsabsicht. Dieses kann für jedes Zählobjekt durch eindeutige Anhaltspunkte entkräftet werden. Dafür genügt der unmittelbare Anlass der Veräußerung nicht, da er regelmäßig nichts darüber aussagt, ob der Steuerpflichtige nicht auch aus anderen Gründen zum Verkauf bereit gewesen wäre und insofern von Anfang an eine zumindest bedingte Veräußerungsabsicht bestanden hat. 342

Hinweis: Liegt ein gewerblicher Grundstückshandel vor, könnte ein Steuerpflichtiger, der nicht zur Bilanzierung verpflichtet ist, die Gewinnermittlungsmethode des § 4 III EStG wählen. An einer bewussten Ausübung des Wahlrechts fehlt es jedoch regelmäßig, wenn der Steuerpflichtige rechtsirrig nicht von der Gewerblichkeit seines Handelns ausging.

bb) Veräußerung von Mobilien

Probleme bereitet die Abgrenzung zwischen der privaten Vermögensverwaltung (§ 20 II–IV EStG und §§ 22 Nr. 2, 23 I 1 Nr. 2 EStG) und der Gewerblichkeit auch bei einer regen Verkaufstätigkeit privater Gegenstände. In diesem Bereich gibt es kein der Drei-Objekt-Regel vergleichbares Indiz. Stattdessen orientiert sich die Rechtsprechung an einem **Typusbild** und nimmt eine gewerbliche Tätigkeit an, wenn der Steuerpflichtige „wie ein Händler“ agiert. Die private Vermögensverwaltung wird daher z. B. im Fall eines wiederholten Wertpapierhandels 343 verlassen, wenn der Steuerpflichtige im Wesentlichen die aufsichtsrechtlichen Verhaltens- und Organisationspflichten erfüllt, die die §§ 31 ff. WpHG für professionelle Marktteilnehmer enthalten.

cc) Halten von Vermögen

344 Die Vermietung von Immobilien in erheblichem Umfang ist selbst dann noch der privaten Vermögensverwaltung (§ 21 EStG) zuzuordnen, wenn dafür ein in kaufmännischer Weise eingerichteter Geschäftsbetrieb erforderlich ist (§ 1 II HGB). Eine Gewerblichkeit wird erst angenommen, wenn **gewerbetypische Besonderheiten**, z. B. ein häufiger Mieterwechsel (Tennisplatz) oder ein hotelartiger Service, hinzutreten (Rn. 223). Werden einzelne bewegliche Wirtschaftsgüter vermietet, ist die Schwelle der Nachhaltigkeit (§ 15 II 1 EStG) in Abgrenzung zur gelegentlichen Vermietung (§ 22 Nr. 3 EStG) dagegen früher überschritten.

2. Veräußerung des Betriebs, § 16 EStG

345 Auch Gewinne, die bei der Veräußerung eines ganzen Gewerbebetriebs oder Teilbetriebs (§ 16 I 1 Nr. 1 EStG) sowie eines gesamten Mitunternehmeranteils (§ 16 I 1 Nr. 2 EStG) erzielt werden, gehören zu den Einkünften aus Gewerbebetrieb. Da die Veräußerung des Betriebs die letzte gewerbliche Tätigkeit darstellt, ist die Vorschrift insofern deklaratorisch. Mit der besonderen Höhe des Gewinns, dem Freibetrag sowie der Anordnung eines besonderen Tarifs (§ 34 EStG) enthält sie jedoch diverse **Privilegierungen**. Diese sind gerechtfertigt, da im Fall der Veräußerung eines Gewerbebetriebs regelmäßig erhebliche stille Reserven aufgedeckt werden, deren uneingeschränkte sofortige Besteuerung zu unbilligen Ergebnissen führen würde.

a) Betriebsveräußerung

346 Die Veräußerung des **gesamten Gewerbebetriebs** i.S.d. § 16 I 1 Nr. 1 Alt. 1 EStG setzt voraus, dass das wirtschaftliche Eigentum an allen wesentlichen Betriebsgrundlagen gegen Entgelt aufgrund eines einheitlichen Willensentschlusses auf einen Erwerber mit der Möglichkeit zur Fortsetzung des Betriebs übergeht und die im Betrieb entfaltete bisherige Betätigung des Übertragenden endet.

347 Zu den **wesentlichen Betriebsgrundlagen** zählen alle Wirtschaftsgüter, die aufgrund ihrer Funktion qualitativ von besonderer Bedeutung sind oder quantitativ erhebliche stille Reserven enthalten. Einer Veräußerung steht es zwar nicht entgegen, wenn einzelne unwesentliche Wirtschaftsgüter zurückbehalten werden. Sie erhöhen jedoch den Veräußerungsgewinn entsprechend § 16 III 5 EStG.

Unter einem **Teilbetrieb** i.S.d. § 16 I Nr. 1 Alt. 2 EStG versteht man einen organisatorisch geschlossenen, mit einer gewissen Selbständigkeit ausgestatteten Teil innerhalb eines Gesamtbetriebs, der für sich allein betrachtet alle Merkmale eines Betriebs aufweist und als solcher lebensfähig ist. Sind diese Voraussetzungen nicht erfüllt, handelt es sich nicht um einen Teilbetrieb, sondern um einen Betriebsteil. Dessen Veräußerung erhöht als gewöhnlicher Geschäftsvorfall den laufenden Gewinn, ohne dass die Privilegierungen der §§ 16, 34 EStG anwendbar sind. **348**

b) Betriebsaufgabe

Die Aufgabe des Gewerbebetriebs steht nach **§ 16 III 1 EStG** der Veräußerung des Gewerbebetriebs gleich. Dazu müssen alle wesentlichen Betriebsgrundlagen (Rn. 347) innerhalb kurzer Zeit in einem einheitlichen Vorgang an verschiedene Erwerber veräußert bzw. ins Privatvermögen entnommen werden, der Betrieb also aufhören als selbständiger Organismus des Wirtschaftslebens zu existieren. **349**

Die Betriebsaufgabe ist von der nur **vorübergehenden Betriebsunterbrechung** (§ 16 IIIb 1 Alt. 1 EStG) abzugrenzen. Liegen objektive Umstände vor, die darauf schließen lassen, der Betrieb werde in seiner wirtschaftlichen Identität wiederaufgenommen, ist zunächst nur von einem vorübergehend ruhenden Betrieb auszugehen. Dies ist v. a. bei saisonalen Tätigkeiten anzunehmen. Aus Gründen der Rechtssicherheit wird die Abgrenzung mittlerweile durch das konstitutive Erfordernis einer Aufgabeerklärung des Steuerpflichtigen gegenüber dem Finanzamt bzw. dem anderweitigen „Bekanntwerden" der Betriebsaufgabe unterstützt (§ 16 IIIb 1 EStG). **350**

c) Privilegierte Gewinnbesteuerung

Der Veräußerungsgewinn ist nach **§ 16 II 1 EStG** durch einen Vergleich des Veräußerungspreises nach Abzug der Veräußerungskosten mit dem Wert des Betriebsvermögens zu berechnen. Im Fall der Betriebsaufgabe tritt an die Stelle des Veräußerungspreises der gemeine Wert (§§ 16 III 7 EStG, 9 II BewG). Der Wert des (Rein-) Betriebsvermögens ist nach den §§ 4 I, 5 ff. EStG zu bestimmen; er entspricht dem Bilanzposten „Eigenkapital". Der Vergleich der Buchwerte mit dem vom Erwerber gezahlten Kaufpreis (bzw. dem gemeinen Wert) führt zu einer vollständigen **Aufdeckung der stillen Reserven**. **351**

Um den u. U. eintretenden Progressionssprung und die erhöhte Steuerbelastung zumindest abzumildern, sind Veräußerungsgewinne in zweierlei Hinsicht begünstigt. Zum einen enthält **§ 16 IV EStG** einen **Freibetrag**, den der Veräußerer auf Antrag (jedoch nur einmal im Leben) in Anspruch nehmen kann, wenn er das 55. Lebensjahr vollendet hat oder dauernd berufsunfähig ist. Zum anderen unterliegen Ver- **352** äußerungsgewinne als **außerordentliche Einkünfte** (§ 34 II Nr. 1 EStG) entweder dem nach der sog. Fünftelmethode berechneten Steuersatz des § 34 I EStG oder (unter zusätzlichen Voraussetzungen) dem ermäßigten Steuersatz des § 34 III EStG.

3. Kapitalgesellschaftsanteilsveräußerung, § 17 EStG

353 Wer Anteile an einer Personengesellschaft veräußert, wird unter den Voraussetzungen des § 16 EStG privilegiert besteuert. Werden Anteile an einer Körperschaft aus dem Betriebsvermögen gewinnbringend veräußert, wird der Gewinn als laufender Gewinn im Rahmen der jeweiligen Gewinneinkunftsart besteuert. Werden die Körperschaftsanteile im Privatvermögen gehalten, erfolgt eine Besteuerung der Veräußerungsgewinne grundsätzlich nach § 20 II–IV EStG. Insofern stellt sich die Frage nach dem Anwendungsbereich des § 17 EStG.

Früher hing die Besteuerung der v. a. durch Aktienverkäufe erzielten privaten Veräußerungsgewinne von einem Unterschreiten der Spekulationsfrist des § 23 I 1 Nr. 2 EStG a. F. ab. Daher ging man davon aus, dass eine fehlende Steuerbarkeit bei Überschreiten der Jahresfrist unangemessen sei, wenn der Steuerpflichtige eine „**wesentliche Beteiligung**" an einer Kapitalgesellschaft hielt und daher eine einem Mitunternehmer vergleichbare Stellung innehatte. Die durch den Veräußerer im Privatvermögen erzielten Veräußerungsgewinne wurden daher durch § 17 EStG den originären Einkünften aus Gewerbebetrieb gleichgestellt. Systematisch handelt es sich hierbei um **keine eigene Einkunftsart**, sondern um eine Fiktion gewerblicher Einkünfte. Da privat erzielte Gewinne aus der Veräußerung von Körperschaftsanteilen mittlerweile ohne zeitliche Einschränkung von § 20 II–IV EStG erfasst werden, ist § 17 EStG zwar dem Grunde nach entbehrlich, gleichwohl vorrangig anzuwenden (§ 20 VIII EStG).

a) Steuerbarkeit

354 Abweichend von der unmittelbaren Anwendung des § 15 EStG muss der Steuerpflichtige die Kapitalgesellschaftsanteile im **Privatvermögen** halten. In Abgrenzung zu § 20 II–VI EStG ist eine Beteiligung an mindestens einem Tag innerhalb der letzten fünf Jahre mit einer Quote von **min. 1 %** erforderlich. Dabei sind unmittelbare und mittelbare Beteiligungen zu berücksichtigen und ggf. zu addieren. Unter diesen Voraussetzungen kommt § 17 I 1 EStG selbst dann zur Anwendung, wenn die gehaltenen Anteile nur teilweise veräußert werden.

355 **Veräußerung** i.S.d. § 17 I 1 EStG ist die auf einen Willensakt des Steuerpflichtigen zurückgehende entgeltliche Übertragung des wirtschaftlichen Eigentums auf einen anderen Rechtsträger. Die Einlage der Anteile in das Betriebsvermögen ist keine Veräußerung, da sich hierdurch nur die Vermögenszuordnung, nicht aber der Rechtsträger ändert. Anders ist dies, wenn die Körperschaftsanteile in eine Personengesellschaft eingebracht werden, an der der Steuerpflichtige beteiligt ist. Der Veräußerung steht nach § 17 IV 1 EStG u. a. die Auflösung der Gesellschaft gleich.

b) Berechnung des Gewinns

Steuerbarer Veräußerungsgewinn ist nach § 17 II 1 EStG der Unter- 356
schiedsbetrag zwischen dem Veräußerungspreis nach Abzug der Veräußerungskosten und den Anschaffungskosten. Aufgrund der fingierten Gewerblichkeit gilt das sog. **Teileinkünfteverfahren** (§§ 3 Nr. 40 S. 2, 20 VIII EStG). Danach sind 40 % steuerfrei (§ 3 Nr. 40 lit. c EStG); im Gegenzug dürfen nur 60 % der Veräußerungskosten erfolgswirksam als Aufwand angesetzt werden (§ 3c II EStG).

Da die Veräußerung der Anteile zu gewerblichen Einkünften führt, 357
ist der Veräußerungsgewinn unabhängig vom Zufluss- und Abflussprinzip (§ 11 EStG) durch **Betriebsvermögensvergleich** (§ 4 I EStG) zu ermitteln. Für den Veräußerungspreis bzw. die Forderung hierauf gilt folglich das Realisationsprinzip (§ 5 I 1 EStG i.V.m. § 252 I Nr. 4 Hs. 2 HGB).

Hinweis: Wird dem Steuerpflichtigen, der Gesellschafter und zugleich Geschäftsführer der GmbH war, im Zuge der Anteilsveräußerung ein **Wettbewerbsverbot** auferlegt, für das er ein zusätzliches Entgelt erhält, besteht mit der Anteilsveräußerung lediglich ein zeitlicher Zusammenhang. Die Ursache für das Wettbewerbsverbot liegt im persönlichen Tätigkeitsbereich des Steuerpflichtigen, so dass das Entgelt als nachträgliche Einnahme aus der Geschäftsführertätigkeit gesondert zu erfassen und nach §§ 19 I 1 Nr. 1, 24 Nr. 1 lit. b EStG zu versteuern ist.

Zu den **Anschaffungskosten** gehören der gezahlte Kaufpreis bzw. 358
die prozentuale Beteiligung am Stammkapital. Hat der Steuerpflichtige die Anteile unentgeltlich erworben, gilt § 17 II 5 EStG. Als „nachträgliche“ Anschaffungskosten können nur solche Aufwendungen berücksichtigt werden, die sich auf den Vermögensstamm beziehen. Sie sind von den auf die Nutzung der Anteile (§ 20 I Nr. 1 EStG) entfallenden Werbungskosten zu unterscheiden. Als nachträgliche Anschaffungskosten kommen vor allem Nachschüsse (§§ 26 ff. GmbHG) und verdeckte Einlagen in Betracht.

Ein Sonderfall der verdeckten Einlage sind die zum **Eigenkapitalersatzrecht** entwickelten Rechtsprechungsgrundsätze. Danach sind die Gewährung eines Gesellschafterdarlehens oder einer Gesellschafterbürgschaft ausnahmsweise als nachträgliche Anschaffungskosten zu beurteilen, wenn ein ordentlicher Kaufmann das Darlehen oder die Bürgschaft nicht gewährt hätte und es daher als durch das Gesellschaftsverhältnis veranlasst anzusehen ist.

c) Freibetrag

359 Der Freibetrag nach **§ 17 III 1 EStG** steht im Unterschied zu § 16 IV EStG allen Steuerpflichtigen zu. Eine Einschränkung im Hinblick auf Alter oder Berufsunfähigkeit ist nicht vorgesehen. Allerdings bezieht sich der in § 17 III 1 EStG genannte Betrag von 9.060 € auf **sämtliche Anteile** an einer Gesellschaft und ist daher entsprechend dem Verhältnis der tatsächlichen Beteiligung umzurechnen. Außerdem verringert er sich gemäß **§ 17 III 2 EStG** um den Betrag, um den der Veräußerungsgewinn den Teil von 36.100 € übersteigt, der dem veräußerten Anteil an der Kapitalgesellschaft entspricht (sog. **Abschmelzung**). Insofern ist der Freibetrag regelmäßig verschwindend gering.

d) Veräußerungsverlust

360 Der Begriff „Gewinn" i.S.d. § 17 I 1 EStG umfasst auch einen Verlust aus derartigen Veräußerungsgeschäften. Berücksichtigung findet ein solcher Verlust jedoch nur, wenn die veräußerten Anteile während der gesamten letzten fünf Jahre zu einer Beteiligung i.H.v. **min. 1 %** gehört haben **(§ 17 II 6 lit. b EStG**). Wird das Erfordernis nicht erfüllt, kommt subsidiär § 20 II 1 Nr. 1, VIII EStG zur Anwendung.

Hinweis: Die Einschränkung des § 17 II 6 lit. b EStG war früher gerechtfertigt, da außerhalb der Spekulationsfrist (§ 23 I Nr. 1 EStG a. F.) die Gefahr bestand, dass Steuerpflichtige im Fall drohender Verluste Anteile hinzugekauft hätten, um an mindestens einem Tag die 1 %-Grenze zu übersteigen. Steuerlich unbedeutende Verluste hätten so in den steuerwirksamen Bereich gezogen werden können.

II. Einkünfte aus Land- und Forstwirtschaft

361 Die Einkünfte aus Land- und Forstwirtschaft (§§ 13 ff. EStG) sind Gewinneinkünfte (§ 2 II 1 Nr. 1 EStG). Als besondere Privilegierung dürfen Land- und Forstwirte ihren Gewinn abweichend von §§ 4 ff. EStG nach sog. **Durchschnittssätzen** (§ 13a III–VI EStG) ermitteln. Diese führen regelmäßig zu wesentlich geringeren Einkünften.

362 Als Land- und Forstwirtschaft **steuerbar** sind die planmäßige Nutzung der natürlichen Kräfte des Bodens zur Erzeugung von Pflanzen, die Tierzucht und Tierhaltung sowie die Verwertung der gewonnenen Erzeugnisse. Unterschieden wird zwischen Primär- und Sekundäreinkünften:

Primäreinkünfte sind die in § 13 I EStG aufgezählten. Diese betreffen v. a. die Urproduktion, wie z. B. die Tierhaltung und Tierzucht (§ 13 I Nr. 1 S. 2 EStG). In Abgrenzung zur gewerblichen Tierzucht werden Einkünfte aus Land- und Forstwirtschaft erzielt, wenn die landwirtschaftliche Nutzfläche ausreicht, um die gezüchteten und gehaltenen Tiere zu ernähren (Rn. 335).

Die **Sekundäreinkünfte** zählt § 13 II EStG auf. Dabei sind Einkünfte aus Nebenbetrieben anzunehmen, solange der Nebenbetrieb dem landwirtschaftlichen Hauptbetrieb zu dienen bestimmt ist und sich nicht als eigenständiger Gewerbebetrieb darstellt (§ 13 II Nr. 1 S. 2 EStG). Dies ist z. B. bei einem Ladengeschäft anzunehmen, in dem eigene Erzeugnisse angeboten werden. Liegt der Schwerpunkt auf der Weiterverarbeitung und werden dazu fremde Erzeugnisse angekauft, schlägt die landwirtschaftliche in eine gewerbliche Tätigkeit um.

III. Einkünfte aus selbständiger Arbeit, § 18 EStG

Eine nach § 18 EStG steuerbare selbständige Arbeit muss jedenfalls **363**
die in § 15 II 1 EStG genannten vier positiven Tatbestandsmerkmale erfüllen. Darüber hinaus müssen die zusätzlichen Merkmale des § 18 EStG verwirklicht sein. Die Abgrenzung der selbständigen von der gewerblichen Tätigkeit ist v. a. für die **Gewerbesteuerpflicht** (§ 2 I 2 GewStG) und für die Art der Gewinnermittlung von Bedeutung. Selbständige dürfen ihren Gewinn uneingeschränkt nach der **Einnahmen-Überschuss-Rechnung** i.S.d. § 4 III EStG ermitteln. Als Faustformel steht bei Einkünften aus selbständiger Arbeit (§ 18 EStG) die persönliche Arbeitsleistung des Berufsträgers im Vordergrund, während § 15 EStG durch den Kapitaleinsatz im Unternehmen beherrscht wird. Im Einzelnen erfolgt die Abgrenzung nach der abschließenden Auflistung des § 18 I EStG:

Nr. 1: Einkünfte aus freiberuflicher Tätigkeit
Nr. 2: Einkünfte der Einnehmer einer staatlichen Lotterie
Nr. 3: Einkünfte aus sonstiger selbständiger Tätigkeit
Nr. 4: Leistungsvergütungen bei Wagniskapitalgesellschaften

1. Freiberufliche Tätigkeit, § 18 I Nr. 1 EStG

Wichtigster Unterfall der selbständigen Arbeit ist die Ausübung ei- **364**
ner freiberuflichen Tätigkeit (§ 18 I Nr. 1 EStG). Die freiberufliche Tätigkeit umfasst die sog. Tätigkeitsberufe (§ 18 I Nr. 1 S. 2 **Gruppe 1** EStG), die sog. Katalogberufe (§ 18 I Nr. 1 S. 2 **Gruppe 2** EStG) und die den Katalogberufen ähnlichen Berufe (§ 18 I Nr. 1 S. 2 **Gruppe 3** EStG).

a) Tätigkeitsberufe, Gruppe 1

365 In Form eines offenen Tatbestands führt die Norm zunächst als freiberufliche Tätigkeiten die „wissenschaftliche, künstlerische, schriftstellerische, unterrichtende oder erzieherische“ Betätigung auf.

Wissenschaftlich ist eine Tätigkeit, wenn Erkenntnisse anhand objektiver Maßstäbe unter Anwendung rationaler Methoden erarbeitet werden. Davon ist nicht nur die eigene schöpferische und forschende Tätigkeit erfasst (reine Wissenschaft), sondern auch die Untersuchung der Anwendbarkeit gefundener Ergebnisse auf konkrete Vorgänge (angewandte Wissenschaft). Ein Hochschulstudium ist Voraussetzung, da der Begriff der Wissenschaft vorrangig mit den an den Hochschulen gelehrten Disziplinen verbunden wird.

Ähnlich Art. 5 III 1 GG ist der Begriff der **künstlerischen Tätigkeit** sehr weit. Er umfasst insbesondere eigenschöpferische Leistungen, in denen die individuelle Gestaltungskraft zum Ausdruck kommt. Dagegen ist von einer handwerklichen und damit gewerblichen Tätigkeit auszugehen, wenn die Anwendung des Erlernten im Vordergrund steht. Die schöpferische Gestaltungskraft ist Kernelement des steuerlichen Kunstbegriffs.

Die **schriftstellerische Tätigkeit** setzt das Niederlegen eigener Gedanken in schriftlicher Form zur Kenntnisnahme für die Öffentlichkeit voraus. Dies gilt unabhängig von Umfang, Kontext und inhaltlichem Anspruch des Textes. Damit ist ein juristischer Aufsatz ebenso ein Produkt schriftstellerischer Tätigkeit wie ein (vergüteter) Leserbrief an eine Boulevard-Zeitung.

Die **unterrichtende Tätigkeit** kennzeichnet, dass der Steuerpflichtige im Wege einer persönlichen Lehrtätigkeit Fähigkeiten und Kenntnisse zu vermitteln versucht. Allerdings handelt es sich um eine nichtselbständige Arbeit (§ 19 EStG), wenn der Berufsträger aufgrund der vorgegebenen Organisationsstruktur nicht mehr in nennenswertem Umfang leitend und eigenverantwortlich an der Lehrtätigkeit beteiligt und durch einen Studienplan gebunden ist. In Abgrenzung zu einer wissenschaftlichen Tätigkeit ist Unterricht anzunehmen, solange er nicht zur eigenen vertiefenden Erarbeitung des Stoffes anregen soll.

Die **erzieherische Tätigkeit** umfasst im Gegensatz zur unterrichtenden Tätigkeit nicht die Vermittlung von Fertigkeiten, sondern die Einwirkung auf die gesamte Persönlichkeit des Betroffenen. Erziehung ist daher die planmäßige Tätigkeit zur körperlichen, geistigen und charakterlichen Formung, die zur eigenverantwortlichen Lebensführung befähigen soll. Dabei ist weder eine bestimmte Fachbildung des Erziehers noch ein bestimmtes Niveau erforderlich.

b) Katalogberufe, Gruppe 2

366 Im Anschluss an die genannten Tätigkeiten enthält § 18 I Nr. 1 S. 2 Gruppe 2 EStG eine Liste von Katalogberufen. Diese umfasst u. a. Ärzte, Rechtsanwälte, Notare, Ingenieure, Architekten, Wirtschaftsprüfer und Steuerberater, Krankengymnasten sowie Dolmetscher und Journalisten. Dabei ist es erforderlich, dass die ausgeübte Tätigkeit dem „**klassischen**“ **Berufsbild** des jeweiligen Katalogberufs entspricht. Dieses umfasst z. B. bei Rechtsanwälten nur solche Handlungen, die – wie die Rechtsberatung – berufsrechtlich allein ihnen vorbehalten sind. Darüber hinaus muss die Tätigkeit **in zulässiger Weise ausgeübt** werden, was regelmäßig einen akademischen Abschluss und die typische berufsrechtliche Erlaubnis oder Zulassung voraussetzt.

c) Katalogberufen ähnliche Berufe, Gruppe 3

Um den Auffangtatbestand der Tätigkeitsberufe nicht zu umgehen, **367**
setzt die Annahme eines den Katalogberufen ähnlichen Berufs voraus, dass das Gesamtbild der konkreten Tätigkeit mit dem typischen Bild *eines* Katalogberufs vergleichbar ist. **Nicht** ausreichend ist die bloße **Gruppenähnlichkeit** mit den freien Berufen insgesamt. Da den freien Berufen kein homogenes gemeinsames Leitbild zugrunde liegt, würde eine Gruppenähnlichkeit zu einer Ausuferung der freiberuflichen Tätigkeiten zu Lasten des § 15 EStG und der Gewerbesteuer führen. Von einer Ähnlichkeit zu einem Katalogberuf ist daher nur auszugehen, wenn sowohl die fachliche **Ausbildung** und die theoretischen **Kenntnisse** als auch die tatsächliche **Ausübung** dem klassischen Berufsbild des jeweiligen Katalogberufs hinreichend vergleichbar sind.

Beispiele: Die Vergleichbarkeit mit dem Heilberuf ist für Krankenschwestern und Krankenpfleger, für Logopäden und Diätassistenten anerkannt. Als ingenieurähnlich wird der Entwickler von Systemsoftware, nicht aber von Trivialsoftware, als architektenähnlich z. B. der Hochbautechniker angesehen.

Insgesamt ist die Ähnlichkeit trotz einer ständigen Fortentwicklung **368**
der Berufslandschaft und der damit einhergehenden notwendigen Anpassungsfähigkeit des Steuerrechts **restriktiv** auszulegen. Dies ist durch die Privilegierung ausbildungsintensiver Berufe und der fehlenden Belastung mit der Gewerbesteuer gerechtfertigt.

d) Beschäftigung von Arbeitskräften

Die Abgrenzung der freiberuflichen Tätigkeit zu § 15 I 1 Nr. 1 EStG **369**
ist v. a. problematisch, wenn sich der Steuerpflichtige fachlich vorgebildeter Hilfskräfte bedient. Nach **§ 18 I Nr. 1 S. 3 Hs. 2 EStG** erzielt ein Freiberufler solange Einkünfte nach § 18 EStG, wie er aufgrund eigener Fachkenntnisse leitend und eigenverantwortlich tätig wird.

Eine **leitende Tätigkeit** setzt voraus, dass der Berufsträger die Grundzüge der Organisation des Tätigkeitsbereichs und für die Durchführung der Tätigkeit festlegt, die Beachtung der aufgestellten Grundsätze überwacht und Grundsatzfragen selbst entscheidet.

Eigenverantwortlichkeit ist anzunehmen, wenn der Berufsträger seine Arbeitskraft in einer Weise einsetzt, die es ihm ermöglicht, uneingeschränkt die fachliche Verantwortung für die von seinen Mitarbeitern erbrachten Leistungen zu übernehmen. Hierfür muss eine persönliche Teilnahme an der praktischen Arbeit in ausreichendem Umfang gewährleistet sein, wobei der Berufsträger der spezifisch freiberuflichen Leistung noch den *Stempel der Eigenpersönlichkeit* aufdrücken können muss. Dies erfordert zumindest, dass er die im Betrieb erzielten Ergebnisse einer Schlüssigkeitsprüfung unterzieht, die auf seine persönlichen Fachkenntnisse zurückzuführen ist.

Beispiel: Sind in einem Labor zahlreiche technische Mitarbeiter angestellt, liegt ein Gewerbebetrieb vor, wenn die Anzahl der untersuchten Proben von dem selbständig tätigen Freiberufler auch theoretisch nicht mehr untersucht werden kann. Gelegentliche Stichproben genügen nicht, da diese keine tatsächliche Mitgestaltung der durch Hilfskräfte erbrachten Arbeitsleistung begründen.

2. Sonstige selbständige Arbeit, § 18 I Nr. 3 EStG

370 Der Begriff der sonstigen selbständigen Arbeit i.S.d. § 18 I Nr. 3 EStG ist nicht legaldefiniert, sondern lediglich im Wege einer **beispielhaften Aufzählung** konkretisiert. Danach sind z. B. Vergütungen für eine Tätigkeit als Testamentsvollstrecker, Vermögensverwalter und Aufsichtsratsmitglied der sonstigen selbständigen Arbeit zuzuordnen. Auch bei ihnen steht der persönliche Arbeitseinsatz im Vordergrund. Gemeinsam ist ihnen die **Verwaltung fremden Vermögens** und die Ausübung einer gewissen Überwachungsfunktion. Der ausdrücklich genannte Vermögensverwalter fungiert daher als Auffangtatbestand. Erfasst werden u. a. Treuhänder, Nachlass-, Insolvenz- und Hausverwalter und Betreuer i.S.d. § 1896 BGB.

3. Mehrere Tätigkeitsbereiche

371 Übt ein Steuerpflichtiger mehrere Tätigkeiten aus, sind diese voneinander zu trennen und die Einkünfte aus der jeweiligen Einkunftsart gesondert zu ermitteln. Vertreibt z. B. ein Arzt in seiner Praxis auch Pflegeprodukte, ist die freiberufliche (§ 18 I Nr. 1 EStG) von der gewerblichen Tätigkeit (§ 15 I 1 Nr. 1 EStG) abzugrenzen. Eine einheitliche Behandlung im Wege der Umqualifizierung einer Tätigkeit ist nur ausnahmsweise vorzunehmen, wenn eine Trennung unmöglich ist oder unnatürlich erscheint, da die Tätigkeiten sich gegenseitig bedingen und daher nach der Verkehrsanschauung von einem einheitlichen Betrieb auszugehen ist. In letzterem Fall ist die Betätigung nach dem Schwerpunkt entweder § 18 EStG oder § 15 EStG zuzuordnen.

Hinweis: Anders ist dies nur im Rahmen der freiberuflichen Mitunternehmerschaft (§§ 18 IV 2, 15 I 1 Nr. 2 EStG). Schließen sich mehrere zu einer Personengesellschaft zusammen, ist die sog. **Ab-**

färberegel des **§ 15 III Nr. 1 EStG** zu beachten. Danach gilt eine Personengesellschaft, die „auch" eine gewerbliche Tätigkeit ausübt, insgesamt als Gewerbebetrieb. Die Privilegierungen des § 18 EStG entfallen dann insgesamt und für alle Gesellschafter.

IV. Gewinnermittlung

Während bei den Überschusseinkunftsarten der Überschuss der Einnahmen über die Werbungskosten zu bilden ist, geht für die Gewinneinkunftsarten der Gewinn (**§ 2 II 1 Nr. 1 EStG** i.V.m. §§ 4–7k, § 13a EStG) in die Summe der Einkünfte (§ 2 III EStG) ein. **372**

1. Wirtschaftsjahr, § 4a EStG

Die Einkommensteuer ist eine Jahressteuer, so dass ihre Grundlagen für das Kalenderjahr zu ermitteln sind (§ 2 VII 1, 2, EStG). Für den Gewinn der Einkünfte aus Land- und Forstwirtschaft sowie aus Gewerbebetrieb ist das sog. **Wirtschaftsjahr** maßgeblich (**§ 4a I 1 EStG**). Dieses umfasst grundsätzlich einen Zeitraum von zwölf Monaten (§ 8b S. 1 EStDV), es kann aber vom Kalenderjahr abweichen. **373**

Welchen Zeitraum das Wirtschaftsjahr umfasst, richtet sich nach **§ 4a I 2 EStG**. Bei Gewerbetreibenden, deren Firma im Handelsregister eingetragen ist, ist das Wirtschaftsjahr der Zeitraum, für den sie regelmäßig Abschlüsse machen (§ 4a I 2 Nr. 2 EStG). Damit ist auf das Geschäftsjahr in § 242 I HGB verwiesen. Dieses darf der Kaufmann frei bestimmen und ändern. Steuerlich wirkt die Umstellung aber nur, wenn sie im Einvernehmen mit dem Finanzamt erfolgt (§ 4a I 2 Nr. 2 S. 2 EStG). In der Folge gilt der Gewinn des Wirtschaftsjahres als in dem Kalenderjahr bezogen, in dem das Wirtschaftsjahr endet (§ 4a II Nr. 2 EStG). Diesem VZ wird der Gewinn zugerechnet und der Besteuerung zugrunde gelegt (§ 25 I EStG). **374**

2. Gewinnermittlungsmethoden

Für die Gewinnermittlung stehen verschiedene Methoden zur Verfügung. Neben den für die Ausbildung unerheblichen Fällen der Tonnagebesteuerung (§ 5a EStG) und der Besteuerung nach Durchschnittssätzen (§ 13a EStG) sind dies vor allem der Betriebsvermögensvergleich nach § 4 I EStG (ggf. i.V.m. §§ 5 ff.) sowie die Einnahmen-Überschuss-Rechnung nach § 4 III EStG. **375**

a) Betriebsvermögensvergleich

376 Ist der Steuerpflichtige aufgrund gesetzlicher Vorschriften zur Buchführung verpflichtet oder führt er auch ohne eine solche Verpflichtung Bücher, hat er seinen Gewinn – im Umkehrschluss zu § 4 III 1 EStG – mittels Betriebsvermögensvergleich zu ermitteln. Dabei sind **zwei Methoden** zu unterscheiden:

Nach dem **einfachen Betriebsvermögensvergleich** (§ 4 I 1 EStG) ist Gewinn der Unterschiedsbetrag zwischen dem Betriebsvermögen am Schluss des Wirtschaftsjahres und dem Betriebsvermögen am Schluss des vorangegangenen Wirtschaftsjahres, vermehrt um den Wert der Entnahmen und vermindert um den Wert der Einlagen.

Im Rahmen des **qualifizierten Betriebsvermögensvergleichs** (§ 5 I 1 EStG und § 141 I 2 AO) gilt ebenfalls § 4 I 1 EStG. Dabei ist jedoch als Betriebsvermögen grundsätzlich anzusetzen, was nach den handelsrechtlichen Grundsätzen ordnungsgemäßer Buchführung auszuweisen ist, soweit sich nicht aus dem EStG anderes ergibt (sog. materielle Maßgeblichkeit).

377 Zu der letztgenannten Methode der Gewinnermittlung sind Steuerpflichtige verpflichtet **(§ 5 I 1 EStG)**, die bereits aufgrund des Handelsrechts zur Buchführung verpflichtet sind (§ 140 AO, sog. **derivative** Buchführungspflicht). Dies sind insbesondere Kaufleute (§ 238 I HGB). Nach § 241a S. 1 HGB sind Einzelkaufleute jedoch ausnahmsweise von der handelsrechtlichen Buchführungspflicht befreit, wenn bestimmte Umsatz- und Gewinngrenzen nicht überschritten werden.

378 Die Pflicht zur Buchführung kann sich auch **originär** aus dem Steuerrecht ergeben (§ 141 I 1 AO). Für sie gelten die handelsrechtlichen Vorschriften **teilweise** entsprechend (**§ 141 I 2 AO**). Aus Gründen der Rechtssicherheit entsteht die Pflicht jedoch nicht *ipso iure* mit Überschreiten der genannten Schwellenwerte, sondern erst ab dem auf die Mitteilung des Finanzamts folgenden Wirtschaftsjahr (§ 141 II AO).

Hinweis: Daher beschränkt sich der einfache Betriebsvermögensvergleich (§ 4 I EStG) auf Kleingewerbetreibende und Selbständige, die nicht zur Einnahmen-Überschuss-Rechnung (§ 4 III 1 EStG) optieren.

b) Einnahmen-Überschuss-Rechnung

379 Von der bilanziellen Gewinnermittlung ist die Gewinnermittlung im Wege der Einnahmen-Überschuss-Rechnung zu unterscheiden. Nach **§ 4 III 1 EStG** haben Steuerpflichtige, die nicht zur Buchführung verpflichtet sind, die Wahl, ob sie den Gewinn nach § 4 I 1 EStG oder § 4 III EStG ermitteln wollen. Das **Wahlrecht** kann auch konkludent

ausgeübt werden. Dies erfordert jedoch, dass sich der Steuerpflichtige der Wahlmöglichkeit bewusst ist.

Die Gewinnermittlung nach § 4 III EStG ist wie die Überschusser- **380**
mittlung (§ 2 II 1 Nr. 2 EStG) grundsätzlich als **Geldflussrechnung** ausgestaltet, in der lediglich Zu- und Abflüsse aufgezeichnet werden (§ 11 EStG). Als vereinfachte Berechnungsmethode bietet sie sich insbesondere für Freiberufler und Kleingewerbetreibende an.

Hinweis: Die Gewinnermittlung nach § 4 I 1 EStG wird in der juristischen Ausbildung vernachlässigt. Gleichwohl ist ein Grundverständnis für die regelmäßig geprüfte Einnahmen-Überschuss-Rechnung des § 4 III EStG unabdingbar.

3. Gewinnermittlung nach §§ 4 I 1, 5 ff. EStG

Nach § 4 I 1 EStG ist Gewinn der Unterschiedsbetrag zwischen dem **381**
Betriebsvermögen am Schluss des Wirtschaftsjahres und dem Betriebsvermögen am Schluss des vorangegangenen Wirtschaftsjahres, vermehrt um den Wert der Entnahmen und vermindert um den Wert der Einlagen. Damit ist zunächst das Betriebsvermögen zu ermitteln. Anschließend ist es mit dem des Vorjahres zu vergleichen und letztlich um die privat veranlassten Vermögensverschiebungen zu korrigieren.

Hinweis: Da die handelsrechtlichen Vorschriften bei § 4 I 1 EStG weitgehend entsprechend anzuwenden sind (§ 141 I 2 AO) und die §§ 6, 7 EStG ohnehin Anwendung finden (§ 5 VI EStG), werden allgemeiner und qualifizierter Betriebsvermögensvergleich im Folgenden zusammen dargestellt.

a) Ermittlung des Betriebsvermögens

aa) Aufstellen der Bilanz

Unter dem Begriff des Betriebsvermögens i.S.d. §§ 4 I 1, 5 I 1 EStG **382**
versteht das Einkommensteuerrecht das sog. **Betriebs*rein*vermögen**. Gemeint ist damit der im Handelsrecht als Eigenkapital bezeichnete Bilanzposten. Dieser bildet den Buchwert des Unternehmens ab und entspricht der **Differenz zwischen dem Fremdkapital und der Bilanzsumme**. Notwendige Voraussetzung für die Ermittlung des Betriebsvermögens ist folglich die Aufstellung einer Bilanz. Orientierungspunkt dafür ist **§ 266 HGB**, dessen Aufteilung für alle Bilanzierer gilt. Eine Bilanz enthält regelmäßig folgende Posten:

Aktivseite	**Passivseite**
A. Anlagevermögen I. Grundstücke II. technische Anlagen III. Betriebs-/Geschäftsausstattung	A. Eigenkapital B. Rückstellungen
B. Umlaufvermögen I. Vorräte II. Forderungen III. Kasse, Bankguthaben	C. Verbindlichkeiten I. gegenüber Kreditinstituten II. aus Lieferungen und Leistungen
C. Rechnungsabgrenzungsposten	D. Rechnungsabgrenzungsposten

383 Formal betrachtet ist die Bilanz ein reines Rechenwerk, in dem auf der **Aktivseite** die Vermögensgegenstände des Unternehmens aufgelistet sind (**Mittelverwendung**). Hierzu zählen insbesondere das Anlagevermögen, das dem Betrieb dauerhaft zu dienen bestimmt ist (§ 247 II HGB), und das Umlaufvermögen (§ 266 II B HGB). Die **Passivseite** beschreibt, woher die finanziellen Mittel stammen (**Mittelherkunft**). Unterschieden wird zwischen Eigen- und Fremdkapital. Addiert man die Posten der Aktivseite, muss die sog. Bilanzsumme der Summe der Passivposten entsprechen, da sich jeder Vorgang notwendigerweise auf beide Seiten auswirkt.

bb) Handels- und Steuerbilanz

384 Nach § 5 I 1 EStG gilt der Grundsatz der materiellen **Maßgeblichkeit der Handelsbilanz** für die Steuerbilanz. Danach sind die handelsrechtlichen Bilanzierungsvorschriften zu befolgen, soweit nicht das Steuerrecht abweichende Regelungen (§§ 5 II–VI, 6 ff. EStG) enthält.

385 Bis vor kurzem ging das EStG von der sog. **Einheitsbilanz** aus. Ein Bilanzierer hatte bei der Steuererklärung lediglich eine Bilanz einzureichen. Dies war die sog. Steuerbilanz (§ 60 II 2 EStDV), die nach den §§ 238 ff. HGB (sog. Handelsbilanz) zu erstellen und unter Anwendung der steuerlichen Regelungen anzupassen war. Im Zuge der durch das BilMoG eingeführten Änderungen ist mittlerweile neben der Einreichung der Steuerbilanz außerdem laufend ein besonderes Verzeichnis zu führen, in dem die sich aus der Ausübung von Wahlrechten ergebenden Abweichungen der Steuerbilanz von der Handelsbilanz dokumentiert werden (**§ 5 I 2 EStG**).

Hinweis: Für die Gewinnermittlung sowohl durch einfachen als auch durch qualifizierten Betriebsvermögensvergleich besteht die

Pflicht zur elektronischen Übermittlung der Bilanz sowie der Gewinn- und Verlustrechnung an die Finanzbehörden (sog. eBilanz, **§ 5b EStG**).

cc) Aktivierung dem Grunde nach

Bei der Erstellung einer Bilanz stellt sich zunächst die Frage, welche Vermögensgegenstände aufzuführen sind (sog. Aktivierung bzw. Passivierung dem Grunde nach). Für den Bilanzansatz dem Grunde nach sind insbesondere die **§§ 246 ff. HGB** zu beachten. Nach dem **Grundsatz der Vollständigkeit** (§ 246 I 1 HGB) hat die Bilanz sämtliche Vermögensgegenstände, Schulden, Rechnungsabgrenzungsposten, Aufwendungen und Erträge aufzunehmen, soweit nichts anderes bestimmt ist. Eine andere Bestimmung in diesem Sinne enthalten die handelsrechtlichen Bilanzierungswahlrechte und Bilanzierungsverbote, z. B. § 248 HGB. **386**

Davon zu unterscheiden sind **steuerliche Aktivierungs- bzw. Passivierungsge- und -verbote** (§§ 5 II–VI, 6 ff. EStG), die bei der steuerlichen Gewinnermittlung vorrangig sind. So dürfen z. B. nach § 5 II EStG immaterielle Wirtschaftsgüter des Anlagevermögens nur aktiviert werden, wenn diese entgeltlich erworben wurden. Dagegen begründen handelsrechtliche Passivierungswahlrechte nach dem *BFH* steuerliche Passivierungsverbote. Dies folgt aus den unterschiedlichen Regelungszwecken. Während die Handelsbilanz ein Abbild des Unternehmens für mögliche Gläubiger darstellt und daher Gewinn nur vorsichtig ausgewiesen werden darf, soll nach den steuerlichen Vorschriften die tatsächliche Leistungsfähigkeit ermittelt werden. Daher lässt das Steuerrecht gewinnerhöhende Aktivierungen eher zu bzw. beschränkt tendenziell gewinnreduzierende Passivierungen. **387**

In die Bilanz aufzunehmen sind nur Wirtschaftsgüter, die dem Unternehmen zuzurechnen sind. Nach **§ 246 I 2 HGB** sind Vermögensgegenstände grundsätzlich zivilrechtsakzessorisch dem Eigentümer zuzurechnen. Davon kann im Wege einer wirtschaftlichen Betrachtungsweise abzuweichen sein (z. B. bei Leasing, Eigentumsvorbehalt, Sicherungseigentum). Damit entspricht die Norm weitgehend § 39 AO. **388**

Wirtschaftsgüter können auch **gemischt genutzt** werden, d. h. sowohl für betriebliche als auch für private Zwecke. Dabei sind folgende Vermögensgruppen zu unterscheiden: **388a**

Zum sog. **notwendigen Betriebsvermögen** gehören Wirtschaftsgüter, die ausschließlich und unmittelbar dem Betrieb zu dienen bestimmt sind. Bei einer gemischten Nutzung ist dies anzunehmen, wenn Wirtschaftsgüter zu mehr als 50 % für die betriebliche Tätigkeit verwendet werden. Diese Wirtschaftsgüter sind zwingend zu bilanzieren.

Wirtschaftsgüter, die weit überwiegend privat genutzt werden, werden als **notwendiges Privatvermögen** bezeichnet. Als Grenze gilt eine betriebliche Mitbenutzung von max. 10 %. Auch durch die Aufnahme in die Bilanz werden derartige Gegenstände nicht zum Betriebsvermögen.

Im Unterschied dazu *können* Gegenstände, die zwar überwiegend privat, aber zwischen 10 % und 50 % betrieblich genutzt werden, durch Willensakt (z. B. durch Aufnahme in die Bilanz) konstitutiv zu sog. **gewillkürtem Betriebsvermögen** erklärt werden. Dies hat nicht nur zur Folge, dass die auf sie entfallenden Aufwendungen als Betriebsausgaben abgesetzt werden können, sondern auch, dass die entstehenden stillen Reserven steuerverstrickt sind. Die Entscheidung für bzw. gegen die Aufnahme in die Bilanz beruht daher auf wirtschaftlichen Erwägungen.

Hinweis: Wirtschaftsgüter sind einheitlich als Betriebs- oder Privatvermögen zu behandeln. Die Aufteilung der gemischt privaten und beruflichen Nutzung wird erst bei der Bestimmung des Umfangs der Nutzungsentnahme (aus dem Betriebsvermögen) bzw. der Aufwandseinlage (aus dem Privatvermögen) vorgenommen (Rn. 402, 405).

389 Den **Zeitpunkt der Aktivierung** regeln weder das Handels- noch das Steuerrecht ausdrücklich. Nach der wirtschaftlichen Betrachtungsweise und dem allgemeinen handelsrechtlichen Vorsichtsprinzip (§ 252 I Nr. 4 HGB) ist jedoch anerkannt, dass Vermögensgegenstände in dem Zeitpunkt anzusetzen sind, in dem das wirtschaftliche Eigentum in Form von Nutzungen und Lasten sowie der Gefahr des zufälligen Untergangs übergeht (sog. **Realisationsprinzip**). Forderungen sind daher abweichend von Zu- und Abfluss des Nennbetrags (§ 11 EStG) selbständig zu berücksichtigen, sobald sie sich durch entgeltlichen Umsatz am Markt realisiert haben. Dies ist bei synallagmatischen Ansprüchen nicht bereits der Zeitpunkt des Vertragsschlusses, da dem Leistungsanspruch zunächst die Einrede des nicht erfüllten Vertrags (**§§ 320 I 1, 322 I BGB**) entgegensteht. Da vor der Bewirkung der eigenen Leistung keine hinreichende Sicherheit für die Erfüllung des Haupt- bzw. Gegenleistungsanspruchs besteht, dürfen derartige **schwebende Geschäfte** nicht bilanziert werden. Eine Realisation i.d.S. tritt erst mit vollständigem Bewirken der eigenen Leistung ein, da die Gefahr des zufälligen Untergangs nunmehr übergegangen ist.

Hinweis: Damit entsteht bereits zu diesem Zeitpunkt ein Gewinn mittels Erhöhung des Eigenkapitals. Der Posten „Waren“ wird um den Verkaufsgegenstand gemindert und der Posten „Forderungen“ um den Nennbetrag des Kaufpreisanspruchs erhöht. Zum Zeitpunkt der tatsächlichen Zahlung findet nur noch ein Aktiv-Tausch zwischen den Posten „Forderungen“ und „Bank“ statt, der keine Gewinnwirkung entfaltet.

dd) Bewertung des Anlagevermögens

Als Anlagevermögen sind nach **§ 247 II HGB** nur die Gegenstände **390**
auszuweisen, die dem Geschäftsbetrieb dauerhaft zu dienen bestimmt sind. Nach **§ 253 I 1, III 1 HGB** sind die Vermögensgegenstände mit den Anschaffungs- und Herstellungskosten (§ 255 HGB) anzusetzen und in der Folge um die planmäßigen Abschreibungen zu vermindern. Eine entsprechende Regelung enthält **§ 6 I Nr. 1 S. 1 EStG**. Im Unterschied zum Handelsrecht enthält das Steuerrecht in den §§ 7, 6 II, IIa EStG jedoch zwingende Vorschriften über die Höhe der planmäßigen Abschreibungen. Da der Grund und Boden einer Immobilie nicht der Abnutzung unterliegt, ist er nach § 6 I Nr. 2 S. 1 EStG ohne Abschreibungen mit den Anschaffungskosten anzusetzen.

Hinweis: Schafft ein Bilanzierer ein Wirtschaftsgut des Anlagevermögens an, findet nur ein Aktivtausch ohne Gewinnauswirkung statt. Der Bilanzposten „Kasse“ verringert sich um den aufgewandten Kaufpreis, während sich der Bilanzposten „Anlagevermögen“ in eben diesem Umfang erhöht. Eine Gewinnwirkung tritt erst im Rahmen des Jahresabschlusses durch die vorzunehmende AfA als Aufwendung ein. Nur diese geht zulasten des Eigenkapitals und mindert das Betriebsreinvermögen.

Handelsrechtlich sind Vermögensgegenstände höchstens mit den **391**
Anschaffungs- und Herstellungskosten anzusetzen (§ 253 I 1 HGB). Dieser Wert ist um planmäßige (§ 253 III 1, 2 HGB) und außerplanmäßige Abschreibungen (§ 253 III 3, 4 HGB) zu vermindern. Außer bei Finanzanlagen (§ 253 III 6 HGB) haben nur vorübergehende Wertminderungen, die nach der Anschaffung eintreten, grundsätzlich keinen Einfluss auf den Bilanzansatz. Im Steuerrecht besteht dagegen die Möglichkeit einer sog. **Teilwertabschreibung** (§ 6 I Nr. 1 S. 2 EStG). Teilwert ist der Betrag, den ein Erwerber des ganzen Betriebs im Rahmen des Gesamtkaufpreises für das einzelne Wirtschaftsgut ansetzen würde (§ 6 I Nr. 1 S. 3 EStG). Darüber hinaus sind nach § 7 I 7 EStG Abschreibungen für außergewöhnliche Abnutzung zulässig (**AfaA**). Im Steuerrecht sind Wertaufholungen sowohl bei der Teilwert-AfA (§ 6 I Nr. 1 S. 4 ggf. i.V.m. Nr. 2 S. 3 EStG) als auch bei der AfaA (§ 7 I 7 Hs. 2 EStG) zu berücksichtigen. Für die Handelsbilanz enthält § 253 V 1 HGB ein darüber hinausgehendes sog. Wertaufholungsgebot.

Hinweis: Stille Reserven entstehen, wenn der tatsächliche Verkehrswert den bilanziellen Buchwert übersteigt. Steuerpflichtiger Gewinn wird jedoch erst zum Zeitpunkt des Verkaufs oder der Entnahme realisiert.

ee) Bewertung des Umlaufvermögens

392 Alle Vermögensgegenstände, die dem Betrieb nicht dauerhaft zu dienen bestimmt sind, gehören zum Umlaufvermögen. Dies sind vor allem Warenvorräte sowie Forderungen des Unternehmens. Auch das Umlaufvermögen ist handelsrechtlich nach **§ 253 I HGB** grundsätzlich mit den Anschaffungs- und Herstellungskosten (§ 255 HGB) anzusetzen. Allerdings ist ein niedrigerer Wert *am Abschlussstichtag* zwingend zu berücksichtigen (**§ 253 IV 1 HGB**). Dies ist Ausprägung des allgemeinen Vorsichtsprinzips und wird als **strenges Niederstwertprinzip** bezeichnet. Ob sich ein niedrigerer Wert ergibt, ist abhängig vom jeweiligen Vermögensgegenstand entweder nach dem Absatz- oder dem Beschaffungsmarkt zu beurteilen.

Forderungen sind grundsätzlich mit dem Nennwert anzusetzen. Soweit ihre Durchsetzung zweifelhaft ist, ist ein Risikoabschlag vorzunehmen. Sind sie uneinbringlich, werden sie gänzlich abgeschrieben.

393 Im Steuerrecht sind Wirtschaftsgüter des Umlaufvermögens ebenfalls mit den Anschaffungs- und Herstellungskosten anzusetzen (**§ 6 I Nr. 2 S. 1 EStG**). Ist jedoch der Teilwert (§ 6 I Nr. 1 S. 3 EStG) aufgrund einer voraussichtlich dauernden Wertminderung niedriger, kann dieser im Wege einer sog. Teilwertabschreibung angesetzt werden (**§ 6 I Nr. 2 S. 2 EStG**). Im Gegensatz zum Handelsrecht ist dazu aber nicht nur eine Wertminderung zum Stichtag erforderlich; diese muss voraussichtlich *dauerhaft* bestehen. Da § 7 EStG auf Umlaufvermögen keine Anwendung findet, besteht die Möglichkeit der AfaA nicht.

ff) Fremdkapital

394 Die Passivseite beschreibt die Herkunft der vom Unternehmer eingesetzten Finanzmittel. Zu unterscheiden ist zwischen Eigen- und Fremdkapital. Letzteres besteht aus Verbindlichkeiten und Rückstellungen.

395 Der Begriff der **Verbindlichkeit** (§ 266 III C HGB) ist wie im Zivilrecht zu verstehen und umfasst alle Schulden des Unternehmens (§ 246 I 1, 3 HGB). Eine Verbindlichkeit ist unabhängig von ihrer Fälligkeit bereits dann zu passivieren, wenn eine der Höhe nach bestimmte Forderung entstanden ist. Die Höhe des Bilanzansatzes bestimmt der Nennbetrag. Abweichende steuerliche Vorschriften für Verbindlichkeiten bestehen kaum (§§ 5 IIa, 6 I Nr. 3 EStG).

Daneben umfasst das Fremdkapital **Rückstellungen**. Diese sind für ungewisse Verbindlichkeiten und für drohende Verluste aus schwebenden Geschäften zu bilden (**§ 249 I 1 HGB**). Als Ausdruck des handelsrechtlichen Vorsichtsprinzips (§ 252 I Nr. 4 Hs. 1 HGB) sind sie mit dem Betrag anzusetzen, mit dem nach vernünftiger kaufmännischer Erfahrung zu rechnen ist. Da das Steuerrecht die tatsächliche Leistungsfähigkeit zum Gegenstand hat, ist die Zulässigkeit eines Ansatzes von Rückstellungen (dem Grunde nach) erheblich eingeschränkt (**§ 5 III–IVb EStG**) und zusätzlich der Höhe nach durch **§ 6 I Nr. 3a EStG** begrenzt. **396**

gg) Rechnungsabgrenzungsposten

Rechnungsabgrenzungsposten (RAP) können sowohl auf der Aktiv- **397**
als auch auf der Passivseite auszuweisen sein (§ 266 II C, III D HGB). Sie nehmen in der Bilanz eine Sonderrolle ein, da sie lediglich **Verrechnungs- bzw. Stornoposten** zur periodengerechten Gewinnermittlung darstellen. Sie korrigieren Einnahmen bzw. Ausgaben des Unternehmens in zeitlicher Hinsicht, so dass eine Gewinnwirkung erst in dem Wirtschaftsjahr eintritt, zu dem sie wirtschaftlich gehört (§ 252 I Nr. 5 HGB).

Nach § 250 I HGB sind mittels eines aktiven RAP solche Ausgaben **398**
zu korrigieren, die vor dem Abschlussstichtag getätigt wurden, aber Aufwand erst für ein nachfolgendes Wirtschaftsjahr darstellen. Spiegelbildlich sind passive RAP (§ 250 II HGB) zu bilden, wenn Einnahmen bereits erfolgten, obwohl sie wirtschaftlich Ertrag eines nachfolgenden Zeitraums darstellen. In der Steuerbilanz dürfen aktive bzw. passive RAP nur nach **§ 5 V EStG** ausgewiesen werden.

Beispiel: Der Unternehmer hat die von ihm geschuldete Ladenmiete bereits im Voraus für das kommende Wirtschaftsjahr gezahlt. Der verringerte Aktivposten „Bank“ wird durch den aktiven RAP ausgeglichen (§ 5 V 1 Nr. 1 EStG), so dass keine Gewinnwirkung eintritt. Im darauf folgenden Jahr wird der aktive RAP eigenkapitalmindernd als Mietaufwendung aufgelöst.

hh) Eigenkapital

Hat der Unternehmer das Fremdkapital, die Rechnungsabgrenzungs- **399**
posten und die übrigen Posten der Aktivseite ermittelt, kann er durch eine Subtraktion des Fremdkapitals und der passiven RAP von der Bilanzsumme feststellen, inwieweit der Buchwert des Betriebs durch eigenes Kapital finanziert ist. Dieser **Rechenposten** drückt den **Unternehmens(buch)wert** aus. Im Handelsrecht wird er als Eigenkapital (**§ 266 III A HGB**) bezeichnet. Einkommensteuerrechtlich entspricht er dem Begriff des Betriebs(rein)vermögens i.S.d. § 4 I 1 EStG.

b) Betriebsvermögensvergleich

400 Da die Einkommensteuer eine Ertragsteuer ist, kann nicht der gesamte Buchwert des Unternehmens Grundlage der Besteuerung sein. Andernfalls läge eine Objektbesteuerung vor. Daher ist das Betriebsvermögen am Schluss des Wirtschaftsjahres mit dem Wert des Betriebsvermögens am Schluss des vorangegangenen Wirtschaftsjahres zu vergleichen (**§ 4 I 1 EStG**) und der Unterschiedsbetrag zu bilden.

c) Entnahmen

401 Nach § 4 I 1 EStG dürfen Entnahmen und Einlagen den Gewinn nicht beeinflussen. Daher sind sie außerhalb des Betriebsvermögensvergleichs auf den soeben errechneten Unterschiedsbetrag hinzuzuaddieren bzw. abzuziehen.

Hinweis: Die hier dargestellte Berücksichtigung der Entnahmen und Einlagen als zweiter Rechenschritt außerhalb der Bilanz ist der Klausursituation geschuldet. In der Praxis erfolgt dies regelmäßig laufend durch ein im Eigenkapital geführtes „Privatkonto".

402 Nach der Legaldefinition des **§ 4 I 2 EStG** liegt eine Entnahme vor, wenn der Steuerpflichtige ein Wirtschaftsgut des Betriebsvermögens für sich, für seinen Haushalt oder für andere betriebsfremde Zwecke entnimmt. Es handelt sich um einen privaten Vorgang (§ 12 Nr. 1 EStG). Zu unterscheiden sind drei mögliche Gegenstände der Entnahme:

Zum einen können **Barmittel**, **Waren** und **Erzeugnisse** aus dem Betriebsvermögen in das Privatvermögen des Steuerpflichtigen überführt werden. Der betriebliche Zusammenhang besteht, bis er eindeutig gelöst wird.

Ferner können **Nutzungen** entnommen werden. Dabei verbleibt der betriebliche Gegenstand auch weiterhin im Betriebsvermögen. Allerdings wird er für private Zwecke verwendet.

Ähnlich erfolgt die Entnahme von **Leistungen**. Da die eigene Arbeitskraft nicht entnahmefähig ist, liegt eine Leistungsentnahme v. a. vor, wenn die Arbeitskraft eines Angestellten für private Zwecke eingesetzt wird.

403 Ist eine Entnahme dem Grunde nach gegeben, ist zu fragen, mit welchem Wert diese dem Unterschiedsbetrag nach § 4 I 1 EStG hinzuzurechnen ist. Gemäß **§ 6 I Nr. 4 S. 1 Hs. 1 EStG** sind Entnahmen mit dem Teilwert anzusetzen. Da sich der **Teilwert** (§ 6 I Nr. 1 S. 3 EStG) an dem Wiederbeschaffungsmarkt orientiert, werden durch eine Entnahme regelmäßig stille Reserven realisiert. Die in der Bilanz mit dem Buchwert aufgeführten Wirtschaftsgüter werden „ausgebucht" und ihr Teilwert außerbilanziell dem Gewinn hinzuaddiert. Damit ist der Vorgang in Höhe des Differenzbetrags gewinnwirksam.

Da sich der Teilwertbegriff nur für bilanzierungsfähige Wirtschaftsgüter, nicht aber für **Nutzungen** und **Leistungen** eignet, werden diese mangels gesetzlicher Regelung lediglich mit den auf sie entfallenen „Selbstkosten" bewertet. Einen Sonderfall stellt die private Nutzung eines betrieblichen Pkw dar, für die mit § 6 I Nr. 4 S. 2, 3 EStG Sonderregelungen bestehen. Danach erfolgt entweder eine pauschale Abgeltung nach der 1 %-Regel (S. 2) oder eine Aufteilung der tatsächlichen Kosten nach der Fahrtenbuch-Methode (S. 3).

d) Einlagen

Als privat veranlasste Vermögensvorgänge (§ 12 Nr. 1 EStG) dürfen **404** auch Einlagen den Gewinn nicht beeinflussen. Sie sind daher von dem Unterschiedsbetrag nach § 4 I 1 EStG zu subtrahieren, um eine erhöhte Besteuerung zu vermeiden. Nach **§ 4 I 8 Hs. 1 EStG** liegt eine Einlage vor, wenn dem Betriebsvermögen ein Wirtschaftsgut zugeführt wird. Dies ist anzunehmen, wenn das Wirtschaftsgut dauerhaft betrieblich genutzt werden soll. Es muss also ein Wechsel der Zuordnung vom Privatvermögen in das Betriebsvermögen erfolgen. Einlagefähig sind nach § 4 I 8 Hs. 1 EStG alle Wirtschaftsgüter (Bareinzahlungen und sonstige Wirtschaftsgüter).

Hinweis: Die Einlage selbst bewirkt aufgrund der außerbilanziellen Korrektur (§ 4 I 1 EStG) keinen Gewinn. In der Folge können aber stille Reserven und – bei deren Realisierung – steuerbare Gewinne entstehen.

Gemäß **§ 6 I Nr. 5 S. 1 Hs. 1 EStG** ist die Einlage grundsätzlich mit **405** dem Teilwert (§ 6 I Nr. 1 S. 3 EStG) zu bewerten. Allerdings ist der Einlagewert in bestimmten Fällen in der Höhe auf die ursprünglichen Anschaffungs- oder Herstellungskosten begrenzt (§ 6 I Nr. 5 S. 1 **Hs. 2** EStG). Ist der Einlagegegenstand ein *abnutzbares* Wirtschaftsgut, ist darüber hinaus eine Reduzierung des Einlagewerts um die zwischenzeitlich anzusetzende AfA vorzunehmen (**§ 6 I Nr. 5 S. 2 EStG**). Dadurch wird verhindert, dass der Steuerpflichtige ohne zusätzliche Aufwendungen neues Abschreibungspotential schafft und dasselbe Wirtschaftsgut mehrfach abschreibt.

Hinweis: Wurde das Wirtschaftsgut bisher zur Erzielung einer Überschusseinkunftsart benutzt, gilt **§ 7 I 5 EStG** ausschließlich für die AfA-Bemessungsgrundlage. Ausgehend vom Einlagewert (§ 6 I Nr. 5 EStG) sind die bisher geltend gemachten AfA-Raten abzuziehen. Da dies am Einlagewert nichts ändert, verbleibt nach vollständiger Abschreibung im Betriebsvermögen ein Restwert i.H.d. zuvor im Privatvermögen in Anspruch genommenen AfA.

Ob auch **Nutzungen** von Wirtschaftsgütern des Privatvermögens durch betriebliche Verwendung eingelegt werden können, ist umstritten. Von der Rechtsprechung wird dies abgelehnt, da die Einlage grundsätzlich mit dem Teilwert zu bewerten ist (§ 6 I Nr. 1 S. 3 EStG), also ein bilanzierungsfähiges Wirtschaftsgut voraussetzt. Teile der Literatur sprechen sich dagegen dafür aus, die Nutzungseinlage spiegelbildlich zur Nutzungsentnahme und damit als **Aufwandseinlage** zu behandeln. Bewertet würde diese mit den tatsächlich aufgewendeten „Selbstkosten".

e) Weitere außerbilanzielle Korrekturen

406 Neben den in § 4 I 1 EStG ausdrücklich genannten Einlagen und Entnahmen sind weitere außerbilanzielle Korrekturen vorzunehmen. Dies betrifft auf Einnahmenseite solche Einnahmen, die nach **§§ 3, 3a EStG** steuerfrei sind, aber gleichwohl in der Buchhaltung erfasst wurden. Auf der Ausgabenseite gilt für **§ 3c EStG** Entsprechendes. Weitere Fälle der außerbilanziellen Korrektur enthält insbesondere **§ 4 IVa, V EStG**. Die dort genannten Ausgaben sind betrieblich veranlasst und daher Betriebsausgaben i.S.d. § 4 IV EStG. Ihnen wird jedoch eine gewinnmindernde Wirkung verweigert, so dass sie außerbilanziell dem Gewinn hinzuzurechnen sind.

4. Einnahmen-Überschuss-Rechnung, § 4 III EStG

407 Die Gewinnermittlungsmethode des § 4 III EStG ist für den Steuerpflichtigen regelmäßig kostengünstiger als das Erstellen einer Bilanz und darf daher von Kleingewerbetreibenden und Selbständigen (§ 18 EStG) *gewählt* werden (§ 4 III 1 EStG). Nachteilig ist sie insofern, als sie unter betriebswirtschaftlichen Gesichtspunkten kaum Möglichkeiten zur Kontrolle des Unternehmens bietet.

408 Nach der Grundsystematik des § 4 III 1 EStG ist Gewinn der Überschuss der Betriebseinnahmen über die Betriebsausgaben. Dies sind alle Vermögensflüsse, die durch den Betrieb veranlasst sind (§§ 4 IV, 8 EStG *analog*). Da im Grundsatz von einer **Geldflussrechnung** auszugehen ist, ähnelt die Berechnung der Überschussermittlung. Es gilt nicht das Realisationsprinzip (§§ 5 I EStG, 252 I Nr. 4 HGB), sondern das Zu- und Abflussprinzip (§ 11 EStG). Durchbrechungen erfährt dieser Grundsatz in § 4 III 2–5 EStG.

Hinweis: Bei § 4 III EStG handelt es sich um eine vereinfachte Gewinnermittlung. Im Vergleich zur bilanziellen Gewinnermittlung werden auf die Totalperiode des Betriebs jedoch identische Gewinne erzielt (sog. **Totalgewinngleichheit in der Totalperiode**). Aufgrund der unterschiedlichen Verteilung in den Wirtschaftsjahren entstehen jedoch Unterschiede in der Steuerlast.

a) Betriebsvermögen

Betriebsvermögen ist nicht auf Bilanzierer beschränkt, sondern allen **409**
Gewinneinkünften gemeinsam. Daher verfügen auch Steuerpflichtige, die ihren Gewinn nach § 4 III EStG ermitteln, über **notwendiges** Betriebsvermögen. Ob auch **gewillkürtes** Betriebsvermögen anzuerkennen ist, war lange umstritten, da es dem § 4 III-Rechner an einer der Bilanz ähnlichen Dokumentationsmöglichkeit fehlt. Im Hinblick auf Art. 3 I GG und dem betrieblichen Bestandsverzeichnis nach **§ 4 III 5 EStG** ist eine unterschiedliche Behandlung jedoch nicht gerechtfertigt.

b) Durchlaufende Posten, § 4 III 2 EStG

Eine Einschränkung der Betriebseinnahmen, als durch den Betrieb **410**
veranlasste Vermögenszuflüsse, enthält § 4 III 2 EStG. Danach sind Gelder, die im Namen und für Rechnung eines anderen vereinnahmt werden, keine Betriebseinnahme. Entsprechendes gilt für Betriebsausgaben. Erforderlich ist ein Auftreten im Innen- und Außenverhältnis für einen Dritten, wie dies z. B. beim Gerichtskostenvorschuss des Rechtsanwalts für den Mandanten der Fall ist.

Die **Umsatzsteuer** ist kein durchlaufender Posten i.S.d. § 4 III 2 EStG, da sie der Unternehmer selbst schuldet (§ 13 I Nr. 1 UStG). Er kann sie lediglich durch das Entgelt auf den Endverbraucher abwälzen (§ 10 I 1 UStG), handelt aber weder im Namen noch für Rechnung des Abnehmers.

c) Abnutzbares Anlagevermögen, § 4 III 3 EStG

Nach § 4 III 3 EStG sind die Vorschriften über die Bewertungsfrei- **411**
heit für geringwertige Wirtschaftsgüter (§ 6 II EStG), über die Bildung eines Sammelpostens (§ 6 IIa EStG) und die Absetzung und Abnutzung (§ 7 EStG) zu befolgen. Für die Bewertung findet § 6 I Nr. 1a, Nr. 4–7, III–VI EStG entsprechende Anwendung (**§ 6 VII EStG**). Damit gilt § 11 EStG für abnutzbare Wirtschaftsgüter des Anlagevermögens nicht; ihre Anschaffungs- und Herstellungskosten wirken sich ggf. nur anteilig auf den Gewinn aus.

Umstritten ist, ob bei § 4 III EStG eine **Teilwertabschreibung** (§ 6 I Nr. 1 S. 2 EStG) vorgenommen werden darf. Ausweislich des Einleitungssatzes des § 6 I EStG gilt die Vorschrift nur für die Gewinnermittlung nach §§ 4 I, 5 ff. EStG. Da der § 4 III-Rechner keine Bilanz aufstellt und Wertveränderungen im Betriebsvermögen grundsätzlich unberücksichtigt bleiben, wird eine entsprechende Anwendbarkeit überwiegend verneint. Dafür spricht auch ein Umkehrschluss zu § 6 VII EStG. Auf den Totalgewinn hat die Frage keinen Einfluss, da Wertminderungen jedenfalls zum Zeitpunkt der Veräußerung oder Entnahme berücksichtigt werden.

d) Verzeichnis nach § 4 III 4, 5 EStG

412 Vor allem Aufwendungen für nicht abnutzbare Wirtschaftsgüter des Anlagevermögens, für Grund und Boden sowie für Gebäude des Umlaufvermögens sind nach **§ 4 III 4 EStG** im Zeitpunkt des Zuflusses des Veräußerungserlöses bzw. zum Zeitpunkt der Entnahme als Betriebsausgaben anzusetzen. Auch insoweit wird das Zu- und Abflussprinzip (§ 11 EStG) durchbrochen. Gerechtfertigt ist dies durch **andernfalls entstehende Härten**: Würden die Anschaffungskosten für Grund und Boden als sofort abzugsfähige Betriebsausgabe behandelt, käme es aufgrund des erheblichen Umfangs im Jahr der Anschaffung bzw. im Jahr der Veräußerung zu einer erheblichen Gewinnwirkung. Dem wirkt § 4 III 4 EStG entgegen. Da der Steuerpflichtige nur im Jahr der Veräußerung die Differenz zwischen Anschaffungs- und Veräußerungspreis zu versteuern hat, werden in der Zwischenzeit entstandene stille Reserven ohne finanzielle Überbelastung des Steuerpflichtigen aufgedeckt. Im Gegenzug hat der Steuerpflichtige ein **Bestandsverzeichnis** (**§ 4 III 5 EStG**) zu führen, in dem er die genannten Wirtschaftsgüter unter Angabe der Anschaffungskosten und des Anschaffungsdatums aufzulisten hat.

e) Ungeregelte Geschäftsvorfälle

413 Abgesehen von den soeben dargestellten Aspekten sind Einzelheiten der Einnahmen-Überschuss-Rechnung in § 4 III EStG nicht geregelt. Das System muss daher selbständig (fort-)entwickelt werden. Neben dem Grundsatz der Totalgewinngleichheit zwischen der bilanziellen Gewinnermittlung und der Einnahmen-Überschuss-Rechnung (§ 4 III EStG) enthält hierzu auch § 6 VII EStG einen wichtigen Leitfaden.

aa) Bargeld

414 Die Geldflussrechnung des § 4 III EStG erfasst zugeflossenes bzw. abgeflossenes Bargeld als Betriebseinnahme bzw. Betriebsausgabe. Umschichtungen innerhalb des Betriebsvermögens sind ohne Bedeutung. Gleiches gilt, wenn der Steuerpflichtige dem Betrieb Bargeld „entnimmt“, da der Zufluss bereits gewinnwirksam erfasst wurde. Betriebsausgaben liegen hingegen auch dann vor, wenn betriebliche Wirtschaftsgüter mit privatem Bargeld angeschafft werden. Unfreiwillige Geldverluste sind beachtlich, wenn sie betrieblich veranlasst sind. So liegt z. B. eine Betriebsausgabe vor, wenn Bargeld von Angestellten unterschlagen wird.

bb) Umlaufvermögen

415 Wird Umlaufvermögen **angeschafft**, liegen Betriebsausgaben vor, die zum Zeitpunkt der Zahlung berücksichtigt werden. Werden Waren **veräußert**, liegen zum Zeitpunkt des Geldeingangs Betriebseinnahmen

vor. Werden Warenvorräte **zerstört** oder **gestohlen**, ist dies ohne Gewinnauswirkung, da bereits die Anschaffungskosten als Betriebsausgaben abgezogen wurden. Anders ist dies im Fall der Bilanzierung, bei der die Anschaffung von Umlaufvermögen einen Aktivtausch darstellt und ein Gewinn erst mit der Veräußerung eintritt.

cc) Verkauf von Anlagevermögen

Wird **nicht abnutzbares** Anlagevermögen veräußert, sind die Anschaffungskosten nach § 4 III 4 EStG erst zum Zeitpunkt der Veräußerung als Betriebsausgaben anzusetzen. Da gleichzeitig Veräußerungsentgelt zufließt, wird die Differenz als Gewinn erfasst. **416**

Für **abnutzbares** Anlagevermögen fehlt eine solche Regelung. **417** Nach § 4 III 3 EStG sind lediglich die Vorschriften über die AfA zu beachten. Das zufließende Veräußerungsentgelt ist zunächst als Betriebseinnahme anzusetzen. Wird ein Wirtschaftsgut veräußert, bevor die Anschaffungskosten durch die AfA aufgezehrt sind, gilt § 4 III 4 EStG entsprechend (sog. **Restwertabzug**). Dadurch gehen die übrigen Anschaffungskosten für den Steuerpflichtigen nicht verloren. Versteuert werden folglich (nur) die stillen Reserven, die sich aus dem Unterschiedsbetrag zwischen dem Veräußerungspreis und dem verbliebenen AfA-Volumen ergeben. Dies würde auch bei der Bilanzierung erfolgen und ist daher nach dem Grundsatz der Totalgewinngleichheit geboten.

dd) Entnahmen

Privat veranlasste Entnahmen dürfen den Gewinn nicht mindern. Im **418** Rahmen des Betriebsvermögensvergleichs werden sie daher dem Unterschiedsbetrag hinzuaddiert (§ 4 I 1 EStG). Obwohl bei § 4 III EStG nur eine Geldflussrechnung erfolgt, muss dieser Leitgedanke entsprechend gelten. Als Bewertungsvorschrift findet § 6 I Nr. 4 EStG entsprechende Anwendung (**§ 6 VII Nr. 2 EStG**), so dass sich die Umsetzung am jeweils entnommenen Wirtschaftsgut zu orientieren hat:

Die Entnahme eines Wirtschaftsguts des **Anlagevermögens** ist wie eine Veräußerung des Steuerpflichtigen an sich selbst als Privatperson zu behandeln. Daher ist der Teilwert als fiktiv erlangter Veräußerungserlös wie eine Betriebseinnahme anzusetzen (§ 6 I Nr. 4, VII Nr. 2 EStG). Im Gegenzug scheidet der entnommene Gegenstand aus dem Betriebsvermögen aus und sein (fiktiver) Buchwert ist wie eine Betriebsausgabe anzusetzen. Daher ist zwischen abnutzbarem und nicht abnutzbarem Anlagevermögen zu unterscheiden: Da die Anschaffungs- und Herstellungskosten des nicht abnutzbaren Anlagevermögens noch nicht als Betriebsausgaben berücksichtigt wurden (§ 4 III 4 EStG), sind sie im Entnahmezeitpunkt wie Betriebsausgaben anzusetzen. Für abnutzbare Wirtschaftsgüter des Anlagevermögens gilt dies nur hinsichtlich eines etwaigen Restwertabzugs (Rn. 417).

Wird ein Wirtschaftsgut des **Umlaufvermögens** entnommen, ist zunächst der Teilwert als Betriebseinnahme (fiktiv erlangter Veräußerungserlös) anzusetzen (§ 6 I Nr. 4, VII Nr. 2 EStG). Da für Wirtschaftsgüter des Umlaufvermögens die Anschaffungskosten bereits als Betriebsausgaben gewinnmindernd berücksichtigt wurden, sind im Gegensatz zu Entnahmen aus dem Anlagevermögen keine fiktiven Betriebsausgaben anzusetzen. Andernfalls würde der Gewinn in unzulässiger Weise doppelt gemindert.

Für den bedeutsamen Fall der Entnahme von **Nutzungen** mittels privater Nutzung eines betrieblichen Kfz erfolgt die Bewertung nach der sog. 1 %-Regelung, soweit nicht ein ordnungsgemäßes Fahrtenbuch geführt wird (§ 6 I Nr. 4 S. 2, 3, VII Nr. 2 EStG). Im Übrigen wird die Nutzungsentnahme wie beim Bilanzierer nach den darauf entfallenden Selbstkosten bewertet (Rn. 403).

ee) Einlagen

419 Auch Einlagen beeinflussen den Gewinn nicht. Sie sind im Fall des Betriebsvermögensvergleichs vom bilanziell ermittelten Gewinn abzuziehen (§ 4 I 1 EStG). Die Umsetzung im Rahmen des § 4 III-Rechners entspricht weitgehend spiegelbildlich der der Entnahmen:

Die Einlage eines Wirtschaftsguts in das **Anlagevermögen** ist als Ankauf des Steuerpflichtigen von sich selbst als Privatperson zu behandeln; die fiktiven Anschaffungskosten sind wie Betriebsausgaben abzusetzen. Dabei ist der Einlagewert gemäß § 6 I Nr. 5, VII Nr. 2 EStG zu bestimmen. Aufgrund der Regelungen des § 4 III 3–5 EStG sind allerdings abnutzbare und nicht abnutzbare Wirtschaftsgüter zu unterscheiden. Ist das Wirtschaftsgut **nicht abnutzbar**, werden Betriebsausgaben nach § 4 III 4, 5 EStG erst im Zeitpunkt der Veräußerung erfasst. Bei einem **abnutzbaren** Wirtschaftsgut sind die AfA-Vorschriften zu befolgen (§ 4 III 3 EStG). Dabei gelten §§ 6 I Nr. 5, 7 I 5 EStG entsprechend (Rn. 405).

Wird ein Wirtschaftsgut in das **Umlaufvermögen** eingelegt, wird der Einlagewert (§ 6 I Nr. 5, VII Nr. 2 EStG) als fiktive Anschaffungskosten behandelt und sofort wie Betriebsausgaben abgezogen. Wird ein Gebäude als Umlaufvermögen eingelegt, gilt § 4 III 4 EStG entsprechend.

Da **Nutzungen** in einer Bilanz nicht erfasst werden können, sind sie nicht einlagefähig (§ 4 I 8 EStG). Stattdessen ist von einer Aufwandseinlage auszugehen. Dies gilt auch für den § 4 III-Rechner, so dass der Aufwand wie eine fiktive Betriebsausgabe zu erfassen ist. Der Bilanzierung entsprechend sind die tatsächlichen Aufwendungen („Selbstkosten“) anzusetzen (Rn. 405).

5. Wechsel der Gewinnermittlungsmethode

420 Ändern sich die Verhältnisse eines Steuerpflichtigen in der Weise, dass eine Buchführungspflicht entsteht bzw. entfällt, tritt das Problem eines Wechsels der Gewinnermittlungsmethode auf. Da sich die Gewinnermittlungsmethoden insbesondere hinsichtlich der Realisationszeitpunkte teils erheblich unterscheiden, besteht die Gefahr, dass einzelne Geschäftsvorfälle doppelt oder nicht berücksichtigt werden. Um dies zu vermeiden, ist der nach der bisherigen Gewinnermittlungsmethode errechnete Gewinn um die Beträge zu berichtigen, die zu einer Verzerrung des Gewinns führen würden. Dabei ist wie folgt vorzugehen:

1. Schritt: Zunächst ist zu prüfen, wie sich der jeweilige Vorgang nach der bisherigen Gewinnermittlungsmethode ausgewirkt hat.

2. Schritt: Im Anschluss daran ist dies mit der Behandlung im Rahmen der jeweils anderen Gewinnermittlungsmethode zu vergleichen.

3. Schritt: Soweit Abweichungen bestehen, sind diese mittels Addition bzw. Subtraktion auszugleichen, um die zutreffende Gewinnerfassung trotz des Wechsels der Gewinnermittlungsmethode sicherzustellen.

Teil 3. Entschädigungen und Ähnliches, § 24 EStG

Die sieben Einkunftsarten werden in § 2 I 1 EStG abschließend auf- **421**
geführt und in den §§ 13–23 EStG näher umschrieben (§ 2 I 2 EStG). Wie sich aus dem Titel des Unterabschnitts („Gemeinsame Vorschriften") ergibt, enthält § 24 EStG **keine „achte Einkunftsart"**. Nötig ist daher immer eine Zuordnung des steuerbaren Verhaltens zu einer der sieben Einkunftsarten. Von Bedeutung ist § 24 EStG daher nur durch seine **Vorgreiflichkeit auf den privilegierenden Tarif** für außerordentliche Einkünfte (§ 34 I EStG). Nach § 34 II Nr. 2 EStG gelten als solche uneingeschränkt nur Entschädigungen (§ 24 Nr. 1 EStG). Dagegen sind Nutzungsvergütungen (§ 24 Nr. 3 EStG) nur erfasst, soweit sie für mehr als drei Jahren nachgezahlt werden (§ 34 II Nr. 3 EStG).

Entschädigungen i.S.d. **§ 24 Nr. 1 lit. a EStG** liegen vor, wenn sie als Ersatz **422**
für entgangene oder entgehende Einnahmen gewährt werden. Sie müssen auf ein unfreiwilliges Ereignis zurückzuführen sein. Erfasst werden daher nur solche Zahlungen, die auf einer „neuen Rechtsgrundlage" beruhen, auf einen außerordentlichen Vorgang zurückzuführen sind und gerade dadurch entstanden sind, dass der Steuerpflichtige nicht aus eigenem Antrieb, sondern im Rahmen einer Zwangslage auf die entgangenen Einnahmen „verzichtet" hat. Diese Voraussetzungen erfüllen insbesondere Schadensersatz- und Abfindungszahlungen an Arbeitnehmer, soweit die Auflösung des Arbeitsverhältnisses auf Wunsch des Arbeitgebers erfolgte.

Von **§ 24 Nr. 1 lit. b EStG** sind Zahlungen erfasst, die für die Aufgabe oder **423**
Nichtausübung einer Tätigkeit gezahlt werden. Dabei kommen auch freiwillige Entschädigungsursachen in Betracht. Hauptanwendungsfall sind Karenzentschädigungen für Wettbewerbsverbote (z. B. § 90a I 3 HGB).

423a Zu den Entschädigungen zählen nach **§ 24 Nr. 1 lit. c EStG** auch Ausgleichszahlungen an Handelsvertreter nach § 89b HGB. Als Gegenleistung für den durch den Handelsvertreter geschaffenen Kundenstamm, der durch die Provisionen noch nicht voll abgegolten wurde, unterliegen derartige Ausgleichszahlungen den laufenden Einkünften.

424 **§ 24 Nr. 2 EStG** erklärt deklaratorisch auch nachträgliche Einkünfte einer vormals ausgeübten Tätigkeit zu Einkünften aus derselben. Konstitutiv zur Schließung einer Besteuerungslücke ist die Regelung nur für Rechtsnachfolger, da sie steuerlich in die Position des Rechtsvorgängers eintreten, ohne die steuerbare Tätigkeit jemals selbst ausgeübt zu haben. Im Unterschied dazu setzt § 45 AO eine bereits in der Person des Rechtsvorgängers entstandene Steuerschuld voraus (§ 38 AO), die lediglich im Wege der Gesamtrechtsnachfolge auf den Rechtsnachfolger übergeht.

425 Von **§ 24 Nr. 3 EStG** sind Nutzungsvergütungen erfasst, die für die Inanspruchnahme von Grundstücken für öffentliche Zwecke gezahlt werden, z. B. für das Überspannen privater Grundstücke mit Hochspannungsleitungen. Da auch hier der Einkünftebereich nicht erweitert wird, ist zunächst die Steuerbarkeit zu prüfen.

F. Subjektives Nettoprinzip

426 Mit der Ermittlung der **Summe der Einkünfte** endet die Einkunftsebene, die durch das objektive Nettoprinzip geprägt ist. Im Anschluss daran sind die Entlastungsbeträge der §§ 24a, 24b, 13 III EStG abzuziehen (§ 2 III EStG). Der so gebildete **Gesamtbetrag der Einkünfte** ist sodann um die Sonderausgaben und außergewöhnlichen Belastungen zu vermindern (§ 2 IV EStG). Nach weiteren Abzügen (v. a. der Kinderfreibeträge, § 32 VI EStG) steht die Bemessungsgrundlage für die tarifliche Einkommensteuer fest (§ 2 V 1 EStG).

427 Alle die Summe der Einkünfte reduzierenden Posten betreffen nicht mehr die Einkunftserzielung; es handelt sich um **private Mittelverwendung**. Nach § 12 EStG bleiben solche Privatausgaben bei der Einkommensteuer grundsätzlich unberücksichtigt. Ausnahmen erfährt dieser Grundsatz insbesondere durch das **Sozialstaatsprinzip**, wonach der Gesetzgeber verpflichtet ist, zum Schutz des Existenzminimums des Steuerpflichtigen und seiner Familie einen steuerfreien Bereich zu schaffen und zu erhalten. Dieser Bereich der individuellen Leistungsfähigkeit wird v. a. durch das **subjektive Nettoprinzip** geprägt.

Hinweis: Die Einkünfte, die der Abgeltungsteuer unterliegen (§§ 32d I, 43 V EStG), bleiben für Zwecke der Verfahrensvereinfachung bei den Begriffen Einkünfte, Summe der Einkünfte, Gesamtbetrag der Einkünfte, Einkommen, zu versteuerndes Einkommen grundsätzlich unberücksichtigt (§ 2 Vb EStG).

I. Gesamtbetrag der Einkünfte, § 2 III EStG

Die Summe der Einkünfte ist zunächst um den Altersentlastungsbetrag, den Entlastungsbetrag für Alleinerziehende und den Abzug nach § 13a III EStG zu vermindern. Das Ergebnis ist der sog. Gesamtbetrag der Einkünfte (§ 2 III EStG a.E.). 428

Ab der Vollendung des 64. Lebensjahrs wird dem unbeschränkt Steuerpflichtigen ein Prozentsatz der jährlichen Einkünfte steuerfrei gestellt. Dieser ist auf einen Höchstbetrag begrenzt. Dadurch soll eine Harmonisierung aller Altersbezüge erreicht werden. Mittels des **Altersentlastungsbetrags** (§ 24a EStG) wird folglich ein Ausgleich für solche Einkünfte geschaffen, die nicht wie z. B. Rentenzahlungen aus den gesetzlichen Sozialversicherungen (§ 22 Nr. 1 S. 3 lit. a aa EStG) und Versorgungsbezüge (§ 19 II EStG) bereits anderweitig privilegiert sind. Da § 24a EStG mit dem vollzogenen Übergang zur nachgelagerten Besteuerung seine sachliche Berechtigung verliert, wird auch die Begünstigung des § 24a EStG ab 2005 bis zum Jahr 2040 sukzessive abgeschmolzen. 429

Der **Entlastungsbetrag für Alleinerziehende** (§ 24b EStG) berücksichtigt typisierend die höheren Lebensführungskosten, die bei Alleinerziehenden im Verhältnis zu anderen Erziehenden regelmäßig entstehen. Vorausgesetzt wird mindestens ein Kind, das zur Geltendmachung des Freibetrags (§ 32 VI EStG) berechtigt oder einen Anspruch auf Kindergeld (§§ 62 ff. EStG) begründet. Dieses Kind muss zum Haushalt des Steuerpflichtigen gehören, wofür bereits die Meldung genügt (§ 24b I 2 EStG). Alleinerziehend ist, wer allein stehend ist (§ 24b III 1 EStG). Schließlich dürfen weder die Voraussetzungen des Splitting-Verfahrens (§ 26 I EStG) erfüllt sein noch eine Haushaltsgemeinschaft mit einer anderen volljährigen Person bestehen, da sich diese regelmäßig am Haushalt finanziell beteiligt. 430

II. Verlustabzug, § 10d EStG

Der Verlustabzug ist ein Korrelat zur Abschnittsbesteuerung (§ 2 VII 1 EStG). Er ist im Bereich der Sonderausgaben insoweit systemfremd verortet, als er nicht durch das subjektive Nettoprinzip gerechtfertigt und daher vorrangig gegenüber Sonderausgaben, außergewöhnlichen Belastungen und sonstigen Abzugsbeträgen (§ 10d I 1, II 1 EStG) ist. 431

Hinweis: Egalisiert bereits der Verlustabzug die positiven Einkünfte, gehen die in dem VZ angefallenen Sonderausgaben und außergewöhnlichen Belastungen „verloren“. Sie sind nicht vortragsfähig.

1. Systematik

432 Nach dem Annuitätsprinzip ist die Einkommensteuer eine Jahressteuer (§ 2 VII 1 EStG). Daraus folgt, dass als Einkünfte nur die Vorgänge berücksichtigt werden, die in dem jeweiligen VZ angefallen sind (§ 2 VII 2 EStG). Während Verluste im Rahmen des horizontalen Ausgleichs innerhalb einer Einkunftsart berücksichtigt werden (§ 2 I 1, II 1 EStG), erfolgt bei der Ermittlung der Summe der Einkünfte (§ 2 III EStG) eine vertikale Verlustverrechnung mit anderen Einkunftsarten. Soweit die (steuerbaren) Verluste die (positiven) Einkünfte übersteigen, ist die Summe der Einkünfte negativ; die festzusetzende Einkommensteuer beträgt 0 €. Eine weitergehende Verlustberücksichtigung kann in diesem VZ nicht erfolgen. Allerdings soll nicht der Steuerpflichtige die **Nachteile der Abschnittsbesteuerung** tragen, da diese nur der Verfahrensvereinfachung dient und einer Besteuerung nach der Leistungsfähigkeit nicht im Weg stehen darf. Daher enthält § 10d EStG insoweit eine Ausnahme von dem Annuitätsprinzip (§ 2 VII 2 EStG), als Verluste auch im vorangegangenen oder folgenden VZ berücksichtigt werden können.

Hinweis: Der Verlustabzug (§ 10d EStG) wird bei manchen Einkunftsarten teils erheblich eingeschränkt (§§ 20 VI 1, 23 III 7 EStG).

2. Verlustrücktrag und Verlustvortrag

433 Verluste sind nach § 10d I 1 EStG von Amts wegen grundsätzlich bis zu einem Betrag von 1.000.000 € vom Gesamtbetrag der Einkünfte (§ 2 III EStG) des unmittelbar vorangegangenen VZ abzuziehen (sog. **Verlustrücktrag**). Da im Rahmen des Verlustrücktrags regelmäßig der bereits bestandskräftige Steuerbescheid des vorangegangenen VZ zu korrigieren ist, enthält **§ 10d I 3 EStG** eine eigenständige Korrekturvorschrift, die in § 10d I 4 Hs. 2 EStG um eine Ablaufhemmung der Festsetzungsfrist ergänzt ist.

Hinweis: Bestandskräftige Steuerbescheide können nur mittels sog. Korrekturvorschriften geändert werden (§ 172 I 1 Nr. 2 lit. d AO).

433a Vom Verlustrücktrag wird auf Antrag des Steuerpflichtigen ausnahmsweise ganz oder teilweise abgesehen (§ 10d I 5, 6 EStG). Damit entsteht ein Wahlrecht zum sog. **Verlustvortrag** (§ 10d II EStG). Nach diesem werden die Verluste in den folgenden Veranlagungszeiträumen bis zu einem Gesamtbetrag von 1 Mio. € unbeschränkt, im Übrigen zu 60 % berücksichtigt. Im Hinblick auf die übrigen 40 % tritt kein Verfall, sondern lediglich eine zeitlich verzögerte Geltendmachung ein (sog. Mindestbesteuerung). Während also der Verlustrücktrag auf den vorangegangenen VZ begrenzt ist, besteht eine zeitlich unbegrenzte Vortragsfähigkeit, bis der Verlust aufgezehrt ist. Verfahrenstechnisch wird dies durch eine gesonderte Feststellung erreicht (§ 10d IV EStG).

Nach dem Grundsatz der Personenidentität kann den Verlustabzug nach § 10d EStG nur der Steuerpflichtige geltend machen, der den Verlust in seiner Person erzielt hat. Inwieweit in Erbfällen ein Abzug durch die Erben ausnahmsweise zuzulassen ist, war lange umstritten. Nunmehr hat der *BFH* die vormals mit der Gesamtrechtsnachfolge begründete Ausnahme aufgegeben. Mangels Belastung der Erben durch die Verluste des Erblassers sei die Situation mit Fällen des Drittaufwands vergleichbar, den der Steuerpflichtige im Rahmen der Sonderausgaben ebenfalls nicht in Abzug bringen könne.

III. Sonderausgabenabzug

1. Einführung

Ein Sonderausgabenabzug ist nur möglich, wenn die Aufwendungen **434**
weder Betriebsausgaben (§ 4 IV EStG) noch Werbungskosten (§ 9 EStG) sind (§ 10 I EStG), also Aufwendungen der privaten Lebensführung vorliegen. Da die steuerliche Berücksichtigung solcher Aufwendungen grundsätzlich verwehrt ist (§ 12 EStG), dürfen Sonderausgaben nur in den **abschließend** normierten Ausnahmefällen abgesetzt werden. Hierbei handelt es sich regelmäßig um nicht disponiblen Privataufwand, der nach der Vorstellung des Gesetzgebers wünschenswert ist und daher steuerlich Berücksichtigung finden soll.

Hinweis: Werden aus einem früheren VZ geleistete Sonderausgaben erstattet, enthält § 10 IVb EStG für die Vorsorgeaufwendungen i.S.d. § 10 II EStG eine Verrechnungsvorschrift.

Aufgrund der Rechtfertigung durch das subjektive Nettoprinzip ist **435**
nach dem *BFH* zum Sonderausgabenabzug nur berechtigt, wer die Aufwendungen selbst getragen hat. Der Abzug eines **Drittaufwands** ist daher weder bei der Abkürzung des Vertrags- noch des Zahlungswegs möglich. In der Literatur wird ein Sonderausgabenabzug bei der Abkürzung des Zahlungswegs hingegen befürwortet.

Anderes gilt für **zusammenveranlagte Ehegatten**. Da ihre Einkünf- **436**
te getrennt ermittelt und erst anschließend zusammengerechnet werden, wird der Sonderausgabenabzug erst von dem gemeinsamen Gesamtbetrag der Einkünfte vorgenommen (§§ 26, 26b EStG). Damit ist es gleichgültig, welcher Ehegatte die Sonderausgaben geleistet hat.

Im EStG sind **zwei Obergruppen** von Sonderausgaben angelegt: **437**
Zum einen Vorsorgeaufwendungen (§§ 10 I Nr. 2, 3, 3a, II–V, 10a

EStG), zum anderen sonstige Sonderausgaben (u. a. die übrigen Nummern des § 10 I EStG sowie die Nummern der §§ 10 Ia, 10b EStG).

2. Vorsorgeaufwendungen

438 Im Bereich der Vorsorgeaufwendungen ist v. a. zwischen Aufwendungen zur Altersvorsorge und Aufwendungen für sonstige Vorsorgeversicherungen zu unterscheiden.

a) Altersvorsorge, § 10 I Nr. 2 EStG

439 Beiträge zur **gesetzlichen Rentenversicherung** werden teils vom Arbeitgeber, teils vom Arbeitnehmer getragen. Für die vom Arbeitnehmer geleisteten Beiträge gilt **§ 10 I Nr. 2 lit. a EStG**. Für die vom Arbeitgeber gezahlten Beiträge ist zu beachten, dass sie für den Arbeitnehmer steuerbaren Arbeitslohn darstellen (str.), der jedenfalls nach § 3 Nr. 62 EStG steuerfrei gestellt ist. Trotzdem wird auch dieser Teil dem Sonderausgabenabzug hinzugerechnet (§ 10 I Nr. 2 S. 6 EStG). Bedeutung hat dies nur für die Ermittlung der maximal abzugsfähigen Vorsorgeaufwendungen; schlussendlich sind die Sonderausgaben um den Arbeitgeberanteil wieder zu vermindern (§ 10 III 5 EStG).

440 Ferner sind Aufwendungen zum Aufbau einer **privaten kapitalgedeckten Altersversorgung** (sog. Rürup-Rente) als Sonderausgaben abziehbar (**§ 10 I Nr. 2 lit. b aa EStG**). Erfasst sind jedoch nur Renten, die eine lebenslange, nicht vor dem 62. Lebensjahr auszahlbare Leibrente darstellen. Möglich ist auch die Vereinbarung einer ergänzenden Berufsunfähigkeits-, Erwerbsminderungs- oder Hinterbliebenenrente.

441 Für die eigenständige Absicherung der **Berufsunfähigkeit oder verminderten Erwerbsfähigkeit** gilt **§ 10 I Nr. 2 lit. b bb EStG**. Dabei muss eine monatliche lebenslange Leibrente vorgesehen sein und der Versicherungsfall bis zur Vollendung des 67. Lebensjahr eintreten.

Hinweis: Die Leibrenten i.S.d. § 10 I Nr. 2 lit. b EStG dürfen darüber hinaus weder vererblich, noch übertragbar, beleihbar, veräußerbar oder kapitalisierbar sein (§ 10 I Nr. 2 lit. b S. 2 EStG).

b) Sonstige Vorsorge, § 10 I Nr. 3, 3a EStG

442 Zu den sonstigen Vorsorgeaufwendungen nach § 10 I Nr. 3, 3a EStG gehören im Übrigen Versicherungsbeiträge gegen Arbeitslosigkeit, Erwerbs- und Berufsunfähigkeit, Beiträge zu Kranken-, Pflege-, Unfall- und Haftpflichtversicherungen sowie zu Risikoversicherungen, die nur für den Todesfall eine Leistung vorsehen.

Von dem Begriff der Haftpflichtversicherung i.S.d. § 10 I Nr. 3a EStG ist auch die **Kfz-Haftpflichtversicherung** erfasst, nicht jedoch eine Kaskoversicherung. Da ein Sonderausgabenabzug nur möglich ist, soweit Aufwendungen nicht bereits Betriebsausgaben oder Werbungskosten sind, müssen die Kosten der Haftpflichtversicherung für ein auch betrieblich genutztes Privatfahrzeug im Verhältnis der beruflichen und privaten Nutzung aufgeteilt werden.

Der Abzug der Vorsorgeaufwendungen i.S.d. § 10 I Nr. 3, 3a EStG **443** ist der Höhe nach gemäß § 10 IV 1 EStG grundsätzlich auf 2.800 € beschränkt (sog. **Höchstbetrag**). Dieser ist ausnahmsweise u. a. dann auf 1.900 € zu reduzieren, wenn der Arbeitgeber einen steuerfreien Zuschuss (§ 3 Nr. 9, 14, 57, 62 EStG) leistet (§ 10 IV 2 EStG).

c) Zusätzliche Altersvorsorge, § 10a EStG

Neben den Vorsorgeaufwendungen nach § 10 I Nr. 2, 3, 3a EStG **444** sieht § 10a EStG mit der sog. **Riester-Rente** einen weiteren Sonderausgabenabzug vor. Ziel ist die Förderung privater Altersvorsorgeverträge, die neben die gesetzliche Altersvorsorge treten. Um v. a. Personen mit kleineren Einkommen und Familien mit Kindern zu begünstigen, wird neben der Berechtigung zum Sonderabgabenabzug eine progressionsunabhängige Zulage nach §§ 79 ff. EStG gewährt.

3. Sonstige Sonderausgaben

a) Kirchensteuer, § 10 I Nr. 4 EStG

Als Annexsteuer vom Einkommen wirkt die Kirchensteuer auf der **445** Ebene der objektiven Einkünfteermittlung zwar nicht steuermindernd (§ 12 Nr. 3 EStG). Sie gehört aber nach § 10 I Nr. 4 Hs. 1 EStG zu den abzugsfähigen Sonderausgaben und wird damit „spendenähnlich" behandelt.

Der Sonderausgabenabzug ist ausgeschlossen, soweit die Kirchensteuer auf Kapitaleinkünfte entfällt, die mit dem Abgeltungstarif nach § 32d I EStG besteuert wurden (§ 10 I Nr. 4 Hs. 2 EStG). Für diese erfolgt eine Berücksichtigung der Kirchensteuer nach § 51a EStG.

b) Erstausbildung, § 10 I Nr. 7 EStG

Im Gegensatz zu Kosten der Allgemeinbildung, die der privaten Le- **446** bensführung zuzurechnen sind (§ 12 Nr. 1 EStG), sind Aufwendungen für die berufliche Fortbildung bei der Einkunftsart abzuziehen, durch die sie veranlasst sind. Die Zuordnung der Kosten der Erstausbildung – d. h. einer erstmaligen Berufsausbildung und des Erststudiums – zur beruflichen oder privaten Sphäre erfolgt nach **§§ 4 IX, 9 VI EStG** (Rn. 119a f.). Der Wortlaut des § 10 I Nr. 7 EStG bezieht sich zwar nur auf die Berufsausbildung; erfasst werden muss aber auch das Erststudium. Sind die Aufwendungen gemäß §§ 4 IX, 9 VI EStG privat veranlasst, gilt der auf 6.000 € beschränkte Sonderausgabenabzug des § 10 I Nr. 7 EStG.

c) Schulgeld, § 10 I Nr. 9 EStG

447 Nach § 10 I Nr. 9 EStG können als Sonderausgaben 30 % des Entgelts (max. 5.000 €) berücksichtigt werden, das der Steuerpflichtige für den Schulbesuch eines Kindes entrichtet, für das er den Kinderfreibetrag (§ 32 VI EStG, Rn. 469) oder Kindergeld (§§ 62 ff. EStG, Rn. 468) erhält. Ausgenommen sind Kosten für Beherbergung, Betreuung und Verpflegung. Die Vorschrift gilt für den gesamten EU-Raum (§ 10 I Nr. 9 S. 2 EStG) und erfasst auch Privatschulen, die zu einem vom jeweiligen Ministerium anerkannten Schulabschluss führen (§ 10 I Nr. 9 S. 3 EStG).

d) Begrenztes Realsplitting, § 10 Ia Nr. 1 EStG

448 Nach § 12 Nr. 1 EStG mindern Unterhaltszahlungen die Bemessungsgrundlage des Steuerpflichtigen grundsätzlich nicht. Nach dem sog. **Korrespondenzprinzip** hat sie der Empfänger nicht zu versteuern (§ 22 Nr. 1 S. 2 EStG, Rn. 282). Nur in den Fällen des begrenzten Realsplittings ist ausnahmsweise ein Sonderausgabenabzug zulässig (§ 10 Ia Nr. 1 EStG), wenn der den Trennungs- oder Scheidungsunterhalt empfangende Ehegatte der Besteuerung mit der Folge zugestimmt, die Leistungen nach **§ 22 Nr. 1a EStG** zu versteuern (Rn. 284). Ist der Unterhaltspflichtige bereit, die dem Unterhaltsgläubiger erwachsenen Nachteile zu ersetzen, besteht sogar ein Anspruch aus (nach-)ehelicher Treuepflicht (§§ 1353 I 2, 242 BGB) auf die nötige Zustimmung. Nachteile können nicht nur durch die steuerliche Mehrbelastung des Empfängers entstehen, sondern auch im Hinblick auf Sozialversicherungsbeiträge und Sozialleistungen (z. B. Wohngeld).

e) Versorgungsleistungen, § 10 Ia Nr. 2 EStG

449 Eine durch Sonderausgabenabzug begünstigte Vermögensübergabe gegen Versorgungsleistungen liegt vor, wenn ein Mitunternehmeranteil an einer Gewinneinkünfte erzielenden Personengesellschaft (§ 10 Ia Nr. 2 S. 2 lit. a EStG), ein Betrieb oder Teilbetrieb (§ 10 Ia Nr. 2 S. 2 lit. b EStG) oder ein GmbH-Anteil von min. 50 % unter gleichzeitigem Übergang der Geschäftsführung (§ 10 Ia Nr. 2 S. 2 lit. c EStG) übertragen wird. Im Übrigen sind Versorgungsrenten nicht (mehr) privilegiert. In Fortführung des **Korrespondenzprinzips** hat der Empfänger die Leistungen zu versteuern, wenn sie beim Leistenden als Sonderausgaben die Bemessungsgrundlage mindern (**§ 22 Nr. 1a EStG**).

f) Steuerbegünstigte Zwecke, § 10b EStG

Spenden sind grundsätzlich Kosten der privaten Lebensführung. Soweit sie durch betriebliche oder berufliche Gründe veranlasst sind, gilt das Abzugsverbot der §§ 4 V 1 Nr. 1, VI, 9 V 1 EStG. **450**

Unter den Voraussetzungen des § 10b I 1 EStG können Zuwendungen zur **Förderung steuerbegünstigter Zwecke** i.S.d. §§ 52–54 AO ausnahmsweise als Sonderausgaben abgezogen werden. Dies gilt v. a. für Leistungen an eine nach § 5 I Nr. 9 KStG steuerbefreite Körperschaft (§ 10b I 2 Nr. 2 EStG), z. B. an einen als gemeinnützig anerkannten Verein. Durch die steuermindernde Berücksichtigung von Spenden sollen die Bürger zu altruistischem Handeln angeregt und die öffentlichen Haushalte entlastet werden. **451**

Als **Spenden** kommen nur solche Aufwendungen in Betracht, die der Steuerpflichtige freiwillig und unentgeltlich i.S. einer fremdnützigen Förderung des Gemeinwohls leistet. Steuerschädlich sind bereits nur mittelbare Vorteile i.S. einer Gegenleistung. Als Zuwendung in Betracht kommen auch Wirtschaftsgüter (§ 10b III EStG). **452**

Liegt eine Spende vor, kann diese bis zu **20 % des Gesamtbetrags der Einkünfte** (§ 2 III EStG) als Sonderausgabe abgezogen werden (§ 10b I 1 Nr. 1 EStG). Bei der Ermittlung des Spendenvolumens bleiben Einkünfte, die der Abgeltungsteuer unterliegen, unberücksichtigt (§ 2 Vb EStG). Bei Spenden in den Vermögensstock einer gemeinnützigen Stiftung gelten die besonderen Höchstbeträge nach § 10b Ia 1 EStG. **453**

Parteispenden sind nach § 10b II 1 EStG nur bis zu einer Höhe von 1.650 € bzw. 3.300 € abzugsfähig. Außerdem können sie nur insoweit als Sonderausgaben abgezogen werden, als für sie keine Steuerermäßigung gewährt wurden (§ 10b II 2 EStG). Die Vorschrift begründet kein Wahlrecht, sondern einen zwingenden Vorrang des progressionsunabhängigen Kleinspendenabzugs nach § 34g EStG (Rn. 487 f.). **454**

Hinweis: Der **Zuwendungsnachweis** (§ 50 I EStDV) ist eine materielle Voraussetzung des Spendenabzugs. Ohne ihn darf ein Sonderausgabenabzug nicht vorgenommen werden. Nur ausnahmsweise genügt der Bareinzahlungs- oder Buchungsbeleg (§ 50 IV EStDV). Für unrichtige Zuwendungsnachweise greift der Gutglaubensschutz des § 10b IV 1 EStG sowie die Haftung nach § 10b IV 2–5 EStG.

g) Sonderausgaben-Pauschbetrag, § 10c EStG

Für die aufgelisteten sonstigen Sonderausgaben wird ein Sonderausgaben-Pauschbetrag i.H.v. 36 € (bzw. 72 € bei zusammenveranlagten Ehegatten, § 10c S. 2 EStG) von Amts wegen abgezogen, wenn der Steuerpflichtige nicht höhere tatsächliche Aufwendungen nachweist. **455**

IV. Außergewöhnliche Belastungen

456 Der Gesamtbetrag der Einkünfte ist ferner um außergewöhnliche Belastungen i.S.d. §§ 33–33b EStG zu vermindern (§ 2 IV EStG). Außergewöhnliche Belastungen sind Aufwendungen der privaten Lebensführung (§ 12 Nr. 1 EStG), die den Steuerpflichtigen wirtschaftlich derart einschränken, dass das subjektive Nettoprinzip eine steuerliche Berücksichtigung ausnahmsweise gebietet. Sie sind **subsidiär** und können grundsätzlich nur geltend gemacht werden, wenn die Aufwendungen nicht bereits auf Einkunftsebene oder als Sonderausgaben dem Grunde nach Berücksichtigung finden (§ 33 II 2 Hs. 1 EStG).

457 Im Unterschied zu Sonderausgaben sind außergewöhnliche Belastungen **nicht abschließend aufgezählt**, sondern durch den offenen Tatbestand des § 33 EStG geprägt. Die Sondertatbestände der §§ 33a–33b EStG enthalten somit konkretisierte Typisierungen.

1. Auffangtatbestand, § 33 EStG

458 Nach § 33 I EStG kann der Steuerpflichtige außergewöhnliche Belastungen geltend machen, wenn ihm zwangsläufig größere Aufwendungen erwachsen als der überwiegenden Mehrzahl der Steuerpflichtigen gleicher Einkommens- und Vermögensverhältnisse. In diesen Fällen wird der Teil der Aufwendungen, der die zumutbare Belastung übersteigt, auf Antrag vom Gesamtbetrag der Einkünfte abgezogen.

a) Abzugsfähigkeit dem Grunde nach

459 Nach § 11 II 1 EStG sind Aufwendungen in dem **Zeitpunkt** anzusetzen, in dem der Steuerpflichtige die wirtschaftliche Verfügungsmacht über die Zahlungsmittel verliert. Auf den Zeitpunkt der wirtschaftlichen Belastung kommt es nicht an, so dass die Aufnahme eines Kredits nicht zu einer zeitlichen Verlagerung führt.

460 **Aufwendung** i.S.d. §§ 33 ff. EStG ist nur der bewusste und gewollte Einsatz von Vermögen. Damit kann ein unfreiwilliger Schaden erst zum Zeitpunkt der Reparaturaufwendungen eine außergewöhnliche Belastung darstellen.

461 Die Aufwendungen müssen den Steuerpflichtigen wirtschaftlich belasten (sog. **Belastungsprinzip**). Daran fehlt es z. B. in Fällen des Drittaufwands, d. h. wenn die Aufwendungen endgültig von einem Dritten getragen werden. Werden also die vom Steuerpflichtigen ursprünglich getragenen Aufwendungen nachträglich ganz oder teilweise erstattet, ist der Ansatz um den Betrag der – ggf. zu erwartenden – Ersatzleistung zu mindern.

Eine wirtschaftliche Belastung ist ausgeschlossen, soweit der Steuerpflichtige für seine Aufwendung einen Gegenwert erhält (sog. **Gegenwerttheorie**). Dies ist insbesondere der Fall, wenn ein Gegenstand angeschafft wird, dem eine gewisse Marktfähigkeit zukommt, die sich in einem Verkehrswert ausdrückt. Vor allem medizinischen Hilfsmitteln fehlt eine solche, wenn der angeschaffte Gegenstand ausschließlich dem Erkrankten selbst zu dienen bestimmt und für Dritte ohne Nutzen ist (z. B. Prothese, Brille, Hörgerät). Ausnahmen von der Gegenwerttheorie sind außerdem für die Reparatur und Ersatzbeschaffung von Gegenständen des existentiell wichtigen Bereichs (z. B. notwendiger Hausrat, Kleidung) anerkannt, wenn diese durch ein unabwendbares Ereignis (z. B. Hochwasser) zerstört oder beschädigt wurden.

Die Belastung ist **außergewöhnlich**, wenn sie der Mehrzahl der **462** Steuerpflichtigen gleicher Einkommens- und Vermögensverhältnisse sowie des gleichen Familienstands typischerweise nicht erwächst. Damit muss es sich um eine Verpflichtung handeln, die außerhalb der typischen Lebensführung liegt und die damit nicht vom Grundfreibetrag (§ 32a I 2 Nr. 1 EStG) erfasst werden soll. Ob sie tatsächlich nur eine kleine Minderheit betrifft, ist ohne Bedeutung. Daher sind z. B. auch Krankheits- oder Ehescheidungskosten außergewöhnlich.

Weiterhin müssen die Aufwendungen **zwangsläufig** sein. Davon ist **463** nach § 33 II 1 EStG auszugehen, wenn sich ihnen der Steuerpflichtige aus rechtlichen, tatsächlichen oder sittlichen Gründen nicht entziehen kann und soweit die **Aufwendungen notwendig und angemessen** sind. Die Zwangsläufigkeit betrifft sowohl den Grund und das die Aufwendung auslösende Ereignis („wenn“) als auch die Höhe der Belastung („soweit“).

Von einer **rechtlichen** Zwangsläufigkeit ist insbesondere bei gesetzlichen Verpflichtungen (z. B. Unterhaltsverpflichtungen) auszugehen. Da der Anspruch nicht schuldhaft herbeigeführt worden sein darf, führen Schadensersatzleistungen regelmäßig nicht zu einer außergewöhnlichen Belastung. Prozesskosten sind grundsätzlich vom Ansatz ausgeschlossen (§ 33 II 4 EStG).

Dagegen sind von **tatsächlichen** Gründen v. a. Krankheitskosten erfasst. Auf den Grund der Krankheit kommt es nicht an (z. B. selbstverschuldeter Unfall). Die medizinische Indikation ist nach Maßgabe des § 64 EStDV i.V.m. § 33 IV EStG nachzuweisen. Dagegen liegen bei Aufwendungen für eine Diätverpflegung kraft gesetzlicher Anordnung keine außergewöhnlichen Belastungen vor (§ 33 II 3 EStG).

Um die Fälle der **sittlichen** Pflicht nicht unverhältnismäßig weit zu fassen, sind nur solche Pflichten umfasst, die einer Rechtspflicht gleichkommen. Dies ist z. B. bei Beerdigungskosten anzunehmen, soweit diese nicht aus dem Nachlass bestritten werden können.

b) Abzugsfähigkeit der Höhe nach

464 Liegt eine außergewöhnliche Belastung dem Grunde nach vor, darf nur der Teil der Aufwendungen vom Gesamtbetrag der Einkünfte abgezogen werden, der die **zumutbare Eigenbelastung** i.S.d. § 33 III EStG übersteigt. Aus Vereinfachungsgründen finden abgeltungsteuerpflichtige Einkünfte für die Bestimmung der Zumutbarkeitsgrenze keine Berücksichtigung (§ 2 Vb EStG). Im Fall hoher Kapitaleinkünfte liegt damit gleichwohl eine niedrige Zumutbarkeitsschwelle und folglich ein höheres Abzugsvolumen nach § 33 EStG vor.

2. Typisierte Fälle, §§ 33a–33b EStG

465 Neben dem offenen Tatbestand des § 33 EStG enthalten die §§ 33a, 33b EStG typisierte Fälle außergewöhnlicher Belastungen.

V. Berücksichtigung von Kindern

466 Die Berücksichtigung von Kindern des Steuerpflichtigen ist im EStG nicht zusammenhängend, sondern an verschiedenen Stellen geregelt. Die wichtigsten Bereiche sind der Familienleistungsausgleich und die Abzugsfähigkeit von Kinderbetreuungskosten.

1. Familienleistungsausgleich, § 31 EStG

467 Ist das Einkommen (§ 2 IV EStG) ermittelt, gilt es, daraus das zu versteuernde Einkommen zu bestimmen. Dieses bildet die Bemessungsgrundlage des Regeltarifs der Einkommensteuer (§ 2 V 1 Hs. 2 EStG). Hierzu ist das Einkommen um den Kinderfreibetrag und sonstige vom Einkommen abzuziehende Beträge zu vermindern (§ 2 V 1 Hs. 1 EStG). Zu beachten ist, dass der Kinderfreibetrag (§ 32 VI EStG) und das Kindergeld (§§ 62 ff. EStG) nur **alternativ gewährt** werden (§ 31 S. 1 EStG). Dieses System wird als Familienleistungsausgleich bezeichnet.

a) Kindergeld, §§ 62 ff. EStG

468 Nach § 31 S. 3 EStG erhalten alle Berechtigten unabhängig von der konkreten Höhe ihrer Einkünfte Kindergeld nach den §§ 62 ff. EStG. Wer Anspruch auf Kindergeld hat bestimmt § 62 EStG. Welche Kinder berücksichtigt werden, richtet sich nach § 63 EStG. Dies sind v. a. Kinder i.S.d. § 32 I EStG (§ 63 I 1 Nr. 1 EStG), wobei jedoch auch § 32 III–V EStG entsprechend anzuwenden ist (§ 63 I 2 EStG). Dabei ist zu beachten, dass Kinder, die das 18. Lebensjahr, aber noch nicht

das 25. Lebensjahr vollendet haben, nur berücksichtigt werden, wenn sie nach Abschluss einer erstmaligen Berufsausbildung oder eines Erststudiums keiner Erwerbstätigkeit (§ 32 IV 2 EStG) oder keiner Erwerbstätigkeit mit mehr als 20 Stunden regelmäßiger wöchentlicher Arbeitszeit nachgehen (§ 32 IV 3 EStG). Auf die Höhe der Einkünfte kommt es nicht an.

b) Kinderfreibetrag, § 32 VI EStG

Alternativ dazu (§ 31 S. 1 EStG) stehen die Freibeträge des **469**
§ 32 VI 1 EStG. Danach wird bei der Veranlagung für jedes zu berücksichtigende Kind i.S.d. § 32 I–V EStG ein Kinderfreibetrag i.H.v. 2.490 € für das sächliche Existenzminimum des Kindes (sog. Kinderfreibetrag) sowie ein Freibetrag für den Betreuungs-, Erziehungs- und Ausbildungsbedarf des Kindes i.H.v. 1.320 € vom Einkommen abgezogen (§ 2 V 1 Hs. 1 EStG). Für zusammenveranlagte Ehegatten verdoppeln sich die Beträge, wenn das Kind zu beiden Ehegatten in einem Kindschaftsverhältnis steht (§ 32 VI 2 EStG).

Hinweis: Der Abzug vom Einkommen führt zu einer verminderten Bemessungsgrundlage und damit zu einer verminderten Einkommensteuerlast. Folglich stellt nicht bereits der Freibetrag die verringerte Steuerlast dar, sondern erst der Unterschiedsbetrag zu der ohne den Freibetrag errechneten Einkommensteuer.

c) Vergleichsrechnung, § 31 S. 4 EStG

Letztlich ist eine Vergleichsrechnung anzustellen (§ 31 S. 4 EStG), **470**
da das Kindergeld und die Freibeträge alternativ nebeneinander stehen (§ 31 S. 1 EStG). Dabei ist zu fragen, welche Gestaltung für den Steuerpflichtigen günstiger ist. Aufgrund des fixen Kindergeldsatzes und des progressiven Einkommensteuertarifs ist das Kindergeld für Steuerpflichtige mit niedrigen Einkommen günstiger, die Freibeträge für Steuerpflichtige mit hohen Einkommen.

2. Kinderbetreuungskosten

Kinderbetreuungskosten sind in **§ 10 I Nr. 5 EStG** geregelt. Danach **471**
können ⅔ der Betreuungsaufwendungen (höchstens 4.000 €) eines unter 14 Jahre alten Kindes (§ 32 I EStG) oder eines unter 25 Jahre alten Kindes, das wegen einer körperlichen, geistigen oder seelischen Behinderung außerstande ist, sich selbst zu unterhalten, als **Sonderausgaben** angesetzt werden. Umfasst ist nur der Aufwand für die Betreuung, nicht aber Kosten für Unterricht, für die Vermittlung be-

sonderer Fähigkeiten oder für Freizeitbetätigungen (§ 10 I Nr. 5 S. 2 EStG). Während Freizeitbetätigungen ausschließlich von den Freibeträgen nach § 32 VI EStG erfasst werden, kann im Fall von Unterricht daneben auch § 10 I Nr. 9 EStG zur Anwendung kommen. Materielle Voraussetzung der Abzugsfähigkeit ist, dass der Steuerpflichtige eine Rechnung erhalten und nicht bar geleistet hat (§ 10 I Nr. 5 S. 4 EStG).

Hinweis: Soweit § 10 I Nr. 5 EStG nicht erfüllt ist, kommt außerdem eine Steuerermäßigung für haushaltsnahe Dienstleistungen in Betracht (**§ 35a EStG**). Ist der Tatbestand hingegen erfüllt, sind aber aufgrund der Begrenzung der Höhe nach nicht alle Kosten abzugsfähig, tritt § 35a EStG zurück.

472 Während früher zwischen „quasi"-erwerbsbedingten und nichterwerbsbedingten Kinderbetreuungskosten unterschieden wurde, ist die Betreuung von Kindern heute auch dann privat veranlasst (§ 12 Nr. 1 EStG), wenn der Elternteil die „freie Zeit" zur Erwerbstätigkeit nutzt. Eine berufliche Veranlassung wird dadurch nicht begründet.

G. Veranlagung und Tarif

I. Einzel- und Ehegattenveranlagung

473 Die Einkommensteuer wird grundsätzlich einzeln veranlagt (§ 25 I EStG). Nur für Ehegatten und Partner einer eingetragenen Lebenspartnerschaft – nicht aber für Partner einer nichtehelichen Lebensgemeinschaft – besteht ggf. die Möglichkeit einer Zusammenveranlagung (§§ 26, 26b, § 2 VIII EStG).

1. Veranlagung, § 25 I EStG

474 Als Veranlagung wird der Teil des Besteuerungsverfahrens bezeichnet, in dem die Besteuerungsgrundlagen des Steuerpflichtigen ermittelt werden und die Steuer durch Steuerbescheid (§ 155 I AO) festgesetzt wird (Rn. 524 ff.) Als Jahressteuer (§ 2 VII 1 EStG) wird die Einkommensteuer nach Ablauf des Kalenderjahres veranlagt. Eine Veranlagung unterbleibt, wenn die Einkommensteuerschuld bereits nach §§ 43 V, 46 EStG abgegolten ist. Danach wird aus Gründen der Verwaltungsvereinfachung von einer Veranlagung abgesehen, wenn die Einkommensteuer bereits durch die besonderen Erhebungsformen der Lohnsteuer und Kapitalertragsteuer sichergestellt ist.

2. Ehegattenveranlagung

Unbeschränkt steuerpflichtige Ehegatten, die nicht dauernd getrennt leben und bei denen diese Voraussetzungen entweder zu Beginn oder im Laufe des VZ vorlagen („intakte Ehe"), haben nach § 26 I 1 EStG die **Wahl** zwischen der Einzelveranlagung (§ 26a EStG) und der Zusammenveranlagung (§ 26b EStG). In Zweifelsfällen wird letztere durch § 26 III EStG fingiert. Erforderlich ist eine wirksame bürgerlichrechtliche Ehe an mindestens einem Tag im VZ. Der Begriff des dauernden Getrenntlebens ist zwar nicht mit § 1567 BGB identisch, wird von ihm aber umfasst. Da das Getrenntleben „dauernd" sein muss, schaden im Unterschied zu § 1567 II BGB kürzere Unterbrechungen. Liegen die Voraussetzungen der Ehegattenveranlagung (§ 26 EStG) nicht vor, werden die Steuerpflichtigen nach § 25 I EStG veranlagt. 475

Hinweis: Nach § 2 VIII EStG sind Partner einer eingetragenen Lebenspartnerschaft (LPartG) Ehegatten gleichgestellt. Die vormalige einseitige Privilegierung von Ehegatten war verfassungswidrig. Auf gleichgeschlechtliche Ehegatten (§ 1353 I 1 BGB n. F.) finden die §§ 26 ff. EStG unmittelbar Anwendung.

a) Zusammenveranlagung, § 26b EStG

Bei der Zusammenveranlagung werden die von den Ehegatten erzielten Einkünfte zunächst getrennt ermittelt, sodann zusammengerechnet und den Ehegatten gemeinsam zugerechnet. Folglich werden bereits die gleichartigen Einkünfte der Ehegatten zusammengerechnet und nicht erst die Summe ihrer Einkünfte nach getrenntem Verlustausgleich. Im Anschluss daran werden die Ehegatten **„gemeinsam als (ein) Steuerpflichtiger behandelt"**. Dies bedeutet weder eine verfahrensrechtliche noch eine materiell-rechtliche „Verschmelzung" zu einem Steuerpflichtigen. Vielmehr bleiben die Ehegatten zwei Steuersubjekte, so dass die Einkommensteuer weiterhin gegenüber beiden festgesetzt werden muss und von beiden geschuldet wird (§ 44 AO). Bedeutung hat § 26b EStG für die mögliche Reduzierung der Steuerlast durch Anwendung des **Splitting-Verfahrens** (§ 32a V EStG, Rn. 482). 476

b) Einzelveranlagung, § 26a EStG

Alternativ dazu kann *ein* Ehegatte die Einzelveranlagung wählen (§ 26 II 1 EStG). In diesem Fall werden die Ehegatten mit den von ihnen jeweils erzielten Einkünften veranlagt (§ 26a I 1 EStG). Dies ist v. a ratsam, wenn den Ehegatten andernfalls steuerliche Vorteile verlorengingen. Hauptmotiv für die Einzelveranlagung ist die Erhaltung des privilegierten Tarifs für außerordentliche Einkünfte (§ 34 EStG). 477

II. Tarif

478 Das zu versteuernde Einkommen bildet die Bemessungsgrundlage für die tarifliche Einkommensteuer (§ 2 V 1 Hs. 2 EStG). Die tarifliche Einkommensteuer ergibt sich aus der Anwendung „eines Prozentsatzes" – dem sog. Tarif – auf die Bemessungsgrundlage. Grundsätzlich findet der sog. Regeltarif des § 32a EStG Anwendung.

1. Regeltarif, § 32a EStG

479 Die unterschiedlichen Veranlagungsformen setzen sich im Rahmen des Regeltarifs fort. Entsprechend ist bei Ehegatten zu unterscheiden:

a) Einzelveranlagung

480 Der Regeltarif nach § 32a I EStG ist fünfstufig aufgebaut. Die Abstufung beruht darauf, dass ein Steuerpflichtiger mit steigendem Einkommen zunehmend leistungsfähiger wird. Da seine persönlichen Grundbedürfnisse ausreichend befriedigt sind, wird jeder mehr erzielte Euro mit einem höheren Prozentsatz besteuert. Daher wird Einkommen

- bis zu 9.168 € keinem Steuersatz unterworfen (sog. **Grundfreibetrag**), um das nach dem Sozialstaatsprinzip gebotene Existenzminimum von jeglicher Steuerbelastung freizustellen.
- von 9.169 € bis 55.960 € einem Steuersatz von 15–42 % (sog. **untere und obere Progressionszone**) unterworfen.
- ab 55.961 € linear mit 42 % (sog. **untere Proportionalzone**) und
- ab 265.327 € mit 45 % (sog. **obere Proportionalzone**) besteuert.

481 Nach dem **Prinzip des Grenzsteuersatzes** wird jeder Euro mit dem für ihn geltenden Steuersatz besteuert. Damit liegt die durchschnittliche Steuerbelastung deutlich unter dem jeweiligen Spitzentarif.

Hinweis: Werden Lohnzuwächse durch den progressiven Tarif sowie die Inflation aufgezehrt, wird dies als kalte Progression bezeichnet. Real kann dies sogar zu einem Lohnverlust führen.

b) Splitting-Verfahren

482 Bei Ehegatten und Lebenspartnern (§ 2 VIII EStG), die nach §§ 26 I 1, 26b EStG zusammenveranlagt werden, ist das Splitting-Verfahren (**§ 32a V EStG**) auf das gemeinsame zu versteuernde Einkommen anzuwenden. Dabei handelt es sich trotz der systematischen Stellung nicht um einen besonderen Tarif. Es wird nur dem Umstand Rechnung getragen, dass zwei Steuerpflichtige veranlagt werden und damit die subjektiven Elemente des Tarifs (z. B. das Existenzmini-

mum) doppelt berücksichtigt werden müssen. Auf diese Weise wird der **Progressionsvorteil** ausgenutzt, der entsteht, wenn ein Ehegatte mehr als der andere verdient und seinen Mehrverdienst faktisch mit einem niedrigeren Steuersatz besteuert.

2. Sondertarife

Nach § 32a I 2 EStG gilt der Regeltarif vorbehaltlich der vorrangigen Sondertarife nach **§§ 32b, 32d, 34, 34a, 34b und 34c EStG**. Für die Ausbildung sind v. a. die folgenden relevant: **483**

Der **Progressionsvorbehalt** (§ 32b EStG) kommt zur Anwendung, wenn Steuerpflichtige u. a. Arbeitslosengeld, Krankengeld, Arbeitslosenhilfe oder Elterngeld erhalten haben. Zwar sind diese Einnahmen steuerfrei (§ 3 Nr. 1–3, 67 lit. b EStG) und die Bemessungsgrundlage nicht betroffen. Jedoch ist der Steuersatz anzuwenden, der sich hypothetisch ergeben würde, wenn die steuerfreien Einnahmen in die Bemessungsgrundlage einbezogen wären (§ 32b II EStG).

Auf Einkünfte aus Kapitalvermögen wird die Einkommensteuer mittels der Kapitalertragsteuer i.H.v. 25 % erhoben (§§ 43, 43a EStG). Dies setzt sich in der Tarifvorschrift des § 32d I EStG fort und wird als **Abgeltungsteuer** (vgl. § 43 V EStG) bezeichnet (Rn. 216, 217 ff.). Durchbrochen wird die lineare Besteuerung privater Kapitaleinkünfte nur zur Missbrauchsabwehr (§ 32d II EStG) oder auf Antrag des Steuerpflichtigen (§ 32d VI EStG), soweit sich der Regeltarif für ihn günstiger auswirkt.

Für **außerordentliche Einkünfte** (§ 34 II EStG) gilt ein privilegierender Tarif. Dieser beruht auf der Überlegung, dass die erfassten Einkünfte typischerweise über mehrere Jahre erwirtschaftet und aufgrund eines „außergewöhnlichen Ereignisses" geballt realisiert wurden. Ziel ist es, die entstehenden Härten durch eine „Tarifglättung" nach der sog. Fünftelregelung (§ 34 I EStG) oder eine Tarifermäßigung nach § 34 III EStG zu vermeiden.

H. Festzusetzende Einkommensteuer

Zur Ermittlung der durch Steuerbescheid festzusetzenden Einkommensteuer (§ 155 I AO) ist die tarifliche Einkommensteuer (§ 2 VI 1 EStG) v. a. um die anzurechnenden ausländischen Steuern und die Steuerermäßigungen (§§ 34c–35a EStG) zu vermindern und ggf. um den Anspruch auf Kindergeld zu vermehren (§ 2 VI 3 EStG). **484**

Hinweis: Auch die Steuerermäßigungen sind Teil der Veranlagung. Nur die festgesetzte Steuer (§ 155 I AO) wird erhoben (Rn. 660).

I. Steuerermäßigungen

1. Ausländische Einkünfte, §§ 34c, 34d EStG

485 Das Einkommensteuerrecht erzeugt aufgrund seiner umfassenden Steuerpflicht (sog. Welteinkommensprinzip) zwangsläufig Fälle der Doppelbesteuerung. Um dies zu vermeiden, bestehen häufig vorrangige (§ 2 I AO) bilaterale Abkommen (sog. DBA). Subsidiär können auch nationale Vorschriften der Doppelbesteuerung abhelfen. Solche finden sich in den §§ 34c, 34d EStG.

486 Grundsätzlich erfolgt eine Anrechnung der auf ausländische Einkünfte (§ 34d EStG) im Ausland geleisteten Steuer auf die deutsche Einkommensteuer (§ 34c I EStG). Alternativ kann der Steuerpflichtige beantragen, die ausländische Steuer auf Ebene der Einkunftserzielung, d. h. als Betriebsausgabe oder Werbungskosten bei der jeweiligen Einkunftsart abzuziehen (§ 34c II EStG).

2. Parteispenden, § 34g EStG

487 Nach § 34g S. 1 EStG ermäßigt sich die tarifliche Einkommensteuer um Zuwendungen an politische Parteien (§ 2 PartG) und bestimmte Vereine ohne Parteicharakter („Rathausparteien“). Dabei beträgt die Ermäßigung 50 % der Ausgaben, höchstens aber 825 € (§ 34g S. 2 EStG). Folglich müssen 1.650 € gespendet werden, um die volle Steuerermäßigung zu erhalten.

488 In Abgrenzung dazu kann der Sonderausgabenabzug des **§ 10b II EStG** nur für Beträge über 1.650 € geltend gemacht werden. Da letzter die Bemessungsgrundlage mindert, entfaltet § 10b II EStG seine Wirkung abhängig vom individuellen Steuersatz. Dagegen wirkt § 34g S. 2 EStG progressionsunabhängig, um durchschnittlichen Einkommensempfängern einen besonderen Anreiz für Parteispenden zu bieten.

3. Haushaltsnahe Dienste, § 35a EStG

489 Aufwendungen für bestimmte haushaltsnahe Dienstleistungen können als Steuerermäßigung die tarifliche Einkommensteuer verringern (§ 35a EStG). **Haushaltsnah** ist eine Dienstleistung, wenn sie durch den privaten Haushalt begründet ist und typischerweise durch Mitglieder des privaten Haushalts erledigt wird (z. B. Kochen, Wäschepflege, aber auch der Winterdienst auf zum Haus gehörenden öffentlichen Wegen). Unterschiedliche **Höchstgrenzen** gelten jeweils für die Inanspruchnahme von Handwerkerleistungen für Renovierungs-, Erhaltungs- und Modernisierungsmaßnahmen (§ 35a III EStG) sowie für sonstige haushaltsnahe Dienstleistungen (§ 35a II EStG) und geringfügige Beschäftigungen (§ 35a I EStG). Voraussetzung für die Berück-

sichtigung ist die Vorlage einer Rechnung und des Belegs einer Überweisung an den Leistungserbringer (§ 35a V 3 EStG).

Hinweis: § 35a EStG ist nicht Ausdruck der subjektiven Leistungsfähigkeit des Steuerpflichtigen. Die Norm dient vielmehr der **Bekämpfung der Schwarzarbeit** im haushaltsnahen Bereich. Nicht nur deshalb ist sie steuerpolitisch stark umstritten.

II. Kindergeldaddition, § 2 VI 3 EStG

Da Unterhaltslasten nach § 31 S. 1 EStG nur alternativ durch das **490** Kindergeld oder die Freibeträge berücksichtigt werden, ist das im VZ bereits bezogene Kindergeld (§§ 31 S. 3, 62 ff. EStG) „zurückzuerstatten", wenn sich die Freibeträge nach § 32 VI EStG für den Steuerpflichtigen günstiger auswirken (§ 31 S. 4 EStG). Technisch wird dies umgesetzt, indem die Summe des gezahlten Kindergeldes der tariflichen Einkommensteuer hinzugerechnet wird, wenn das Einkommen um die Freibeträge nach § 32 VI EStG zu mindern ist (§ 2 VI 3 EStG).

I. Steuererhebung

I. Einführung

An das Veranlagungsverfahren, das sich der Ermittlung der festzu- **491** setzenden Steuerlast widmet und mit der Festsetzung der Steuerschuld endet (§§ 155 I, 157 AO), schließt sich die Steuererhebung **(§§ 218 ff. AO)** an. Auch wenn die Einkommensteuer bereits mit dem Ablauf des VZ entsteht (§§ 36 I, 25 I EStG), kann der Fiskus eine Zahlung erst nach Fälligkeit verlangen (§ 36 IV 1 EStG i.V.m. § 220 I AO).

Hätte der Steuerpflichtige die gesamte Steuerschuld auf einmal zu **492** zahlen, würde dies aufgrund der einmaligen finanziellen Belastung erhebliche Missbrauchsgefahren eröffnen; außerdem würde es zu Liquiditätsproblemen der öffentlichen Haushalte während des laufenden Jahres führen. Aus diesem Grund wurden die Erhebungsformen des Lohnsteuerverfahrens (§§ 38 ff. EStG), der Kapitalertragsteuer (§§ 43 ff. EStG) und der Vorauszahlung (§ 37 EStG) eingeführt.

II. Lohnsteuer, §§ 38 ff. EStG

Bei den Einkünften aus nichtselbständiger Arbeit (§ 19 EStG) wird **493** die Einkommensteuer durch laufenden Abzug vom Arbeitslohn erhoben (§ 38 I 1 EStG). Als besondere Form der Erhebung wird die Lohnsteuer nach **§ 36 II 1 Nr. 2 lit. a EStG** – vergleichbar einer **Vorauszahlung** – auf die festgesetzte Einkommensteuer angerechnet.

494 Werden Einkünfte im Rahmen eines Dienstverhältnisses erwirtschaftet, hat der Arbeitgeber die typischen Besteuerungsmerkmale seines Angestellten (Konfession, Familienstand, Kinder etc.) elektronisch bei der Finanzverwaltung abzurufen (**ELStAM**, § 39e EStG). Das Verfahren ersetzt die früher von der Gemeinde ausgestellte Lohnsteuerkarte. Anhand dieser Merkmale kann der Arbeitgeber aus der Lohnsteuertabelle den jeweils abzuführenden Betrag entnehmen.

495 Nach § 38 II 2 EStG entsteht die Lohnsteuer in dem Zeitpunkt, in dem der Arbeitslohn dem Arbeitnehmer zufließt. **Schuldner der Lohnsteuer** ist der Arbeitnehmer (§ 38 II 1 EStG). Verfahrenstechnisch wird sie vom Arbeitgeber einbehalten und im Namen und auf Rechnung des Arbeitnehmers abgeführt (§§ 38 III 1, 41a I 1 Nr. 2 EStG). Dem Arbeitnehmer wird nur der Nettolohn ausbezahlt. Soweit der Arbeitgeber den Lohnsteuerabzug unterlässt, haftet er für den daraus entstehenden Steuerausfall (§ 42d I Nr. 1 EStG).

496 **Bemessungsgrundlage** der Lohnsteuer ist der im gesamten Kalenderjahr voraussichtlich bezogene Arbeitslohn (sog. Jahresarbeitslohn) unter Berücksichtigung des Arbeitnehmer-Pauschbetrags (§ 9a S. 1 Nr. 1 lit. a EStG) und weiterer Hinzurechnungsbeträge (§§ 38a I 1, IV, 39a EStG).

III. Kapitalertragsteuer, §§ 43 ff. EStG

497 Auch die Kapitalertragsteuer ist systematisch zunächst nur eine Vorauszahlung und damit eine **besondere Form der Erhebung**. Sie wird vom Schuldner der Kapitalerträge einbehalten und auf Rechnung des Gläubigers an das Finanzamt abgeführt (§ 44 I 3, 5 EStG). Welche Kapitalerträge erfasst werden, ergibt sich im Einzelnen aus § 43 I EStG. Die Erhebung erfolgt unabhängig davon, ob der Kapitalertragsteuer Abgeltungswirkung zukommt, und ohne Rücksicht darauf, ob die Kapitalerträge zu Einkünften aus Kapitalvermögen (§ 20 I, II EStG) oder zu den vorrangigen Gewinneinkünften bzw. Einkünften aus Vermietung und Verpachtung gehören (§§ 43 IV, 20 VIII EStG). Die Kapitalertragsteuer ist aus Vereinfachungsgründen dem besonderen Tarif des § 32d I EStG angeglichen und beträgt nach § 43a I 1 Nr. 1 EStG grundsätzlich 25 %. Liegt ein **Freistellungsauftrag** (§ 44a II 1 Nr. 1 EStG) vor, ist der Steuerabzug nicht vorzunehmen. Dadurch wird der Sparer-Pauschbetrag i.H.v. 801 € (§ 20 IX EStG) berücksichtigt.

498 Im Anschluss an die Erhebung stellt sich die Frage nach der **Abgeltungswirkung** oder der Anrechnung auf die nach dem individuellen Regeltarif berechnete Einkommensteuer. Nach § 43 V 1 Hs. 1 EStG ist die Einkommensteuer für Einkünfte nach § 20 EStG grundsätzlich mit der Abführung der Kapitalertragsteuer abgegolten. Nur in dem Ausnahmefall, dass die Voraussetzungen der Abgeltungswirkung nicht gegeben sind, ist die Kapitalertragsteuer auf die unter Anwendung des individuellen Regeltarifs festgesetzte Einkommensteuer anzurechnen (**§ 36 II 1 Nr. 2 lit. a EStG**).

IV. Einkommensteuervorauszahlungen, § 37 EStG

Auf die Einkommensteuerschuld anzurechnen sind nach **§ 36 II Nr. 1 EStG** auch die vom Steuerpflichtigen ggf. vierteljährlich zu leistenden Vorauszahlungen. Wer und in welcher Höhe Vorauszahlungen zu leisten hat, setzt das Finanzamt mittels Vorauszahlungsbescheid fest (§ 37 III 1 EStG). Dies sind typischerweise Steuerpflichtige, deren Einkünfte (§§ 13, 15, 18, 21 EStG) nicht bereits von den besonderen Erhebungsformen erfasst werden. Aus Vereinfachungsgründen bemessen sich die Vorauszahlungen nach der hypothetischen Abschlusszahlung der letzten Veranlagung (§ 37 III 2 EStG). Sie können jedoch auf die voraussichtliche Steuerhöhe angepasst werden (§ 37 III 3 EStG). **499**

J. Personenvereinigungen im Einkommensteuerrecht

Nur natürliche Personen sind einkommensteuerpflichtig (§ 1 I 1 EStG). Daher können Steuersubjekt der Einkommensteuer auch bei Personenvereinigungen nur die jeweiligen Gesellschafter sein. Personenvereinigungen werden unabhängig von einer etwaigen zivilrechtlichen (Teil-)Rechtsfähigkeit **„transparent" besteuert**. Die Vereinigung dient damit lediglich als Hilfsmittel zur Einkünfteerzielung. **500**

Hinweis: Körperschaften sind Subjekte der Körperschaftsteuer (§ 1 I KStG). Schütten sie Gewinne an ihre Gesellschafter aus, erfolgt bei diesen eine erneute Besteuerung (§ 20 I Nr. 1 EStG).

I. Die Mitunternehmerschaft

Einkünfte aus Gewerbebetrieb sind gemäß § 15 I 1 Nr. 2 EStG sowohl die Gewinnanteile als auch die sog. Sondervergütungen der Gesellschafter einer oHG, KG oder anderen Gesellschaft, bei der der Gesellschafter als Mitunternehmer des Betriebs anzusehen ist. Folglich ist in zwei Schritten zu prüfen: 1. die Einordnung der Personenvereinigung als Mitunternehmerschaft und 2. die Beteiligung des Steuerpflichtigen als Mitunternehmer. **501**

1. OHG, KG und andere Gesellschaft

502 Auf der ersten Stufe wird lediglich die Personenmehrheit betrachtet. Unter den Begriffen „oHG, KG und andere Gesellschaft" erfasst das Steuerrecht nicht nur die handelsrechtlichen Personengesellschaften, sondern alle Zusammenschlüsse natürlicher Personen, die **keine juristische Person** sind. Taugliche Mitunternehmerschaften sind daher z. B. auch die GbR sowie die Erben- oder Gütergemeinschaft. Obwohl letztere als besondere Gesamthandsgemeinschaften zivilrechtlich keine (Teil-) Rechtsfähigkeit besitzen, genügt steuerrechtlich die verfestigte Binnenstruktur für die Annahme einer Mitunternehmerschaft.

2. Mitunternehmer

503 Weiterhin muss der Steuerpflichtige als Mitunternehmer beteiligt sein. Der Begriff des Mitunternehmers ist ein steuerrechtlicher **Typusbegriff**. Voraussetzung ist, dass der Steuerpflichtige an der Mitunternehmerschaft zivilrechtlich beteiligt ist, Mitunternehmerinitiative entfalten kann und Mitunternehmerrisiko trägt.

504 Die erforderliche **Beteiligung** wird regelmäßig durch die zivilrechtliche Gesellschafter- bzw. Gemeinschafterstellung vermittelt. Ausreichend kann aber auch eine rein schuldrechtliche Vereinbarung sein. Dies gilt v. a. bei Innengesellschaften (§§ 705 ff. BGB, Rn. 509).

505 Von **Mitunternehmerinitiative** ist auszugehen, wenn der Steuerpflichtige durch Stimm- und Kontrollrechte auf die unternehmerischen Entscheidungen Einfluss ausüben kann.

506 Von **Mitunternehmerrisiko** ist auszugehen, wenn der Steuerpflichtige Chancen und Risiken der eigenen unternehmerischen Entscheidungen trägt und insofern eine Teilnahme an Erfolg und Misserfolg des Unternehmens besteht (Rn. 134). Dies setzt typischerweise auch eine Beteiligung an stillen Reserven voraus.

3. Problemfälle

a) Stille Gesellschaft

507 Ist die Gesellschaft als stille Gesellschaft nach dem gesetzlichen Leitbild der §§ 230 ff. HGB ausgestaltet (sog. **typische stille Gesellschaft**), erzielt der stille Gesellschafter Einnahmen aus Kapitalvermögen (§ 20 I Nr. 4 EStG). Er ist während seiner Beteiligung zwar am laufenden Gewinn und Verlust beteiligt (§§ 231, 232 HGB), nicht jedoch an den stillen Reserven, da ihm im Fall seines Ausscheidens nur ein Anspruch auf Rückgewähr seiner Einlage zusteht (§ 235 I HGB). Eine gesellschaftsrechtliche Auseinandersetzung (§§ 738 I 2, 734 BGB), bei der er an den stillen Reserven partizipieren würde, ist nicht vorgesehen.

Aufgrund der Vertragsfreiheit kann die stille Gesellschaft auch **atypisch ausgestaltet** werden. Wird dem stillen Gesellschafter z. B. eine Beteiligung an den stillen Reserven eingeräumt, schlägt seine Stellung aufgrund des nunmehr ausgeprägteren Unternehmerrisikos in eine Mitunternehmerschaft um. Die Einkünfte sind folglich nicht mehr als solche aus Kapitalvermögen, sondern als solche aus der jeweiligen Gewinneinkunftsart einzuordnen (§ 20 I Nr. 4 a. E., VIII 1 EStG). 508

b) Verdeckte Mitunternehmerstellung

Als verdeckter Mitunternehmer kann nur bezeichnet werden, wer nicht unmittelbar Gesellschafter der gewerblich tätigen Personengesellschaft ist. Bestehen jedoch derart enge Rechtsbeziehungen zur Gesellschaft, dass die übrigen Voraussetzungen einer Mitunternehmerschaft gegeben sind, wird von einer sog. verdeckten Mitunternehmerschaft gesprochen. Die verdeckte Mitunternehmerschaft erfordert daher eine „Beteiligung", kraft derer der Betroffene Mitunternehmerrisiko trägt und Mitunternehmerinitiative entfalten kann. Diese Stellung kann durch eine atypische stille Gesellschaft oder eine sonstige Innengesellschaft vermittelt werden. Wegen der weitreichenden Rechtsfolgen ist bei der Annahme einer verdeckten Mitunternehmerschaft jedoch Zurückhaltung geboten. 509

II. Ermittlung der Einkünfte eines Mitunternehmers

Zu den Einkünften zählen die auf den Mitunternehmer entfallenden **Gewinnanteile** (§ 15 I 1 Nr. 2 S. 1 Hs. 1 EStG) sowie die Vergütungen, die der Gesellschafter von der Gesellschaft für seine Tätigkeit im Dienste der Gesellschaft, für die Hingabe von Darlehen oder die Überlassung von Wirtschaftsgütern bezogen hat (sog. **Sondervergütungen**, § 15 I 1 Nr. 2 S. 1 Hs. 2 EStG). 510

1. Gewinnanteile

Zur Ermittlung der individuellen Gewinnanteile ist zunächst der Gewinn der Gesellschaft zu ermitteln und den Gesellschaftern sodann im Verhältnis ihrer Anteile zuzurechnen. Da die Personengesellschaft kein Einkommensteuersubjekt, sondern lediglich Hilfsmittel zur Einkünfteerzielung ist, erfolgt diese Zurechnung unabhängig von einer etwaigen Gewinnausschüttung. Für die Gewinnermittlung ist nur die Gesellschaft zu betrachten, wobei die einkünfteerzielende Tätigkeit von den Gesellschaftern in Verbundenheit ausgeübt wird. 511

Hinweis: Verfahrensrechtlich werden die Gewinne auf Ebene der Gesellschaft mittels **Feststellungsbescheid** gesondert und einheitlich gegenüber allen Gesellschaftern festgestellt (§ 180 I 1 Nr. 2 lit. a AO). Bei der Veranlagung der Gesellschafter sind die verbindlich festgestellten Gewinnanteile lediglich zu übernehmen (§ 182 I AO).

512 Die maßgebliche **Gewinnermittlungsmethode** richtet sich nach der Tätigkeit der Personengesellschaft. Obwohl die Mitunternehmerschaft in § 15 I 1 Nr. 2 EStG und damit im Rahmen der gewerblichen Einkünfte kodifiziert ist, erzielt nicht jede Mitunternehmerschaft gewerbliche Einkünfte. Vielmehr ist eine Mitunternehmerschaft aufgrund der Verweisungen in den §§ 13 VII, 18 IV 2 EStG bei allen Gewinneinkunftsarten möglich. Daher ist die Natur der im Einzelfall ausgeübten Tätigkeit zu prüfen (§ 15 II 1 EStG) und danach die jeweilige Gewinnermittlungsmethode zu bestimmen (Rn. 375 ff.).

a) Freiberufliche Mitunternehmerschaft

513 Schließen sich mehrere Freiberufler i.S.d. § 18 I Nr. 1 EStG (z. B. Ärzte oder Rechtsanwälte) zu einer Mitunternehmerschaft zusammen, bilden sie nach §§ 18 IV 2, 15 I 1 Nr. 2 EStG eine sog. freiberufliche Mitunternehmerschaft. Neben der erleichterten Gewinnermittlungsmöglichkeit (§ 4 III EStG) besteht ein weiterer Vorteil in der Befreiung von der Gewerbesteuerpflicht. Erforderlich ist dafür nicht, dass alle Beteiligten derselben Branche angehören, solange nur jeder einzelne von ihnen eine freiberufliche Tätigkeit i.S.d. § 18 I Nr. 1 S. 2 EStG ausübt. Damit ist es z. B. unschädlich, wenn in einer Kanzlei Rechtsanwälte, Steuerberater und Wirtschaftsprüfer „partnerschaftlich" verbunden sind.

b) Abfärberegelung, § 15 III Nr. 1 EStG

514 Nach § 15 III Nr. 1 EStG gilt eine oHG, KG oder andere Personengesellschaft in vollem Umfang als Gewerbebetrieb, sobald die Gesellschaft ***auch* eine gewerbliche Tätigkeit** ausübt, ohne dass diese von der nicht gewerblichen Tätigkeit getrennt werden kann. Übt z. B. die ausschließlich aus Freiberuflern bestehende Personengesellschaft sowohl freiberufliche als auch gewerbliche Tätigkeiten aus, gilt grundsätzlich die gesamte Betätigung als gewerblich. Die Umqualifizierung unterbleibt nur ausnahmsweise, wenn die gewerbliche Tätigkeit von äußerst geringem Ausmaß ist, d. h. drei Prozent der Gesamtnettoerlöse der Gesellschaft und den Betrag von 24.500 € im Veranlagungszeitraum nicht übersteigt.

Eine solche Infizierung kann vermieden werden, indem die Gesellschafter neben der Freiberufler-GbR eine weitere Personengesellschaft mit entsprechenden Beteiligungsverhältnissen gründen (sog. **Ausgliederungsmodell**). Mittels letzterer kann die gewerbliche Tätigkeit, z. B. der Verkauf von Pflegeprodukten einer Ärzte-GbR, ohne Gefahr einer Abfärbung unternommen werden.

Wird ein Gewerbetreibender in eine Freiberufler-GbR aufgenommen, führt dies ebenfalls zu einer Umqualifizierung der gesamten freiberuflichen Einkünfte (Rn. 514). Da sich die freiberufliche Mitunternehmerschaft dadurch auszeichnet, dass *sämtliche* Mitunternehmer selbständige Tätigkeiten ausüben, verliert die Gesellschaft diese persönliche Prägung, sobald sich ein Gewerbetreibender beteiligt. **515**

Hinweis: Dagegen sind die Einkünfte einer GmbH & Co. KG nach § 15 III Nr. 2 EStG stets als solche aus Gewerbebetrieb anzusehen (sog. gewerblich geprägte Personengesellschaft), ohne dass es auf die ausgeübte Tätigkeit ankommt.

2. Sondervergütungen

Auf den ersten Blick verwundert die Einstufung der Vergütungen für erbrachte Tätigkeiten, gewährte Darlehen und überlassene Wirtschaftsgüter als Einkünfte aus gewerblicher Tätigkeit (§ 15 I 1 Nr. 2 EStG). Zivilrechtlich sind Verträge zwischen Gesellschaftern und teilrechtsfähigen Personenvereinigungen ohne weiteres möglich. Es steht daher zur Disposition der Gesellschafter, ob z. B. ein Grundstück in das Gesamthandsvermögen der Gesellschaft eingebracht oder ob es lediglich an die Gesellschaft vermietet wird. **516**

Dagegen fehlt den Personengesellschaften im Einkommensteuerrecht die Subjektfähigkeit (§ 1 I 1 EStG). Die angeführte Vermietung eines Grundstücks des Gesellschafters an die Gesellschaft scheitert daher steuerlich **mangels Zwei-Personen-Verhältnisses**. Während die Vermietung eines Grundstücks des Privatvermögens nach § 21 EStG besteuert wird, gelten derartige Einkünfte nun als gewerblich (§ 15 I 1 Nr. 2 S. 1 a. E. EStG). Dies gilt ebenso für den Einsatz der Arbeitskraft (§ 19 EStG) und die Überlassung von Geldmitteln (§ 20 I EStG). **517**

Hinweis: Gerechtfertigt wird diese Umqualifikation (§§ 15 I 1 Nr. 2, 20 VIII 1, 21 III EStG) mit einem Vergleich zum Einzelunternehmer. Wer ein Gewerbe alleine betreibt, entbehrt bereits zivilrechtlich der Möglichkeit, an sich selbst ein Grundstück zu vermieten und dadurch Betriebsausgaben zu erzeugen. Nichts anderes soll gelten, wenn mehrere Steuerpflichtige sich in einer Personengesellschaft zusammenschließen und als Mitunternehmer tätig werden.

518 Infolge der Umqualifizierung in gewerbliche Einkünfte wird z. B. ein vermietetes Grundstück zum notwendigen Betriebsvermögen, da es ausschließlich und unmittelbar dem Gesellschaftszweck dient. Da es aber nach den zivilrechtlichen Vermögensverhältnissen weiterhin im Eigentum des Gesellschafters steht, spricht man von **Sonderbetriebsvermögen**. Damit wird das Grundstück steuerverhaftet und stille Reserven können entstehen, die zum Zeitpunkt der Veräußerung oder Entnahme gewinnwirksam realisiert werden.

519 Neben der im Grundstück verkörperten Vermögenssubstanz sind auch die auf das Grundstück entfallenden erforderlichen Aufwendungen und Einnahmen steuerlich zu berücksichtigen.

Da das Sonderbetriebsvermögen den Sonderbetrieb des einzelnen Gesellschafters in der Personengesellschaft beschreibt, sind die Mietzahlungen der Personengesellschaft an den Gesellschafter auf Ebene der Gesellschaft zunächst als **Betriebsausgaben** anzuerkennen, so dass sie den nach den Gesellschaftsanteilen zu verteilenden Gewinn (§ 15 I 1 Nr. 2 S. 1 a. E. EStG) mindern.

Zusätzlich sind sie als **Sonderbetriebseinnahmen** des vermietenden Gesellschafters anzusehen. Im Gegenzug kann der vermietende Gesellschafter die Aufwendungen gewinnmindernd geltend machen, die durch die Sonderbetriebseinnahmen veranlasst sind. Hierzu zählen im Fall der Vermietung des Grundstücks z. B. die Gebäude-AfA und die Instandhaltungskosten. Diese Abzüge erfolgen im Sonderbetrieb des einzelnen Gesellschafters und werden daher als **Sonderbetriebsausgaben** bezeichnet.

Der Unterschiedsbetrag zwischen gewinnwirksamen Sonderbetriebseinnahmen und Sonderbetriebsausgaben wird dem jeweiligen Gewinnanteil als sog. **Sonderbetriebsergebnis** hinzugerechnet (§ 15 I Nr. 2 S. 1 a. E. EStG).

Hinweis: Um Verzerrungen zu vermeiden, gilt für die Ermittlung des Sonderbetriebsergebnisses die Gewinnermittlungsmethode, die in der Mitunternehmerschaft anzuwenden ist.

III. Vermögensverwaltende Personengesellschaften

520 Der Tatbestand der Mitunternehmerschaft ist nur im Rahmen der Gewinneinkünfte normiert (§§ 15 I Nr. 2, 13 VII, 18 IV 2 EStG). Fraglich ist daher, wie es zu behandeln ist, wenn eine Personengesellschaft oder Bruchteilsgemeinschaft (§§ 1008, 741 ff. BGB) **Überschusseinkünfte** (z. B. Mieteinkünfte einer Grundstück-VerwaltungsGbR) erzielt. Zivilrechtlich ist dies ohne weiteres möglich. In der Praxis sind solche Konstruktionen insbesondere bei Immobilien-Fonds üblich.

521 Nach § 1 I 1 EStG ist auch einer solchen Personenmehrheit die Steuersubjektsfähigkeit versagt. Folglich treten auch bei vermögensverwaltenden Personengesellschaften nur die einzelnen Gesellschafter

als Steuersubjekte auf. Das zivilrechtliche Gesamthandseigentum ist steuerlich wie Bruchteilseigentum zu behandeln (§ 39 II Nr. 2 AO). Aufgrund der in ihrer gesamthänderischen Verbundenheit ausgeübten Tätigkeit erzielen die Gesellschafter Überschusseinkünfte (z. B. § 21 EStG). Auf Ebene der Gesellschaft ist daher der **Überschuss** zu ermitteln (§§ 2 II 1 Nr. 2, 11 EStG) und anschließend den Gesellschaftern im Verhältnis ihrer Anteile zuzurechnen.

Hinweis: Obwohl die meisten Immobilien-Fonds als KG gestaltet sind, ist steuerlich nicht zwangsläufig von einer gewerblichen Tätigkeit auszugehen, da auch eine Immobilienverwaltung im „großen Stil" (§ 1 II HGB) der Einkunftsart des § 21 EStG unterfallen kann.

Die eigentliche Bedeutung des § 15 I Nr. 2 EStG liegt damit in der Umqualifizierung der **Sondervergütungen** (Rn. 516). Diese ist im Rahmen der vermögensverwaltenden Personengesellschaft nicht vorgesehen, da solche Personenmehrheiten über kein Betriebsvermögen verfügen. 522

Kapitel 2. Abgabenordnung

A. Aufbau der AO

Die AO enthält neben Begriffsbestimmungen und verfahrensrechtlichen Vorschriften u. a. auch materielles Steuerrecht. Sie wird daher oft als **„Steuergrundgesetz"** bezeichnet. Dadurch werden die Einzelsteuergesetze entlastet und eine einheitliche Behandlung sichergestellt. 523

Die AO beginnt in ihrem **1.–3. Teil** mit vor die Klammer gezogenen Begriffsbestimmungen, Definitionen und allgemeinen Verfahrensregelungen.

Der **4.–6. Teil** der AO zeichnet den Gang des Besteuerungsverfahrens nach. Zunächst ist der steuerlich relevante Sachverhalt zu ermitteln. Im Anschluss daran wird aufgrund der festgestellten Tatsachenlage die ermittelte Steuer durch einen besonderen VA, den Steuerbescheid, festgesetzt. Diese beiden Schritte werden im 4. Teil der AO unter dem Begriff „Veranlagungsverfahren" zusammengefasst (Rn. 524 ff.). Die festgesetzte Steuer ist nach Maßgabe des 5. Teils der AO zu erheben (Erhebungsverfahren, Rn. 660 ff.) und ggf. im Wege der Vollstreckung zwangsweise beizutreiben (Vollstreckungsverfahren, 6. Teil, Rn. 684 ff.).

Beabsichtigt ein Betroffener gegen einen ihn betreffenden VA vorzugehen, sieht die AO den außergerichtlichen Rechtsbehelf des Einspruchs vor (**7. Teil**).

Der **8. Teil** der AO enthält besondere Vorschriften über steuerliche Straftaten und Ordnungswidrigkeiten. Diese *leges speciales* (§§ 369 II, 377 II AO) betreffen sowohl das materielle Recht als auch das Verfahrensrecht.

B. Veranlagungsverfahren

Die Durchführung der Besteuerung ist im 4. Teil der AO geregelt. 524
Die Festsetzung des Steueranspruchs durch Steuerbescheid (§§ 155 ff. AO) setzt voraus, dass die Finanzbehörde von dem steuerbaren Sachverhalt erfährt bzw. diesen ermittelt (§§ 137 ff., 85 ff. AO).

I. Ermittlungsverfahren

Das Besteuerungsverfahren beginnt daher mit der der Finanzverwal- 525
tung obliegenden Ermittlung der Besteuerungsgrundlagen. Nach § 199 I AO sind dies die Tatsachen, die unter den abstrakten Steuertat-

bestand subsumiert werden können. Die **Feststellungslast** für den steuerbegründenden Sachverhalt tragen grundsätzlich die Finanzbehörden.

1. Besteuerungsgrundsätze

a) Legalitätsprinzip, § 85 AO

526 Nach dem im Rechtsstaatsprinzip (Art. 20 III GG) verankerten Legalitätsprinzip haben die Finanzbehörden die Steuern nach Maßgabe der Gesetze gleichmäßig festzusetzen und zu erheben (§ 85 S. 1 AO). Damit folgen aus dem Rechtsstaatsprinzip neben einer generellen Aufgabeneröffnung für die Finanzbehörden folgende Grundsätze:

Die **Gesetzmäßigkeit** der Besteuerung enthält das Gebot, nur solche Steueransprüche geltend zu machen, die nach den materiellen Steuergesetzen entstanden sind (sog. Vorrang und Vorbehalt des Gesetzes).

Die **Gleichmäßigkeit** der Besteuerung verbietet willkürliche Unterschiede im Rahmen der Festsetzung und Erhebung. Nur soweit Normen eine Steuererhebung in das Ermessen stellen (sog. Opportunitätsprinzip, vgl. z. B. § 191 AO), sind die Finanzbehörden von einer verpflichtenden Steuererhebung befreit.

b) Kooperationsmaxime, §§ 88, 90 AO

527 Im Besteuerungsverfahren ermittelt die Finanzbehörde den Sachverhalt von Amts wegen (§ 88 I 1 AO). Dabei bestimmt sie Art und Umfang der Ermittlungen und leitet das Besteuerungsverfahren gemäß §§ 86 S. 2 Nr. 1, 85 S. 1 AO von Amts wegen ein (sog. **Offizialmaxime**). Die Finanzbehörden haben den Sachverhalt sowohl zu Ungunsten als auch zu Gunsten des Steuerpflichtigen zu ermitteln (§ 88 I 2 AO). Der Umfang der Ermittlungspflichten (§ 88 II AO) und die Auswahl der Beweismittel (§ 92 AO) richten sich nach den Umständen des Einzelfalls. Dabei hat sich das Finanzamt nicht nur an den Grundsätzen der Gleichmäßigkeit, Gesetzmäßigkeit und Verhältnismäßigkeit zu orientieren (§ 88 II 1 AO), sondern auch allgemeine Erfahrungswerte sowie die Wirtschaftlichkeit und Zweckmäßigkeit des Verwaltungshandelns zu berücksichtigen (§ 88 II 2 AO). Dadurch wird die Grundlage für die automationsunterstützte Veranlagung gelegt.

528 Da es den Finanzbehörden unmöglich ist, alle steuerrelevanten Tatsachen zu ermitteln, wird der Untersuchungsgrundsatz durch zahlreiche **Mitwirkungspflichten** der Beteiligten ergänzt (§§ 90 ff. AO). Danach haben die Beteiligten die für die Besteuerung erheblichen Tatsachen vollständig und wahrheitsgemäß offenzulegen. Dieses Zusammenspiel zwischen Amtsermittlungsgrundsatz und Mitwirkungspflichten der Beteiligten wird als **Kooperationsmaxime** bezeichnet.

c) Beratung und Auskunft, § 89 AO

Die Finanzbehörden sollen die Abgabe von Anträgen und Erklärungen anregen, wenn diese offensichtlich nur versehentlich oder aus Unkenntnis unterblieben sind (**§ 89 I 1 AO**). Ferner haben sie über die allgemeinen Rechte und Pflichten im konkret durchzuführenden Besteuerungsverfahren Auskunft erteilen (**§ 89 I 2 AO**). Diese allgemeinen Grundsätze des Besteuerungsverfahrens sind Ausprägungen der **allgemeinen Fürsorgepflicht** der Behörde. **528a**

Über die steuerliche Beurteilung von genau bestimmten, noch nicht verwirklichten Sachverhalten können (§ 5 AO) die Finanzämter auf Antrag **verbindliche Auskünfte** erteilen, wenn daran im Hinblick auf die erheblichen steuerlichen Auswirkungen ein besonderes Interesse besteht (**§ 89 II 1 AO**). Aufgrund der Bindungswirkung ist die Auskunft ein VA (§ 118 S. 1 AO), dessen Bestandskraft nur nach **§§ 130, 131 AO** durchbrochen werden kann. Die verbindliche Auskunft nach § 89 II AO findet keine Anwendung, soweit sie durch eine speziellere Auskunftsregelung (z.B. § 42e EStG) verdrängt ist. **528b**

2. Beweismittel des Finanzamts, § 92 AO

Wurde der Steuerpflichtige nach §§ 137 ff. AO erfasst, hat die Finanzbehörde den Sachverhalt von Amts wegen zu ermitteln (§ 88 I 1 AO, sog. **Untersuchungsgrundsatz**). Hierzu bedient sie sich der Beweismittel, die sie nach pflichtgemäßem Ermessen für erforderlich hält (§§ 92 S. 1, 5 AO). Nach § 92 S. 2 AO kann sie insbesondere den Beteiligten oder andere Personen zur Auskunft heranziehen (§ 93 AO), Sachverständige beauftragen (§ 96 AO), Urkunden und Akten beiziehen (§ 97 AO) oder Augenschein einnehmen (§ 98 AO). Ausweislich des Wortlauts („insbesondere“) ist die Aufzählung nicht abschließend. Die aufgeführten Maßnahmen stellen Verwaltungsakte (§ 118 S. 1 AO) dar, die auch im Fall ihrer Rechtswidrigkeit grundsätzlich wirksam sind (§§ 124 I, 125 I AO). Die Mitwirkungspflichten sind durch die Verweigerungsrechte (§§ 101 ff., 104 AO) begrenzt. **529**

Hinweis: Wurde gegen die gesetzlichen Anforderungen verstoßen, sind die auf diese Weise erlangten Tatsachen grundsätzlich gleichwohl **verwertbar**. Der Steuerpflichtige kann die rechtswidrige Ermittlungsmaßnahme zwar angreifen. Ein selbständiges Verwertungsverbot gewährt die Rechtsprechung aber nur ausnahmsweise und begrenzt auf den verfassungsrechtlich geschützten Bereich.

Als Ausgleich für die Mitwirkungspflichten sind die von den Beteiligten und anderen Personen offenbarten Tatsachen durch das **Steuer-** **530**

geheimnis (§§ 30 ff. AO) geschützt. Nach § 30 I AO haben Amtsträger (§ 7 AO) oder ihnen nach § 30 III AO gleichgestellte Personen das Steuergeheimnis zu wahren. Konkretisiert ist diese Vorgabe in § 30 II AO. Danach ist es den genannten Personen u. a. untersagt, Verhältnisse eines anderen, die dienstlich bekannt geworden sind, unbefugt zu offenbaren. Dienstlich erlangt ist alles, was Gegenstand in einem Steuer- oder Strafverfahren war oder durch Mitteilung einer Finanzbehörde oder durch Vorlage eines Steuerbescheids bzw. einer Steuerbescheinigung bekannt wurde. Auch soweit im Rahmen der Ausübung einer Amtshandlung Tatsachen nur „bei Gelegenheit" erfahren wurden, unterstehen diese dem Schutz des Steuergeheimnisses.

Hinweis: Ein besonderes Verweigerungsrecht der Banken existiert nicht. Als Nicht-Beteiligte sind sie nach §§ 93, 97 AO zur Auskunft und Vorlage von Urkunden (z. B. Kontoauszügen) verpflichtet. Im Umkehrschluss zu § 102 I AO gilt das zivilrechtlich in den **AGB-Banken** vereinbarte Bankgeheimnis gegenüber dem Finanzamt nicht.

3. Besondere Mitwirkungspflichten

531 Die Mitwirkungspflichten der Beteiligten (§ 90 I 1 AO) sind zum Teil durch Buchführungs- und Aufzeichnungspflichten (§§ 140–148 AO) sowie durch Erklärungspflichten (§§ 149 ff. AO) konkretisiert.

a) Buchführungs- und Aufzeichnungspflichten

532 Von besonderer Bedeutung für die Gewinnermittlung im EStG (§ 2 II 1 Nr. 1 EStG) ist die Pflicht zur Führung von Büchern (§§ 5 I 1 EStG, 8 I 1 KStG). Diese Pflicht kann sich u. a. aus zivilrechtlichen Vorschriften (z. B. §§ 238 ff., 264 ff., 290 ff. HGB, § 91 I AktG, § 41 GmbHG) ergeben. Eine sich aus anderen Gesetzen ergebende Buchführungs- und Aufzeichnungspflicht ist nach **§ 140 AO** zugleich eine steuerrechtliche Pflicht (sog. **derivative Buchführungspflicht**).

533 Davon ist die **originäre Buchführungspflicht (§ 141 AO)** zu unterscheiden. Sie betrifft nur gewerbliche Unternehmer (§ 15 EStG) sowie Land- und Forstwirte (§ 13 EStG), die nach den Feststellungen der Finanzbehörden bestimmte Umsatz- oder Gewinngrenzen überschritten haben. Sie ist nach § 141 II 1 AO vom Beginn des Wirtschaftsjahres an zu erfüllen, das auf die Bekanntgabe einer entsprechenden finanzbehördlichen Mitteilung (§ 118 S. 1 AO) folgt. Die handelsrechtlichen Vorschriften gelten sinngemäß (§ 141 I 2 AO).

Hinweis: Der Inhalt der Buchführungs- und Aufzeichnungspflichten wird in den §§ 145–147 AO durch die wichtigsten Grundsätze ordnungsgemäßer Buchführung (GoB) konkretisiert.

Für **Freiberufler** besteht auch nach dem Steuerrecht keine Buchführungspflicht. Der Gewinn kann wahlweise durch Einnahmen-Überschuss-Rechnung (§ 4 III EStG) oder durch *freiwilligen* Betriebsvermögensvergleich (§ 4 I EStG) ermittelt werden. **534**

b) Pflicht zur Abgabe der Steuererklärung

Da die steuerrelevanten Tatsachen ganz überwiegend der Sphäre des Steuerpflichtigen entstammen, kann regelmäßig nur er Auskunft über sie geben. Die Steuererklärung ist daher die **wichtigste Grundlage des Besteuerungsverfahrens**. Trotz des Amtsermittlungsgrundsatzes (§ 88 I 1 AO) dürfen die Finanzbehörden im Regelfall davon ausgehen, dass die Angaben des Steuerpflichtigen in der Steuererklärung vollständig und richtig sind. **535**

Abgabepflicht: Wer zur Abgabe einer Steuererklärung verpflichtet ist, bestimmen nach **§ 149 I 1 AO** die Einzelsteuergesetze. Im Bereich des Einkommensteuerrechts ist eine Erklärungspflicht in **§ 25 III EStG** vorgesehen und durch § 56 EStDV konkretisiert. Subsidiär ist außerdem derjenige erklärungspflichtig, der hierzu von den Finanzbehörden aufgefordert wird (§ 149 I 2 AO). Eine konkludente Aufforderung liegt in der Übersendung der Steuererklärungsvordrucke.

Rechtsnatur: Die Steuererklärung ist primär eine **Wissenserklärung**. Durch Angabe der für die Besteuerung relevanten Tatsachen (z. B. Höhe der Einnahmen) ermöglicht der Steuerpflichtige dem Finanzamt eine Subsumtion unter das anzuwendende Steuergesetz. Daneben kann die Steuererklärung durch die Ausübung von Wahlrechten (z. B. § 26 II 1 EStG) auch **Willenserklärungen** enthalten. Da die Abgabe von Wissenserklärungen nur höchstpersönlich erfolgen kann, ist eine Bevollmächtigung unzulässig.

Form und Inhalt: Gemäß §§ 87, 150 I 1 AO sind Steuererklärungen in deutscher Sprache *nach* amtlich vorgeschriebenem Vordruck abzugeben, sofern die Abgabe einer elektronischen Steuererklärung nicht vorgeschrieben ist oder freiwillig erfolgt (§ 150 VI AO). Dies schließt die Möglichkeit der Verwendung privater Ablichtungen und Vordrucke ein, die mit den amtlichen Formularen übereinstimmen. Die Einkommensteuererklärung ist nach § 150 III 1 AO i.V.m. § 25 III 1 EStG **eigenhändig zu unterschreiben** und mit den nötigen Unterlagen einzureichen (§ 150 IV 1 AO). Allerdings büßt die Notwendigkeit der eigenhändigen Unterschrift mit der zunehmenden Zahl elektronisch abgegebener Erklärungen (§ 25 IV 1 EStG, § 87a VI AO) immer mehr **535a**

an Bedeutung ein. Die inhaltlichen Angaben sind wahrheitsgemäß zu machen, § 150 II AO.

Die **Frist** zur Abgabe einer Steuererklärung richtet sich primär nach den jeweiligen Einzelsteuergesetzen (§ 149 II 1 AO). Soweit dort keine Regelungen existieren, ist die Steuererklärung spätestens sieben Monate nach Ablauf des Kalenderjahres einzureichen, auf das sie sich bezieht. Für die Einkommensteuer als Jahressteuer (§§ 2 VII 1, 25 I EStG) gilt mangels abweichender spezialgesetzlicher Regelung damit eine Abgabefrist **bis zum Ablauf des 31. Juli des Folgejahres**. Für Steuerpflichtige, die sich zur Erstellung ihrer Steuererklärung eines Steuerberaters bedienen, verlängert sich die Abgabefrist sogar bis Ende Februar des übernächsten Jahres (§ 149 III AO). Darüber hinaus ist eine Verlängerung der Erklärungsfrist gemäß § 109 I 1 AO zwar grundsätzlich möglich, gemäß § 109 II AO aber nur, wenn der Steuerpflichtige die verspätete Abgabe nicht selbst verschuldet hat.

c) Verspätungszuschlag, § 152 AO

536 Kommt der Steuerpflichtige seiner aus §§ 149 ff. AO i.V.m. § 25 III EStG folgenden Pflicht zur Abgabe einer Steuererklärung in schuldhafter Weise (§ 152 I 2 AO) **nicht oder verspätet** nach, kann (§ 5 AO) die Finanzbehörde ihm gegenüber einen Verspätungszuschlag festsetzen (§§ 152 I 1, 118 AO). Dieses Ermessen ist bei einem Großteil der Erklärungen durch § 152 II AO eingeschränkt. Handelt es sich nämlich um eine Erklärung, die sich auf ein Kalenderjahr bezieht – wie z. B. die Einkommensteuererklärung (§§ 2 VII, 25 I, II EStG) – oder die auf einen gesetzlich vorgeschriebenen Zeitpunkt abzugeben ist, so ist das Finanzamt unabhängig von der Frage nach dem Verschulden des Steuerpflichtigen dazu verpflichtet, bei verspäteter Abgabe einen Verspätungszuschlag festzusetzen.

537 Die Höhe des Verspätungszuschlags richtet sich nach § 152 V–IX AO. Dabei beträgt der Verspätungszuschlag für Steuererklärungen, die sich auf ein Kalenderjahr oder einen gesetzlich bestimmten Zeitpunkt beziehen, für jeden angefangenen Monat der eingetretenen Verspätung 0,25 Prozent der um die festgesetzten Vorauszahlungen und die anzurechnenden Steuerabzugsbeträge verminderten festgesetzten Steuer, mindestens jedoch 25 Euro für jeden angefangenen Monat der eingetretenen Verspätung (§ 152 V 2 AO). Absolut darf der Verspätungszuschlag die Grenze von 25.000 Euro nicht überschreiten (§ 152 X AO).

Hinweis: Gibt der Steuerpflichtige **keine Steuererklärung** ab, wäre es grundsätzlich denkbar, eine Handlungsvollstreckung nach §§ 249 ff., 328 ff. AO vorzunehmen. Um jedoch das Verfahren zu beschleunigen und indirekt Druck auf den Steuerpflichten auszuüben, werden die Besteuerungsgrundlagen (§§ 157 II, 199 I AO) in der Praxis regelmäßig **geschätzt** (§§ 162, 149 I 4 AO) und die auf dieser Grundlage festgesetzte Steuer als Geldforderung (z. B. durch Kontopfändung) sogleich vollstreckt.

II. Festsetzungsverfahren

An die Ermittlung des Sachverhalts schließt sich die Festsetzung der **538**
Steuer an. Der Steuerbescheid (§ 155 I 1 AO) ist ein besonderer Steuerverwaltungsakt. Neben den allgemeinen Vorschriften (§§ 118 ff. AO) finden auch die *leges speciales* der §§ 155–177 AO Anwendung.

1. Steuerverwaltungsakte

a) Allgemeine Anforderungen, §§ 118 ff. AO

Wie § 35 S. 1 VwVfG definiert § 118 S. 1 AO den VA als jede Ver- **539**
fügung, Entscheidung oder andere hoheitliche Maßnahme, die eine Behörde zur Regelung eines Einzelfalls auf dem Gebiet des öffentlichen Rechts trifft und die auf unmittelbare Rechtswirkung nach außen gerichtet ist. Der VA ist in formell und materiell rechtmäßiger Weise zu erlassen. Wird er dies nicht, ist er zwar rechtswidrig, jedoch bis auf die Fälle der Nichtigkeit (§§ 124 III, 125 AO) gleichwohl wirksam (§ 124 II AO). Ein Einspruch (§ 347 I Nr. 1 AO) hätte Erfolg.

aa) Einteilung der Steuerverwaltungsakte

Neben der aus dem Verwaltungsrecht bekannten Unterscheidung **540**
von begünstigenden und belastenden, gebundenen und Ermessensverwaltungsakten, deklaratorischen und konstitutiven VA enthält die AO zusätzlich die Untergliederung in Steuerbescheide, ihnen gleichgestellte Bescheide sowie sonstige Steuerverwaltungsakte. Während auf **sonstige Steuerverwaltungsakte** im Allgemeinen nur die §§ 118 ff. AO Anwendung finden, sind für **Steuerbescheide** und **ihnen gleichgestellte VA** vorrangig die **§§ 155–177 AO** zu beachten. Diese Normen enthalten neben reinen Formvorschriften v. a. Regelungen über die Festsetzungsverjährung (§§ 169 ff. AO) und die Bestandskraft (§§ 172 ff. AO). Welche VA den Steuerbescheiden gleichgestellt sind, bestimmt die AO jeweils ausdrücklich, indem die „Vorschriften über die Durchführung der Besteuerung“ sinngemäß für anwendbar erklärt werden (z. B. § 181 I 1 AO). Im Einzelnen:

Steuerbescheide und ihnen gleichgestellte Bescheide:

- Steuerbescheid (§ 155 I 1 AO)
- Freistellungs- und Ablehnungsbescheid (§ 155 I 3 AO)
- Vorauszahlungsbescheid (§ 164 I 2 AO)
- Aufhebung des Vorbehalts der Nachprüfung (§ 164 III 2 AO)
- Steueranmeldung (§ 168 S. 1 AO)
- Feststellungsbescheid (§ 181 I 1 AO)
- Steuermessbescheid (§ 184 I 3 AO)
- Zinsbescheid (§ 239 I 1 AO)

Sonstige Steuerverwaltungsakte (nicht abschließend):

- Fristverlängerung (§ 109 I 1 AO)
- Verspätungszuschlag (§ 152 I 1 AO)
- Haftungsbescheid (§ 191 I 1 AO)
- Prüfungsanordnung (§ 196 AO)
- Stundungsverfügung (§ 222 S. 1 AO)
- Erlass (§ 227 AO)
- Leistungsgebot (§ 254 I 1 AO)
- Zwangsgeldandrohung (§ 332 I 1 AO)
- Zwangsgeldfestsetzung (§ 333 AO)

bb) Rechtmäßigkeit und Nichtigkeit

(1) Formelle Rechtmäßigkeit

541 Die **sachliche Zuständigkeit** regelt die Verteilung der Aufgaben auf die verschiedenen Finanzbehörden (§ 16 AO). Während die Bundesbehörden nur für die ihnen abschließend zugewiesenen Aufgaben zuständig sind, verwalten die Länder die übrigen Steuern (Art. 108 I, II GG). Sie tragen damit die Hauptaufgabe. Den Finanzämtern als örtlichen Landesbehörden obliegt die Verwaltung der meisten Steuerarten (§ 17 II FVG). Eine Verletzung der Vorschriften über die sachliche Zuständigkeit führt zur Rechtswidrigkeit, nicht aber zur Nichtigkeit des VA (§ 125 III Nr. 1 AO *e contrario*).

542 Die Vorschriften über die **örtliche Zuständigkeit** grenzen den räumlichen Aufgabenbereich der Finanzbehörden ab. Für die Einkommensteuer bestimmt § 19 I 1 AO die Zuständigkeit des Finanzamts am Wohnsitz (§ 8 AO), subsidiär dazu am gewöhnlichen Aufenthaltsort des Steuerpflichtigen (§ 9 AO). Die wichtigste Ausnahme hierzu enthält § 19 III 1 AO. Danach ist eine vom Wohnsitzfinanzamt abweichende örtliche Zuständigkeit des Lage-, Betriebs- oder Tätigkeitsfinanzamts (§ 18 I Nr. 1, 2 oder 3 AO) in solchen Fällen begründet, in denen der Steuerpflichtige in einer Großstadt wohnt, deren Gebiet auf mehrere Finanzämter aufgeteilt wurde. Dadurch wird die sonst nach § 180 I Nr. 2 lit. b AO notwendige gesonderte Feststellung vermieden. Verletzungen der Vorschriften über die örtliche Zuständigkeit führen nicht zur Nichtigkeit des VA (§ 125 III Nr. 1 AO), sondern nur zur formellen Rechtswidrigkeit. Zu beachten ist darüber hinaus der mit § 46 VwVfG identische § 127 AO.

Nach § 121 I AO ist ein Steuerverwaltungsakt mit einer **Begründung** **543**
zu versehen, soweit dies zu seinem Verständnis erforderlich ist. Um einen effektiven Rechtsschutz zu ermöglichen, ist eine Begründung v. a. dann erforderlich, wenn der VA in Rechte des Betroffenen eingreift. Fehlt die Begründung, ist der VA zwar wirksam, aber formell rechtswidrig. Eine Heilung ist möglich (§ 126 I Nr. 2, II AO). Die inhaltliche Richtigkeit der Begründung ist für die formelle Rechtmäßigkeit nicht erforderlich.

Hinweis: Für die Form zählt § 119 II AO einen § 37 II VwVfG vergleichbaren Katalog an Möglichkeiten auf. Regelmäßig bestehen aber spezielle Formerfordernisse, z. B. die Schriftformerfordernisse in §§ 157 I 1, 191 I 3, 196 AO. Die Schriftform kann das Finanzamt durch die elektronische Form ersetzen, soweit nicht ausdrücklich etwas anderes bestimmt ist (§ 87a IV 1 AO); dabei sind die Anforderungen an die Datensicherheit zu wahren (§ 87a I 3 AO).

(2) Materielle Rechtmäßigkeit

Nach dem Legalitätsprinzip muss der VA von einer **Rechtsgrundlage** gedeckt sein, d. h. deren **tatbestandliche Voraussetzungen** erfüllen und die vorgegebene Rechtsfolge einhalten. Daher sind die festgestellten Lebenssachverhalte unter die jeweilige Rechtsgrundlage zu subsumieren und mit der Rechtsfolge zu vergleichen. Fehler führen regelmäßig nur zur Rechtswidrigkeit des VA, nicht aber zu dessen Nichtigkeit. **544**

Weiterhin muss der Tenor des VA **ausreichend bestimmt** sein (§ 119 I AO). Eine unbestimmte Regelung kann nicht befolgt werden, weswegen ein solcher VA nach § 125 I AO nichtig ist. **545**

b) Einkommensteuerbescheid

Nach Auswertung der Steuererklärung und Vornahme ggf. erforderlicher weiterer Ermittlungsmaßnahmen schließt das Finanzamt die Veranlagung mit dem Erlass eines Steuerbescheids ab. **546**

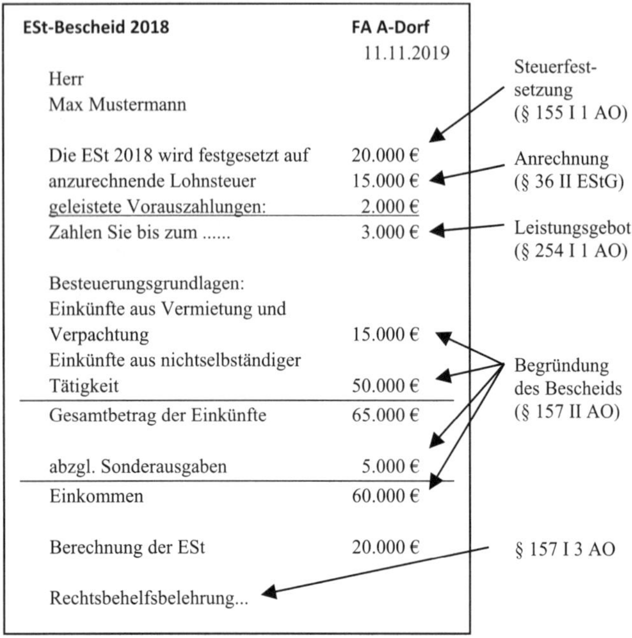

547 Inhaltlich sind zu unterscheiden:

(1) Mit der **Festsetzungsverfügung** wird die Steuerschuld festgesetzt. Dies ist der eigentliche Steuerbescheid i.S.d. § 155 I 1 AO als Endpunkt der Veranlagung.

(2) Mittels der **Anrechnung** werden die vom Steuerpflichtigen bereits entrichteten Leistungen (z. B. Vorauszahlungen) von der zuvor festgesetzten Steuerschuld subtrahiert (§ 36 II EStG).

(3) Mit dem **Leistungsgebot** wird der Steuerpflichtige aufgefordert, die noch ausstehende Steuerschuld (§ 36 IV 1 EStG) bis zu einem bestimmten Termin zu begleichen. Das Leistungsgebot ist nach § 254 I 1 AO allgemeine Vollstreckungsvoraussetzung (Rn. 685).

aa) Inhalt und Form der Steuerfestsetzung

548 Der Anspruch des Fiskus gegen den Steuerpflichtigen auf Zahlung der Einkommensteuer entsteht mit Ablauf des VZ, d. h. mit Ablauf des Kalenderjahres am 31.12. (§§ 36 I, 25 I EStG, 38 AO). Da aber weder das Finanzamt noch der Steuerpflichtige die genaue Höhe der Steuerschuld kennen, sollen die steuerrelevanten Tatsachen zunächst ermittelt und die so berechnete Steuerschuld durch den Steuerbescheid festgesetzt werden (§ 155 I 1 AO). Der Steuerbescheid schließt das Veranlagungsverfahren ab und ist nach § 218 I 1 AO Grundlage der Steuererhebung.

Für Form und Inhalt enthält § 157 AO folgende **Besonderheiten**: **549**

(1) Steuerbescheide bedürfen abweichend von § 119 II 1 AO der Schriftform (**§ 157 I 1 AO**). Ein Verstoß hat die Nichtigkeit zur Folge (§ 125 I AO). Auch die Übermittlung durch Fax genügt der Schriftform. Der Erlass eines Steuerbescheids per Email ist in § 87a IV1 AO angelegt.

(2) § 157 I 2 AO modifiziert den Bestimmtheitsgrundsatz (§ 119 I AO). Danach muss der Tenor eines Steuerbescheids die festgesetzte Steuer nach Art und Betrag bezeichnen und erkennen lassen, wer die Steuer schuldet. Die Art der Steuer umfasst auch den maßgeblichen VZ. Der **Tenor** könnte lauten: „*Die Einkommensteuer 2018 für ... wird festgesetzt auf 20.000 €.*". Fehlt eine dieser Angaben, ist der Bescheid mangels ausreichender Bestimmtheit nichtig (§ 125 I AO). Ist eine der Angaben nur inhaltlich unrichtig, ist der VA rechtswidrig, aber wirksam.

(3) Wie andere VA (§ 121 I AO) ist auch der Steuerbescheid zu begründen. Die Besonderheit liegt darin, dass ein Anspruch festgesetzt wird, dessen Berechnung sich anhand bestimmter Tatsachen aus der Subsumtion des materiellen Steuerrechts ergibt. Daher ist in der Begründung der Rechenweg aufzuzeigen, den die Finanzbehörde im Rahmen der Steuerfestsetzung beschritten hat. Die Zusammenfassung der ermittelten tatsächlichen und rechtlichen Verhältnisse, die für die Bemessung der Steuer maßgebend waren, werden als Besteuerungsgrundlagen bezeichnet (§ 199 I AO). Der aufgezeigte Rechenweg ist lediglich Teil der Begründung, beinhaltet also keine eigenständige Regelungsanordnung. Die Besteuerungsgrundlagen stellen daher keinen selbständig anfechtbaren Teil des Steuerbescheids dar (**§ 157 II AO**).

(4) Steuerbescheiden ist nach **§ 157 I 3 AO** eine Rechtsbehelfsbelehrung beizufügen. Unterbleibt dies oder ist die Rechtsbehelfsbelehrung unrichtig, ist der Steuerbescheid weder formell noch materiell rechtswidrig. Es verlängert sich lediglich die Einspruchsfrist auf ein Jahr (§ 356 II AO).

bb) Zusammengefasste Bescheide

Grundsätzlich beinhaltet eine Steuerfestsetzung den Steueranspruch gegenüber einem Steuerpflichtigen. Liegt jedoch eine Gesamtschuld (§ 44 I 1 AO) vor, so dass mehrere Personen dieselbe Leistung schulden, ermöglicht **§ 155 III 1 AO** den Erlass zusammengefasster Steuerbescheide. Dies bedeutet, dass mehrere selbständige, aber inhaltsgleiche Steuerbescheide zur Verfahrensvereinfachung in einer Urkunde zusammengefasst sind (zur Übermittlung siehe Rn. 559). Insofern handelt es sich rechtlich um getrennt zu beurteilende VA, die **lediglich äußerlich in einer Urkunde verbunden** sind. **550**

551 Ein zusammengefasster Steuerbescheid ergeht typischerweise gegenüber **zusammenveranlagten Ehegatten** (§ 26b EStG). Nach § 44 I 1 AO begründet dies einen gesetzlichen Fall der Gesamtschuld, so dass die Steuerfestsetzung gegenüber beiden Ehegatten in derselben Urkunde erfolgen kann (§ 155 III 1 AO).

cc) Exkurs: Anrechnungsverfügung

552 Neben der Festsetzung i.S.d. § 155 I 1 AO enthalten Einkommensteuerbescheide (i.w.S.) regelmäßig auch eine sog. Anrechnungsverfügung. Die Anrechnung führt die in **§ 36 II EStG** vorgesehene Subtraktion durch, d. h. von der festgestellten Steuerschuld wird der Betrag abgezogen, den der Steuerpflichtige mittels Vorauszahlungen (Nr. 1) und Steuerabzugsbeträgen (Nr. 2, Rn. 493 ff., 497 ff.) bereits entrichtet hat. Die Anrechnungs*verfügung* hält das Ergebnis der Anrechnung fest.

553 Die Anrechnung erfolgt nach der Steuerfestsetzung. Sie gehört nicht zum Veranlagungsverfahren, sondern ist bereits dem **Erhebungsverfahren** zuzuordnen, da sie sich mit der Erfüllung des festgesetzten Steueranspruchs beschäftigt. Aufgrund der verbindlichen Berechnung enthält sie eine eigene Regelungswirkung und ist daher ein **sonstiger Steuerverwaltungsakt**. § 218 III AO enthält für diesen eine neben die §§ 130, 131 AO tretende Änderungsmöglichkeit, v. a. für den Fall sich inhaltlich widersprechender Anrechnungsverfügungen.

Hinweis: Ein Einspruch nur gegen die Anrechnungsverfügung ist unzulässig. Ihm fehlt aufgrund des bei Streitigkeiten im Erhebungsverfahren vorrangigen Verfahrens nach **§ 218 II 1 AO** das allgemeine Rechtsschutzbedürfnis. Erst gegen den in der Folge ergangenen **Abrechnungsbescheid** ist der Einspruch zulässig.

2. Adressierung und Bekanntgabe

554 Die Wirksamkeit des Steuerverwaltungsakts setzt dessen ordnungsgemäße Bekanntgabe voraus (§ 124 I 1 AO). Grundnorm der Bekanntgabe ist § 122 I 1 AO. Danach ist ein VA demjenigen bekannt zu geben, für den er bestimmt ist oder der von ihm betroffen wird.

a) Formlose und förmliche Bekanntgabe

555 In der Praxis erfolgt die Bekanntgabe regelmäßig durch postalische Übermittlung, d. h. durch einfachen Brief. Der Zeitpunkt des Zugangs bestimmt sich in diesen Fällen nach der sog. **Drei-Tages-Fiktion** (§ 122 II Nr. 1 AO). Behauptet der Empfänger, den Brief nicht oder erst später erhalten zu haben, hat die Behörde nicht nur den Zugang,

sondern auch den Zeitpunkt des Zugangs zu beweisen (§ 122 II Hs. 2 AO). Bei der Drei-Tages-Fiktion handelt es sich nach ständiger Rechtsprechung des *BFH* um eine Frist, so dass **§ 108 III AO** zu beachten ist. Danach wird der Ablauf der Frist um einen Tag verschoben, wenn das Ende einer Frist auf einen Sonntag, gesetzlichen Feiertag oder Sonnabend fällt.

Alternativ zur formlosen Übermittlung kann der VA durch **förmliche Zustellung** übermittelt werden. Aufgrund der mit der Zustellung einhergehenden höheren Kosten wird sie nur in Ausnahmefällen gewählt, namentlich, wenn es gesetzlich vorgesehen ist oder die Finanzbehörde es aufgrund besonderer Umstände für erforderlich hält (**§ 122 V 1 AO**). Zugestellt wird gemäß § 122 V 2 AO nach den Vorschriften des VwZG. 556

Hinweis: In der Praxis erlangt die elektronische Kommunikation mehr und mehr an Bedeutung (vgl. auch § 87a AO). Für die Bekanntgabe eines elektronischen VA gilt **§ 122 IIa AO**. Alternativ besteht die Möglichkeit der Bekanntgabe durch Bereitstellung zum Datenabruf gemäß § 122a AO über finanzverwaltungseigene Portale wie z. B. dem ELSTER-Online-Portal.

b) Adressierung

Sowohl bei postalischer Übermittlung als auch bei förmlicher Zustellung ist der Bescheid an die richtige Person zu adressieren. Nach § 122 I 1 AO ist der VA demjenigen bekannt zu geben, „für den er bestimmt ist". Der Steuerbescheid ist grundsätzlich für den Steuerschuldner (§ 43 S. 1 AO) bestimmt. Fehler in der Adressierung führen zur **Nicht-Existenz** des VA (§ 124 I 1 AO). Bei der Adressierung sind folgende Besonderheiten zu beachten: 557

aa) Handlungsunfähige Personen

Die Empfangnahme des VA ist eine Verfahrenshandlung, die die Handlungsfähigkeit (§ 79 AO) voraussetzt. Daher ist bei handlungsunfähigen Personen an den gesetzlichen Vertreter zu adressieren (sog. **Bekanntgabeadressat**). So sind z. B. die gesetzlichen Vertreter (§ 34 I 1 AO i.V.m. §§ 1626, 1629 BGB) Adressaten eines an einen Minderjährigen gerichteten Steuerbescheids – trotz dessen subjektiver Steuerpflicht (§ 1 EStG) und der daraus folgenden Steuerschuld. Um einen solchen Bescheid von anderen unmittelbar **an den gesetzlichen Vertreter** als Inhaltsadressaten gerichteten VA zu unterscheiden, ist er mit dem Zusatz *„als gesetzlicher Vertreter des/der ..."* zu kennzeichnen. 558

bb) Gesamtschuldner

559 Werden **Ehegatten** oder **Partner einer eingetragenen Lebenspartnerschaft** nach § 26b EStG (ggf. i.V.m. § 2 VIII EStG) zusammen veranlagt, bleiben sie sowohl materiell als auch verfahrensrechtlich gesondert zu betrachten. Nach § 44 I 1 AO liegt eine Gesamtschuld vor, so dass jede Person Schuldner der gesamten Einkommensteuer ist (§ 44 I 2 AO). Damit sind zwei Einkommensteuerbescheide zu erlassen, die nach § 155 III 1 AO in einer Urkunde formell zusammengefasst werden *dürfen* (Rn. 550 f.). Da materiell gleichwohl zwei Bescheide vorliegen, ist die einheitliche Urkunde **an beide Gesamtschuldner** zu adressieren (z. B. *„für Herrn und Frau …“*). Für die Übermittlung gilt die Privilegierung des § 122 VII AO (Rn. 562).

c) Übermittlung an den richtigen Empfänger

560 Neben der richtigen Adressierung setzt die Bekanntgabe voraus, dass der VA an die richtige Person übermittelt wird. Dieser zweite Schritt betrifft den **tatsächlichen Zugang** des Bescheids. Nach § 122 I 1 AO ist der VA grundsätzlich an den Bekanntgabeadressaten zu übermitteln. Davon ist ggf. abzuweichen:

aa) Ehegatten und eingetragene Lebenspartner

561 Grundsätzlich ist eine Einzelbekanntgabe vorzunehmen. Da ein VA an denjenigen zu übermitteln ist, „für den er bestimmt ist“ (§ 122 I 1 AO), müssen auch die nach § 155 III 1 AO in einer Urkunde zusammengefassten Bescheide an beide Gesamtschuldner übermittelt werden.

562 Daran anknüpfend eröffnet **§ 122 VII 1 Nr. 1 AO** im Fall von Ehegatten und eingetragenen Lebenspartnern die Möglichkeit, die zusammengefassten Bescheide abweichend von der Einzelbekanntgabe gemeinsam zu übermitteln, wenn im Zeitpunkt des Zugangs eine gemeinsame Anschrift besteht. Eine gemeinsame Übermittlung ist nach **§ 122 VII 2 AO** ausnahmsweise ausgeschlossen, wenn die Ehegatten bzw. eingetragenen Lebenspartner widersprochen haben oder dem Finanzamt ernstliche Meinungsverschiedenheiten zwischen ihnen bekannt sind. Ist einer der Ehegatten bzw. eingetragenen Lebenspartner aus der Ehewohnung ausgezogen, fehlt es bereits an einer der Voraussetzungen des § 122 VII 1 AO; auf die Anforderungen des § 122 VII 2 AO kommt es nicht an.

563 Besteht keine gemeinsame Anschrift, könnte eine Bekanntgabe aber auch nach **§ 122 VI AO** erfolgen. Die Norm gilt nicht nur für die in § 122 VII AO aufgeführten Personen, sondern allgemein. Die Übermittlung an einen Beteiligten wirkt danach für und gegen den anderen, soweit dessen Einverständnis vorliegt. Da dieses Einverständnis – im Unterschied zu § 122 VII AO – auch vom Erfordernis der gemeinsamen Adressierung befreit, genügt die Adressierung an den tatsächlichen Empfänger. Allerdings ist auf die Gesamtwirkung hinzuweisen (*„Dieser Bescheid ergeht an Sie zugleich mit Wirkung für und gegen ...“*).

bb) Bevollmächtigte

Bedient sich der Steuerpflichtige eines Steuerberaters, ist dieser be- **564**
vollmächtigt, für den Steuerpflichtigen aufzutreten (§§ 164 I, 167 BGB). Nach **§ 122 I 3 AO** „kann“ die Übermittlung an den Bevollmächtigten erfolgen. Die Norm unterscheidet sich von § 80 III AO, der ein intendiertes Ermessen („soll“) enthält. Bei Abwägung der maßgeblichen Ermessenskriterien (§ 5 AO) hat das Finanzamt die Möglichkeit, den vielfältigen Erscheinungen und Konstellationen der Massenverwaltung ausreichend Rechnung zu tragen. Das Finanzamt soll sich jedoch an den Bevollmächtigten wenden, wenn der Steuerpflichtige **eindeutig und unmissverständlich** mitteilt, dass er einen bestimmten Vertreter auch zur Entgegennahme von VA ermächtigt hat (§ 122 I 4 AO). Für die Frage des richtigen Empfängers ist damit im Einzelfall der Inhalt der erteilten und den Finanzbehörden vorgelegten Vollmacht entscheidend.

cc) Heilung von Mängeln

Lässt sich die formgerechte Zustellung eines Dokuments nicht **565**
nachweisen oder ist es unter Verletzung zwingender Zustellungsvorschriften zugegangen, gilt es nach **§ 8 VwZG** i.V.m. § 122 V 2 AO als in dem Zeitpunkt zugestellt, in dem der Empfänger von ihm tatsächliche Kenntnis erlangt. Insofern tritt eine *ex nunc* wirkende Heilung ein. Diese dem Wortlaut nach nur die förmliche Zustellung betreffende Regelung gilt **erst recht** für Fälle der postalischen Bekanntgabe.

Inhaltlich betrifft § 8 VwZG nur die **Übermittlung**, nicht aber Feh- **566**
ler in der Adressierung. Wird ein VA z. B. (fehlerhaft) an den minderjährigen Steuerpflichtigen adressiert und übergibt dieser den Bescheid an seine Eltern, bleibt es bei der Unwirksamkeit des VA.

3. Festsetzungsverjährung, §§ 169 ff. AO

Nach § 169 I 1 AO sind die Steuerfestsetzung und ihre Aufhebung **567**
oder Änderung nicht mehr zulässig, wenn die Festsetzungsfrist abgelaufen ist. Der zwar entstandene (§ 38 AO), aber noch nicht festgesetzte Anspruch erlischt materiell-rechtlich (**§ 47 AO**). Abweichend vom Zivilrecht (§ 214 I BGB) ist die Verjährung in der AO eine **rechtsvernichtende Einwendung**, die **von Amts wegen** zu berücksichtigen ist. Eine Steuerfestsetzung, die trotz Eintritt der Festsetzungsverjährung

erfolgt, ist rechtswidrig (aber nicht nichtig) und mit dem Einspruch angreifbar. Verstreicht die Einspruchsfrist (§ 355 AO), wird der erlassene Steuerbescheid bestandskräftig und sein Inhalt durchsetzbar.

568 Im Unterschied zu der Festsetzungsverjährung, die das Veranlagungsverfahren betrifft, ist die in **§§ 228 ff. AO** geregelte **Zahlungsverjährung** Teil des Erhebungsverfahrens. Sie betrifft die Durchsetzbarkeit fälliger Zahlungsansprüche. Für Steuerforderungen ist damit v. a. die Festsetzung durch Steuerbescheid vorausgesetzt (§§ 218 I 1, 155 I 1 AO).

a) Beginn der Festsetzungsverjährung

569 Nach § 170 I AO beginnt die Festsetzungsfrist grundsätzlich mit Ablauf des Kalenderjahres, in dem die Steuer entstanden ist. Der Zeitpunkt der Entstehung eines Steueranspruchs richtet sich nach der Verwirklichung des Tatbestands, an den das Gesetz die Leistungspflicht knüpft (§ 38 AO). Die Einkommensteuer entsteht mit Ablauf des VZ und damit mit dem Ablauf des 31.12. (§§ 36 I, 25 I EStG).

570 Für die Fälle, in denen eine Steuererklärung einzureichen ist, enthält **§ 170 II 1 Nr. 1 AO** eine sog. **Anlaufhemmung**. Danach beginnt die Festsetzungsfrist – abweichend von der Grundregel des § 170 I AO – erst mit dem Ablauf des Kalenderjahres, in dem die Steuererklärung eingereicht wird, spätestens aber mit Ablauf des dritten Kalenderjahres, das auf das Kalenderjahr folgt, in dem die Steuer entstanden ist. Dies gilt insbesondere für das Einkommensteuerrecht. Hier ist nach § 149 I 1 AO i.V.m. §§ 25 III EStG, 56 EStDV regelmäßig eine Steuererklärung abzugeben. Bei der Grundregel des § 170 I AO bleibt es daher v. a. in den Fällen der Antragsveranlagung (§ 46 II Nr. 8 EStG), in denen ausnahmsweise keine Steuererklärung abzugeben ist.

b) Dauer der Festsetzungsfrist

571 Für die Einkommensteuer beträgt die Festsetzungsfrist grundsätzlich **vier Jahre** (§ 169 II 1 Nr. 2 AO). Längere Fristen gelten ausnahmsweise (§ 169 II 2 AO), wenn und soweit eine Steuer hinterzogen (Alt. 1) oder leichtfertig verkürzt (Alt. 2) wurde. Obgleich diese Begriffe unmittelbar auf die Straf- und Bußgeldvorschriften der §§ 370, 378 AO Bezug nehmen (Rn. 736 ff.), ist eine rechtskräftige Verurteilung durch die ordentliche Gerichtsbarkeit nicht erforderlich. Der veranlagende Finanzbeamte hat vielmehr eine eigenständige Prüfung vorzunehmen.

c) Ablaufhemmung

572 Von der Anlaufhemmung, die eine Verschiebung des Beginns der Festsetzungsverjährung bewirkt, ist die in **§ 171 AO** normierte Ablaufhemmung zu unterscheiden. Diese setzt keine neue Frist in Lauf, sondern wirkt regelmäßig ähnlich wie die Hemmung im Zivilrecht (§ 209 BGB). Von Bedeutung sind u. a. folgende Tatbestände:

§ 171 II AO – offenbare Unrichtigkeit: Ist bei dem Erlass eines Steuerbescheids eine offenbare Unrichtigkeit (§ 129 AO) unterlaufen oder hat der Steuerpflichtige bei der Erstellung seiner Erklärung einen Schreib- oder Rechenfehler gemacht, der zu einer fehlerhaften Festsetzung geführt hat (§ 173a AO), gilt die Festsetzungsverjährung auch für dessen Berichtigung (§ 169 I 2 AO). Da jedoch der Steuerbescheid auch erst am Ende der Festsetzungsverjährung erlassen worden sein könnte, ist die Festsetzungsverjährung insoweit – d. h. im Umfang der offenbaren Unrichtigkeit bzw. des Schreib- oder Rechenfehlers – bis zum Ablauf eines Jahres seit Bekanntgabe des Steuerbescheids gehemmt (§ 171 II AO).

§ 171 III AO – Änderungsantrag: Wird vor Ablauf der Festsetzungsfrist ein Antrag auf Steuerfestsetzung, Aufhebung, Änderung oder Berichtigung gestellt, läuft die Festsetzungsfrist insoweit nicht ab, bevor über den Antrag *unanfechtbar* entschieden worden ist. Von einem Antrag auf Aufhebung oder Änderung der Steuerfestsetzung ist der Antrag auf Erlass (§ 227 AO) zu unterscheiden. Dieser bewirkt keine Hemmung der Festsetzungsverjährung.

§ 171 IIIa AO – Einspruch oder Klage: Neben dem bloßen Änderungsantrag führen auch der Einspruch und die Anfechtungsklage (§ 40 I FGO) zu einer Hemmung der Festsetzungsfrist. Dies gilt selbst dann, wenn der Rechtsbehelf erst nach Ablauf der Festsetzungsfrist eingelegt wurde (S. 1 Hs. 2). Im Unterschied zu § 171 III AO bezieht sich der Umfang der Hemmung nach § 171 IIIa 2 AO auf den gesamten Steueranspruch. Dies ist Konsequenz des im Rechtsschutzverfahrens eröffneten umfassenden Prüfungsauftrags (§ 367 II 1 AO, Rn. 716).

§ 171 IV AO – Beginn der Außenprüfung: Wird vor Ablauf der Festsetzungsverjährung mit einer Außenprüfung (§§ 193 ff. AO) begonnen (§ 198 S. 2 AO) oder wird deren Beginn aufgrund eines Antrags des Steuerpflichtigen hinausgeschoben, läuft die Festsetzungsverjährung für die von der Prüfungsanordnung (§ 196 AO) erfassten Steuern nicht ab, bevor die auf Grund der Außenprüfung zu erlassenden Steuerbescheide *unanfechtbar* geworden sind. Ungeschriebene Voraussetzung der Hemmung ist ferner, dass die Außenprüfung auf Grundlage einer wirksamen Prüfungsanordnung durchgeführt wird (§§ 196, 124 I AO). Die Rechtmäßigkeit der Prüfungsanordnung ist hingegen nicht erforderlich. Die Ablaufhemmung endet spätestens ein Jahr nach der Schlussbesprechung (§ 201 AO). Diese sog. Auswertungsfrist (§ 171 IV 3 AO) ermöglicht eine zeitnahe Auswertung der bei der Außenprüfung gefundenen Ergebnisse.

d) Wahrung der Festsetzungsfrist

Die Festsetzungsfrist ist nach § 169 I 3 Nr. 1 AO gewahrt, wenn der **573**
Steuerbescheid oder die elektronische Benachrichtigung der Bereitstellung zum Datenabruf (§ 122a IV AO) innerhalb der Festsetzungsverjährung den Bereich der zuständigen Finanzbehörde verlassen hat.

Ohne Bedeutung ist das Datum des Poststempels. Nach dem Wortlaut könnte es sogar unerheblich sein, ob der Bescheid dem Steuerpflichtigen überhaupt zugeht. Folglich könnte es ausreichen, wenn dem Steuerpflichtigen zu einem späteren Zeitpunkt eine Abschrift des ursprünglich versandten Steuerbescheids übermittelt wird. Da ein VA allerdings erst mit Bekanntgabe wirksam wird (§§ 122, 124 I AO), gelangt ein VA ohne Bekanntgabe nicht zur Existenz (sog. rein interner **Nichtakt**). Da § 169 I 3 AO von der Existenz des Steuerbescheids ausgeht, ist das Wirksamwerden des VA erforderlich und die Festsetzungsfrist nur gewahrt, wenn der Steuerbescheid auch tatsächlich zugeht.

III. Steuerbescheid mit Nebenbestimmungen

574 Das Steuerverfahrensrecht kennt wie das allgemeine Verwaltungsrecht Nebenbestimmungen (**§ 120 AO**). Da die Festsetzung einer Steuerschuld mittels gebundenem VA erfolgt, ist die Anordnung einer Nebenbestimmung v. a. möglich, wenn dies gesetzlich vorgesehen ist (§ 120 I Alt. 1 AO). Gesetzlich zugelassene Nebenbestimmungen für den Erlass eines Steuerbescheids finden sich in §§ 164, 165 AO.

1. Vorbehaltsbescheid, § 164 AO

a) Behördlicher Vorbehalt

575 Solange der Steuerfall nicht abschließend geprüft wurde, kann die Steuer unter dem Vorbehalt der Nachprüfung festgesetzt werden (§ 164 I AO). Die fehlende abschließende Prüfung ist die einzige materielle Voraussetzung. Darunter ist jede Art der Prüfung sowohl i.S.v. ausstehenden tatsächlichen Ermittlungen als auch einer abschließenden rechtlichen Würdigung zu verstehen. Ein derartiger Nachprüfungsvorbehalt kommt v. a. für Schätzungsbescheide (§ 162 AO) in Betracht, da diese aufgrund unvollständiger Steuererklärungen ergehen.

b) Umfang und Wirkung des Vorbehalts

576 Wie alle VA erwächst auch der Vorbehaltsbescheid in formeller Bestandskraft, sobald die Einspruchsfrist (§ 355 AO) abgelaufen ist. Anders als endgültige Steuerbescheide, deren nachträgliche Änderung an den §§ 172 ff. AO zu messen ist, tritt bei dem Erlass des Vorbehaltsbescheids **keine materielle Bestandskraft** ein. Sinn des Vorbehalts ist es gerade, den Bescheid nach einer später erfolgten Nachprüfung umfassend an die neuen Erkenntnisse anpassen zu können (§ 164 II AO).

Im Gegensatz zu § 165 AO, der lediglich eine punktuelle Anpassung gestattet (Rn. 585), hält der Vorbehalt der Nachprüfung den Steuerbescheid in vollem Umfang „offen“. Der Bescheid kann daher ohne Einschränkung sowohl zugunsten als auch zulasten des Steuerpflichtigen geändert werden. Dieser **Grundsatz der Gesamtaufrollung** gilt insbesondere für tatsächliche Änderungen. Im Hinblick auf die Überprüfung rechtlicher Fragen ist § 176 AO (Rn. 647 ff.) entsprechend anzuwenden. Danach ist der Grundsatz der umfassenden rechtlichen Neubeurteilung durch ein besonderes Rückwirkungsverbot beschränkt. **577**

c) Aufhebung des Vorbehalts

Der Vorbehalt der Nachprüfung kann jederzeit von Amts wegen oder auf Anregung des Steuerpflichtigen (§ 164 II 2 AO) aufgehoben werden (§ 164 III 1 AO). Mit der Aufhebung entfällt dessen Wirkung. Eine Änderung kann dann nicht mehr auf § 164 II 1 AO gestützt werden. Vielmehr tritt **materielle Bestandskraft** ein. Eine Korrektur ist somit nur noch nach §§ 172 ff. AO zulässig (§ 164 III 2 Hs. 1 AO). **578**

Eine Aufhebung des Vorbehalts hat **schriftlich** und unter Beifügung einer **Rechtsbehelfsbelehrung** zu erfolgen (§ 164 III 2 Hs. 2 i.V.m. § 157 I 1, 3 AO). Wird diesen Anforderungen nicht entsprochen, ist die Aufhebung unwirksam (§ 124 II AO), so dass der ursprünglich aufgenommene Vorbehalt weiterhin wirksam bestehen bleibt. **579**

Nach § 164 III 3 AO ist der Vorbehalt der Nachprüfung aufzuheben, wenn sich nach einer **Außenprüfung** (§§ 193 ff. AO) *keine* Änderungen gegenüber der ursprünglichen Steuerfestsetzung ergeben. Der Norm ist nicht der Umkehrschluss zu entnehmen, dass der Vorbehalt bei einer Außenprüfung, die zu *einer* Änderung geführt hat, nicht aufzuheben ist. In diesem Fall ist er erst recht aufzuheben, da sein Sinn und Zweck verwirklicht wurde. Die fehlende abschließende Prüfung als tatbestandliche Voraussetzung der Anordnung (§ 164 I 1 AO) ist nachträglich entfallen. Unterbleibt die Aufhebung gleichwohl, kann sich der Steuerpflichtige mit dem Einspruch zur Wehr setzen (§§ 347 I 1, 355 II AO), da der fortbestehende Vorbehalt materiell rechtswidrig geworden ist. **580**

d) Wegfall des Vorbehalts

Von der Aufhebung (§ 164 III AO) ist der Wegfall (**§ 164 IV AO**) zu unterscheiden. Während die Aufhebung einen Willensakt der Finanzbehörde voraussetzt, entfällt der Vorbehalt der Nachprüfung mit Eintritt der Festsetzungsverjährung *ipso iure* (§ 164 IV 1 AO), d. h. es bedarf keines behördlichen Bescheids. Im Hinblick auf die Hemmungstatbestände sind nur die § 171 VII, VIII und X AO ausgeschlossen (§ 164 IV 2 AO); die übrigen sind im Umkehrschluss anwendbar. **581**

2. Vorläufiger Steuerbescheid, § 165 AO

a) Voraussetzungen der vorläufigen Festsetzung

582 Nach § 165 I AO können Steuern vorläufig festgesetzt werden, soweit ungewiss ist, ob die Voraussetzungen für ihre Entstehung eingetreten sind. Die Anordnung der Vorläufigkeit sichert dem Finanzamt die Möglichkeit einer frühzeitigen Steuerfestsetzung, auch wenn zu dieser Zeit noch über einzelne für die Steuerfestsetzung maßgeblichen Tatsachen (§ 165 I 1 AO) oder über die Beantwortung bestimmter rechtlicher Fragen (§ 165 I 2 AO) vorübergehend Uneinigkeit besteht.

> **Hinweis:** Von praktischer Bedeutung ist die vorläufige Steuerfestsetzung v. a. in Fällen der Anhängigkeit eines sog. **Musterverfahrens am *BVerfG* oder am *BFH*.** Ergeht der Steuerbescheid insoweit vorläufig (§ 165 I 2 Nr. 3, Nr. 4 AO), ist ein Einspruch, der nur auf die verfahrensgegenständlichen Rechtsfragen des Musterverfahrens gestützt wird, nicht erforderlich und mangels Rechtsschutzbedürfnisses unzulässig.

583 Die **Ungewissheit** i.S.d. **§ 165 I 1 AO** muss sich auf **Tatsachen** beziehen. Voraussetzung ist, dass für die Finanzbehörde eine subjektive und vorläufige Ungewissheit darüber besteht, ob bzw. inwieweit die Voraussetzungen für eine Steuerschuld gegeben sind. Die Ungewissheit der Finanzbehörde darf nicht mit verhältnismäßigem Aufwand beseitigt werden können. Ist abzusehen, dass die Ungewissheit dauerhaft bestehen wird, sind die Besteuerungsgrundlagen zu schätzen (§ 162 AO) und die Steuer aufgrund der Schätzung festzusetzen.

584 Soweit Unklarheit über die **steuerrechtliche Würdigung** gewisser Tatsachen besteht, darf die Steuer nur in den abschließend aufgeführten Fällen des **§ 165 I 2 AO** vorläufig festgesetzt werden. Das Risiko der gegenwärtig noch ungewissen Auslegung einer steuerrechtlichen Norm darf nur ausnahmsweise zu Lasten des Steuerpflichtigen gehen. § 165 AO befreit die Finanzbehörde von ihrer Pflicht zur Entscheidung von Rechtsfragen nur in den Konstellationen des § 165 I 2 Nr. 1–4 AO.

b) Umfang und Wirkung der Vorläufigkeit

585 Im Gegensatz zu dem unter Vorbehalt der Nachprüfung (§ 164 AO) erlassenen Bescheid (Rn. 576) entfaltet ein vorläufiger Steuerbescheid (§ 165 AO) grundsätzlich materielle Bestandskraft. Nur **„soweit"** die Vorläufigkeit reicht, ist diese durch die Änderungsmöglichkeit (§ 165 II 1 AO) durchbrochen. Diese ermöglicht eine **punktuelle Änderung** nur für die angegebene Ungewissheit (§ 165 I 3 AO). Im Übrigen ist der vorläufige Steuerbescheid nach §§ 172 ff. AO zu korrigieren.

586 Soweit die materielle Bestandskraft durch die Vorläufigkeit durchbrochen ist, können im Fall der nachträglichen Änderung (§ 165 II 2 AO) auch **sonstige materielle Fehler** mitberücksichtigt werden. Ein dem § 177 AO ähnlicher Änderungsrahmen ist damit eröffnet.

c) Unwirksamkeit und Rechtswidrigkeit

587 Die Änderung des vorläufigen Bescheids nach § 165 II 1 AO kann nur auf einem *wirksamen* Vorläufigkeitsvermerk (§ 124 I AO) basieren. Gegen einen rechtswidrigen Vermerk kann sich der Steuerpflichtige mittels Einspruchs wehren. Unterbleibt dies, wird die vorläufige Steuerfestsetzung formell bestandskräftig. Damit kann im Fall einer auf § 165 II 1 AO gestützten Änderung die Rechtswidrigkeit des Vorläufigkeitsvermerks nicht mehr geltend gemacht werden.

588 Nach § 165 I 3 AO sind in dem Bescheid **Umfang und Grund der Vorläufigkeit** anzugeben. Während die Angabe des Grundes lediglich formelle Rechtmäßigkeitsvoraussetzung darstellt, ist die Angabe des Umfangs Ausdruck des Bestimmtheitsgrundsatzes. Da der Steuerfall nur punktuell für eine nachträgliche Anpassung offen gehalten werden darf, begründet die Unbestimmtheit die Nichtigkeit des Vorläufigkeitsvermerks (§ 125 I AO). Die Steuerfestsetzung ist damit endgültig.

d) Dauer der Vorläufigkeit

589 Nach **Beseitigung der Ungewissheit** ist die vorläufige Steuerfestsetzung aufzuheben, zu ändern oder für endgültig zu erklären (§ 165 II 2 AO). Für die Aufhebung des Vorläufigkeitsvermerks gilt § 164 III 2 Hs. 2 AO entsprechend: sie hat schriftlich und unter Beifügung einer Rechtsbehelfsbelehrung zu erfolgen (§ 157 I 1, 3 AO).

590 Die Änderung einer nur vorläufigen Steuerfestsetzung ist nur innerhalb der **Festsetzungsverjährung** zulässig (§ 169 I 1 AO). Dabei ist der Hemmungstatbestand des **§ 171 VIII AO** zu beachten:

Der **Vorbehalt der Nachprüfung** entbindet das Finanzamt nicht von der Pflicht, den Sachverhalt innerhalb der Festsetzungsverjährung zu ermitteln (§§ 85, 88 AO). Daher entfällt der Vorbehalt zum Schutz des Steuerpflichtigen bei Eintritt der Festsetzungsverjährung *ipso iure* (§ 164 IV 1 AO).

Im Unterschied dazu darf eine **vorläufige Steuerfestsetzung** nur dann vorgenommen werden, wenn im Zeitpunkt der Veranlagung eine vorübergehende Ungewissheit besteht, die nur mit unverhältnismäßigem Aufwand beseitigt werden kann. In einem solchen Fall ist die Behörde gehindert, die zutreffende Steuerfestsetzung vorzunehmen. Daher ist es sachgerecht, die Festsetzungsverjährung unter Umständen über viele Jahre bis zur Beseitigung der Ungewissheit zu hemmen. Um der Finanzbehörde darüber hinaus einen angemessenen Zeitraum zur Anpassung zu gewähren, läuft die Festsetzungsfrist nicht vor Ablauf eines Jahres (§ 171 VIII 1 AO) bzw. zweier Jahre (§ 171 VIII 2 AO) ab, nachdem die tatsächliche bzw. rechtliche Ungewissheit beseitigt ist und die Finanzbehörde hiervon Kenntnis erlangt hat.

	Vorbehaltsbescheid	**vorläufiger Steuerbescheid**
Begründung	nicht erforderlich (§ 164 I 1 AO)	erforderlich (§ 165 I 3 AO)
Voraussetzungen	keine abschließende Prüfung des Steuerfalls	vorübergehende tatsächliche/ rechtliche Ungewissheit trotz Vornahme der erforderlichen Ermittlungsmaßnahmen
Folgen einer ungerechtfertigten Anordnung	rechtswidrig, aber wirksam	rechtswidrig, aber wirksam, soweit ausreichend bestimmt
Aufhebung	jederzeit nach Ermessen möglich (§ 164 III 1 AO); Aufhebungspflicht nach § 164 III 2 AO	jederzeit nach Ermessen möglich (nicht geregelt); Aufhebungspflicht nach § 165 II 2 AO
Verhältnis zur Festsetzungsverjährung	keine Hemmung; Nachprüfungsvorbehalt entfällt *ipso iure* (§ 164 IV)	Hemmung im Umfang der Vorläufigkeit bis ein / zwei Jahre nach Beseitigung / Kenntnis der Ungewissheit (§ 171 VIII AO)
Anfechtung des geänderten Bescheids	keine Begrenzung, da Eintritt der materiellen Bestandskraft umfassend verhindert	Begrenzung nach § 351 I AO im Umfang der Vorläufigkeit, da im Übrigen materielle Bestandskraft eintritt

IV. Feststellung der Besteuerungsgrundlagen

1. Einführung

591 Die Mitteilung der Besteuerungsgrundlagen (§ 199 I AO) dient der Begründung (§ 121 AO) des Steuerbescheids. An der Regelungswirkung der Steuerfestsetzung nehmen sie aber nicht teil. Ein isoliertes Vorgehen gegen sie ist daher grundsätzlich unzulässig (**§ 157 II AO**). Dies resultiert aus der typischen Veranlagungssituation, wonach das Finanzamt die Besteuerungsgrundlagen für *einen* Steuerpflichtigen unter Berücksichtigung der eingereichten Erklärung ermittelt, daraus die Bemessungsgrundlage errechnet und sogleich die Steuer unter Anwendung des Tarifs festsetzt. Ist ein steuerlicher Wert jedoch für unterschiedliche Steuerfestsetzungen desselben Steuerpflichtigen maßgeblich (§ 179 I, II 1 AO) oder betrifft ein einheitlich zu beurteilender steuerlicher Sachverhalt mehrere Steuerpflichtige (§ 179 II 2 AO), ist es **verfahrensökonomisch**, den Sachverhalt in einem gesonderten Verfahren zu beurteilen. Dies dient zugleich der **Rechtssicherheit**, da widersprüchliche Entscheidungen über denselben Sachverhalt verhindert werden.

2. Wichtigste Konstellationen

Nach **§ 179 I AO** sind die Besteuerungsgrundlagen abweichend von **592**
§ 157 II AO in einem gesonderten Verfahren festzustellen, wenn dies gesetzlich angeordnet ist. Relevante Konstellationen sind v. a:

a) Feststellung nach § 180 I 1 Nr. 2 lit. a AO

Nach § 180 I 1 Nr. 2 lit. a AO werden Einkünfte nicht nur in einem **593**
gesonderten Verfahren, sondern auch einheitlich gegenüber mehreren Beteiligten festgestellt (§ 179 II 2 AO), wenn einkommen- oder körperschaftsteuerpflichtige Einkünfte mehreren Personen zuzurechnen sind. Eine solche einheitliche und gesonderte Feststellung wird z. B. bei der **Mitunternehmerschaft** (§ 15 I 1 Nr. 2 EStG) durchgeführt. An dieser sind notwendigerweise mehrere Personen beteiligt. Im EStG ist die Mitunternehmerschaft kein Steuersubjekt, sondern nur Einkunftserzielungssubjekt (Rn. 510 ff.).

Sinn und Zweck der einheitlichen und gesonderten Feststellung ist die **594**
gegenüber allen Gesellschaftern verbindliche Feststellung der jeweiligen Einkünfte. Nach dem Bestimmtheitsgrundsatz hat er sowohl den steuerpflichtigen Gewinn der Gesellschaft als auch die Zurechnung des Gewinns an die einzelnen Gesellschafter zu enthalten. Letztere muss sich jedoch nicht aus dem Tenor ergeben; es genügt die Erläuterung in einer Anlage. Der Tenor eines solchen Feststellungsbescheids könnte folglich lauten: *„Die Einkünfte der ... oHG für das Kalenderjahr 2018 werden wie folgt festgestellt: Einkünfte aus Gewerbebetrieb ... €. Die auf die Beteiligten entfallenden Anteile sind aus der Anlage ersichtlich."* Aufgrund der Betroffenheit ist ein solcher Bescheid **an alle Beteiligten zu adressieren** (§ 122 I 1 AO). Für die Übermittlung gilt § 183 AO (Rn. 600 f.).

b) Feststellung nach § 180 I 1 Nr. 2 lit. b AO

Sind die Einkünfte nur einer Person zuzurechnen, besteht grundsätz- **595**
lich kein Bedürfnis für eine gesonderte Feststellung der Besteuerungsgrundlagen. Anderes gilt ausnahmsweise u. a. dann, wenn der Steuerpflichtige Einkünfte aus einer Gewinneinkunftsart im Zuständigkeitsbereich eines Finanzamts erzielt und im Zuständigkeitsbereich eines anderen Finanzamts wohnt. Da das Wohnsitzfinanzamt nach § 19 I AO

grundsätzlich umfassend für die Festsetzung der Einkommensteuer zuständig ist, müsste es auch die Ermittlung der Gewinneinkünfte durchführen. Im Hinblick auf die besondere Verzahnung eines land- und forstwirtschaftlichen Betriebs, eines Gewerbebetriebs oder einer selbständigen Tätigkeit mit der regionalen Wirtschaft besteht jedoch insoweit eine abweichende Zuständigkeit des Lage-, Betriebs- oder Tätigkeitsfinanzamtes (§ 18 I Nr. 1–3 AO), die eine gesonderte Feststellung nach § 180 I 1 Nr. 2 lit. b AO durchzuführen haben. Für den Bereich der Überschusseinkünfte ist ein solches gesondertes Verfahren aufgrund der speziellen Erhebung mittels Lohnsteuer- und Kapitalertragsteuerabzug dagegen nicht vorgesehen.

c) Feststellung nach § 10d IV 1 EStG

596 Außerhalb der AO ist die gesonderte Feststellung z. B. nach § 10d IV 1 EStG angeordnet. Können Verluste in einem Jahr nicht vollständig mit positiven Einkünften ausgeglichen werden, ist von Amts wegen ein in der Höhe begrenzter Verlustrücktrag in den vorangegangenen VZ vorzunehmen. Darüber hinausgehende Verluste dürfen nur im Wege eines **Verlustvortrags** in zukünftige VZ mit positiven Einkünften verrechnet werden (§ 10d I, II EStG, Rn. 431 ff.). Dieser verbleibende Verlustvortrag ist in einem gesonderten Verfahren verbindlich festzustellen (§ 10d IV 1 EStG).

3. Konsequenzen

597 Feststellungsbescheide enthalten bereits Teilaspekte des nachfolgenden Steuerbescheids. Nach **§ 181 I 1 AO** gelten daher für sie die auf Steuerbescheide anwendbaren Vorschriften entsprechend, insbesondere die strengeren Formvorschriften (§§ 155, 157 AO), die Festsetzungsverjährung (§§ 169 ff. AO) sowie die Regeln über die Bestandskraft (§§ 172 ff. AO). Im Übrigen ist zu beachten:

a) Umsetzung der Bindungswirkung

598 Als Grundlagenbescheide sind Feststellungsbescheide für nachfolgende Steuerbescheide bindend (**§§ 182 I, 171 X 1 AO**), soweit die in ihnen getroffenen Feststellungen für sie von Bedeutung sind. Aufgrund dieser Bindung überprüft das den Folgebescheid erlassende Finanzamt die bereits in einem gesonderten Verfahren festgestellten Besteuerungsgrundlagen nicht erneut, sondern übernimmt diese lediglich.

599 **Hinweis:** Diese inhaltliche Akzessorietät des Folgebescheids kommt u. a. in **§ 175 I 1 Nr. 1 AO** zum Ausdruck. Wird der Grundlagenbescheid korrigiert (§§ 181 I 1, 172 ff. AO), erfolgt eine rein mechanische Anpassung des Folgebescheids ohne erneute inhaltliche Prüfung. Die Bindungswirkung setzt sich sogar im Einspruchsverfahren gegen den Folgebescheid fort (**§ 351 II AO**, Rn. 723 f.).

b) Empfangsbevollmächtigter nach § 183 AO

Ergeht der Feststellungsbescheid nicht nur in einem gesonderten **600**
Verfahren, sondern auch einheitlich gegenüber mehreren Steuerpflichtigen, müsste eine Ausfertigung des Grundlagenbescheids an jeden Beteiligten übermittelt werden (§ 122 I 1 AO). Davon könnte nur im Fall eines Empfangsbevollmächtigten (§ 122 I 3 AO) abgewichen werden. Dieser müsste aber von allen gemeinsam bestellt sein. Das damit einhergehende Unsicherheitspotential würde dem Sinn der einheitlichen und gesonderten Feststellung widersprechen. § 183 AO enthält daher eine **gegenüber § 122 I 3 AO vorrangige Regelung**.

Nach § 183 I AO können Feststellungsbescheide an eine einzelne **601**
Person als Empfangsbevollmächtigten mit Wirkung für und gegen alle Beteiligten bekannt gegeben werden. Da dies allein die Übermittlung betrifft, ist der Bescheid an **alle Beteiligten zu adressieren**. Die Prüfung des § 183 AO erfolgt dreistufig. Dabei kann sich ein Empfangsbevollmächtigter aus einer nachrangigen Stufe nur ergeben, wenn nicht bereits eine vorrangige Stufe einschlägig ist.

1. Stufe: Bestellen die Betroffenen einen Empfangsbevollmächtigten nach §§ 164 III, 167 BGB, ist auch das Finanzamt daran gebunden (**§ 183 I 1 AO**). Selbst im Falle eines Ausscheidens von Beteiligten bzw. der Auflösung der Gesellschaft gilt eine alle Beteiligte umfassende Vollmacht bis zu dem Zeitpunkt fort, in dem ein Widerruf gegenüber der Finanzbehörde erklärt wird (**§ 183 III AO**).

2. Stufe: Besteht keine zivilrechtliche Empfangsvollmacht, gilt der gesetzliche Vertreter als empfangsbevollmächtigt (**§ 183 I 2 AO**). Da Personengesellschaften – vorbehaltlich abweichender Vereinbarungen – durch die persönlich haftenden Gesellschafter vertreten werden (§§ 714, 709 BGB; §§ 125 I, 161 II, 170 HGB), kann sich das Finanzamt nach freiem Ermessen an jeden von ihnen wenden.

3. Stufe: Subsidiär kann das Finanzamt die Beteiligten unter Fristsetzung auffordern, einen Empfangsbevollmächtigten zu benennen (**§ 183 I 3 AO**). Von Bedeutung ist dies v. a. bei Miteigentümer- und Miterbengemeinschaften. In der Aufforderung hat das Finanzamt darauf hinzuweisen, dass es einen bestimmten Beteiligten als Empfangsbevollmächtigten ansehen werde, wenn keine Benennung vorgenommen wird (§ 183 I 4 AO). Nach erfolglosem Fristablauf wird die Empfangsbevollmächtigung für den vom Finanzamt Bestimmten fingiert.

c) Hemmung der Feststellungsverjährung

Für Feststellungsbescheide gelten grundsätzlich die auf Steuerbe- **602**
scheide anwendbaren Vorschriften (§ 181 I 1 i.V.m. §§ 155 ff. AO).

Eine gesonderte Feststellung der Besteuerungsgrundlagen ist daher nach Eintritt der Feststellungsverjährung unzulässig (§§ 169 I 1, 181 I 1 AO). Diese tritt für Feststellungsbescheide regelmäßig vier Jahre nach Ablauf des Kalenderjahres ein, in dem die Feststellungserklärung eingereicht wurde (§§ 169 II Nr. 2, 170 II Nr. 1, 181 I 1 AO).

603 Für die Feststellungsverjährung des **Grundlagenbescheids** ist der besondere Hemmungstatbestand des **§ 181 V 1 AO** zu beachten. Danach kann ein Grundlagenbescheid erlassen bzw. geändert werden, solange die Festsetzungsverjährung für die Folgebescheide noch nicht abgelaufen ist. Dies erklärt sich aus folgender Überlegung: Da der Feststellungsbescheid eine Besteuerungsgrundlage des nachfolgenden Steuerbescheids zum Gegenstand hat, enthält er materiell einen Teil des Folgebescheids. Daher wäre es sinnwidrig, könnte der Grundlagenbescheid bereits vor der für den Folgebescheid geltenden Festsetzungsverjährung nicht mehr erlassen bzw. geändert werden. Insofern ist die für den Grundlagenbescheid geltende Feststellungsverjährung als eine Art „Mindestfrist" anzusehen, die gemäß § 181 V 1 AO durch die Verjährungsfrist des Folgebescheids verlängert wird.

604 Von einer möglichen Hemmung der Feststellungsverjährung des Grundlagenbescheids ist die gesondert zu beurteilende Festsetzungsverjährung des nachfolgenden **Folgebescheids** zu unterscheiden. Beide Fristen entwickeln sich grundsätzlich getrennt voneinander, weswegen von einer „Zweigleisigkeit der Verjährung" gesprochen wird. Nach **§ 171 X 1 AO** ist aber die Verjährung des Folgebescheids bis zu zwei Jahre nach Bekanntgabe des Grundlagenbescheids gehemmt. Dadurch wird eine Umsetzung der Vorgaben des Grundlagenbescheids auch in den Fällen ermöglicht, in denen die Festsetzungsverjährung des Folgebescheids bereits eingetreten ist. § 171 X AO ist somit nicht nur Hemmungstatbestand, sondern eröffnet ggf. eine erneute Festsetzungsverjährung, falls diese bereits abgelaufen war.

Hinweis: Das Zusammenwirken von **§ 171 X** und **§ 181 V 1 Hs. 1 AO** würde zu einer unendlichen Frist führen. Die Feststellungsverjährung des Grundlagenbescheids wäre dauerhaft hinausgeschoben (§ 181 V 1 Hs. 1 AO), würde man auf die durch ihn selbst erzeugte Hemmung der Festsetzungsverjährung des Folgebescheids (§ 171 X AO) abstellen. Daher bleibt bei Anwendung von § 181 V 1 AO die Hemmung nach § 171 X AO außer Betracht (§ 181 V 1 Hs. 2 AO).

V. Änderungstatbestände

1. Einführung

Erlässt das Finanzamt einen wirksamen VA, ist nicht nur der Betroffene an dessen Inhalt gebunden, sondern zum Schutz des Betroffenen, der in die Regelungswirkung vertraut, auch die Behörde selbst (§ 124 I AO). Insofern entledigt sich die Behörde mit der Bekanntgabe der Herrschaft über den Inhalt des VA. Eine Aufhebung oder Änderung des VA ist folglich nur möglich, wenn und soweit dies eine gesetzliche Vorschrift zulässt (§ 124 II AO). Diese sog. **materielle Bestandskraft** tritt nicht erst mit Ablauf der Einspruchsfrist (§ 355 AO), sondern bereits unmittelbar mit der Bekanntgabe des VA ein. Im Allgemeinen Verwaltungsrecht finden sich Normen über die Durchbrechung der Bestandskraft in §§ 48 ff. VwVfG. Im Steuerrecht entsprechen diesen die §§ 130 ff. AO. Für Steuerbescheide (§ 155 I AO) und ihnen gleichgestellte Bescheide gelten die *leges speciales* der §§ 172 ff. AO. **605**

Allen Vorschriften zur Durchbrechung der Bestandskraft ist gemeinsam, dass sie den Konflikt zwischen dem Vertrauensschutz des Betroffenen und der Pflicht zum gesetzmäßigen Verwaltungshandeln zu lösen versuchen. Letzterer beinhaltet im Steuerrecht v. a. die Pflicht zur Festsetzung der materiell richtigen Steuer (§ 85 S. 1 AO). **606**

Hinweis: Von der materiellen ist die **formelle Bestandskraft** zu unterscheiden. Sie tritt ein, sobald der Steuerpflichtige den VA wegen Ablaufs der Einspruchsfrist (§ 355 AO) nicht mehr mittels Einspruchs angreifen kann.

2. Korrektur von Steuerbescheiden, §§ 172 ff. AO

a) Einführung

Für die Durchbrechung der materiellen Bestandskraft von Steuerbescheiden enthalten die §§ 172 ff. AO von den §§ 130, 131 AO abweichende Sondervorschriften. Diese sind geboten, da andernfalls jede Korrektur eines rechtswidrigen Steuerbescheids nur an § 130 I AO zu messen wäre. Durch die §§ 172 ff. AO wird dem erhöhten Vertrauensschutz der Steuerpflichtigen Rechnung getragen. Um Umgehungen zu vermeiden, ist der Normenkomplex **abschließend** (§ 172 I 1 Nr. 2 lit. d AO). **607**

Die Prüfung der Korrekturvorschriften erfolgt **in vier Schritten**:

1. Schritt: Der zu korrigierende VA muss wirksam sein (§ 124 I AO, sog. materielle Bestandskraft). Dies setzt v. a. eine fehlerfreie Bekanntgabe voraus.

2. Schritt: Die Steuerfestsetzung muss von dem materiell-richtigen Steueranspruch abweichen. Eine Korrektur ist nur erforderlich, wenn die in dem Bescheid festgesetzte Steuer materiell fehlerhaft ist. Im Unterschied zu § 131 AO ist in den §§ 172 ff. AO keine Änderung rechtmäßiger Steuerbescheide vorgesehen, da es Ziel der Veranlagung ist, die richtige Steuer festzusetzen.

3. Schritt: Eine Anpassung der festgesetzten an die materiell-richtige Steuer ist nur möglich, soweit ein Korrekturtatbestand eine Durchbrechung der Bestandskraft zulässt. Hierzu sind die §§ 172 ff. AO zu subsumieren. Sonstige materielle Fehler können nur nach § 177 AO mitberichtigt werden.

4. Schritt: Die Änderung darf nur erfolgen, wenn die Festsetzungsverjährung noch nicht eingetreten ist (§ 169 I 1 AO). Die Prüfung der Festsetzungsverjährung sollte zuletzt erfolgen, da einzelne Vorschriften der Ablaufhemmung (§ 171 AO) bestimmte Korrekturtatbestände voraussetzen.

b) Schlichte Änderung, § 172 AO

608 Einkommensteuerbescheide, die weder vorläufig (§ 165 AO) noch unter dem Vorbehalt der Nachprüfung (§ 164 AO) ergangen sind, können nur in den Fällen des § 172 I 1 Nr. 2 AO geändert werden. Von Bedeutung sind insbesondere lit. a und lit. d.

aa) Änderung nach § 172 I 1 Nr. 2 lit. a AO

609 Eine Änderung zugunsten des Antragstellers ist nach § 172 I 1 lit. a **Hs. 2** AO möglich, wenn er innerhalb der Einspruchsfrist zugestimmt oder einen entsprechenden Antrag gestellt hat. Eine Änderung darf jedoch nur in dem beantragten Rahmen erfolgen. Die Regelung gewährt dem Steuerpflichtigen eine Alternative zur Einlegung des Einspruchs.

610 Von dem Antrag zugunsten des Steuerpflichtigen ist der sog. verbösernde Änderungsantrag zu unterscheiden. Für diesen besteht keine Fristbindung (§ 172 I 1 lit. a **Hs. 1** AO); er kann jederzeit gestellt werden.

bb) Änderung nach § 172 I 1 Nr. 2 lit. d AO

611 Diese Vorschrift ist das Kernstück im System der Korrekturvorschriften. Sie dient zwei voneinander zu trennenden Funktionen: Zum einen wird in § 172 I 1 lit. d **Hs. 2** AO klargestellt, dass ein Rückgriff auf die allgemeinen Vorschriften zur Überwindung der Bestandskraft von Steuerverwaltungsakten (§§ 130, 131 AO) unzulässig ist.

612 Zum anderen kann nach § 172 I 1 lit. d **Hs. 1** AO eine Korrektur und damit eine Durchbrechung der Bestandskraft nur erfolgen, soweit dies *sonst*, d. h. außerhalb von § 172 AO, ausdrücklich zugelassen ist. Über diese Verweisung finden u. a. die Korrekturtatbestände der §§ 173–175 AO Anwendung. Die Verweisung ist aber nicht auf Normen der AO begrenzt, sondern umfasst u. a. auch Vorschriften der jeweiligen Einzelsteuergesetze (z. B. § 10d I 3, IV 4 EStG).

c) Neue Tatsachen oder Beweismittel, § 173 AO

Nach § 173 I AO sind Steuerbescheide zu ändern, soweit steuerlich relevante Tatsachen oder Beweismittel, die bereits zum Zeitpunkt der Veranlagung existierten, dem Finanzamt nachträglich bekannt werden. Die Durchbrechung der Bestandskraft wird mit einer **Verletzung der Mitwirkungspflicht** des Steuerpflichtigen (§ 90 AO) gerechtfertigt, da nur er über die steuerlich relevanten Tatsachen Auskunft geben kann. Daher ist zwischen Tatsachen und Beweismitteln mit steuererhöhender (§ 173 I Nr. 1 AO) und steuermindernder Wirkung (§ 173 I Nr. 2 AO) zu unterscheiden. 613

Zur Wahrung der Fiskalinteressen kann eine **steuererhöhende Änderung** (§ 173 I Nr. 1 AO) ohne Einhaltung weiterer Voraussetzungen durchgeführt werden. Die Verletzung der Mitwirkungspflicht des Steuerpflichtigen geht grundsätzlich zu seinen Lasten, weshalb sein Vertrauen nicht schutzwürdig ist.

Eine **steuermindernde Änderung** ist hingegen nur ausnahmsweise zulässig, wenn die Mitwirkungspflicht allenfalls leicht fahrlässig verletzt wurde (§ 173 I Nr. 2 S. 1 AO) oder die steuermindernden Tatsachen bzw. Beweismittel im Zusammenhang mit steuererhöhenden Tatsachen stehen (§ 173 I Nr. 2 S. 2 AO).

aa) Gemeinsame Tatbestandsmerkmale

Unabhängig von dieser Unterscheidung sind § 173 I Nr. 1 und Nr. 2 AO folgende Tatbestandsmerkmale gemeinsam: 614

Tatsache i.S.d. § 173 I AO ist alles, was Merkmal oder Teilstück eines steuergesetzlichen Tatbestands sein kann, d. h. alle tatsächlichen Zustände, Vorgänge, Beziehungen, Eigenschaften materieller oder immaterieller Art als sog. „Umstände aus der Seins-Welt". Eine innere Tatsache stellt z. B. auch die Einkünfteerzielungsabsicht dar, die nur anhand äußerer Indizien festgestellt werden kann. Keine Tatsachen sind dagegen steuerrechtliche Schlussfolgerungen, geänderte steuerliche Rechtsauffassungen und Steuergesetzesänderungen. 615

Beweismittel ist jedes Erkenntnismittel, das der Aufklärung eines Sachverhalts dient und daher geeignet ist, das Vorliegen von Tatsachen zu beweisen. Nach § 92 AO kommen hierfür v. a. Auskünfte jeder Art, die Vorlage von Urkunden und Akten sowie die Inaugenscheinnahme von Gegenständen (z. B. Geschäftsbücher) in Betracht. Ein Sachverständigengutachten ist nur insoweit Beweismittel, als es die Erkenntnis neuer Tatsachen vermittelt und nicht nur Schlussfolgerungen enthält. 616

Das **nachträgliche Bekanntwerden** setzt voraus, dass die Tatsachen bei Erlass des zu ändernden Bescheids bereits vorhanden waren, also vom Finanzamt hätten berücksichtigt werden können. Einzelheiten: 617

Für den maßgeblichen Kenntnisstand ist ausschließlich auf den **zuständigen Finanzbeamten** abzustellen. Das ist die Person, die innerhalb der Finanzbehörde nach der Geschäftsverteilung dazu berufen ist, den Steuerfall zu bearbeiten. Waren Tatsachen z. B. nur dem Betriebsprüfer bekannt, können diese dem Veranlagungsbeamten noch nachträglich bekannt werden.

Bei Veranlagungsteuern wie der Einkommensteuer gilt der gesamte **Inhalt der bei der Finanzbehörde geführten Steuerakte** als bekannt. Dabei können sich „bekannte Tatsachen und Beweismittel" auch aus archivierten Akten ergeben, soweit die Hinzuziehung dieser Akten nach den Umständen des Einzelfalls geboten ist.

Maßgeblicher Zeitpunkt ist der **Abschluss der Willensbildung**. Entscheidend ist damit die abschließende rechtliche Bearbeitung des ursprünglichen Steuerbescheids in Form der Schlusszeichnung durch den nach der Geschäftsverteilung zeichnungsberechtigten Veranlagungsbeamten. Auf den Tag der Absendung des Steuerbescheids o. ä. kommt es hingegen nicht an.

618 Ungeschriebenes Tatbestandsmerkmal des § 173 I AO ist die **Rechtserheblichkeit** der nachträglich bekannt gewordenen Tatsache. Eine Änderung darf nur vorgenommen werden, wenn die nachträglich bekannt gewordene Tatsache zum Zeitpunkt der ursprünglichen Steuerfestsetzung vom Finanzamt bei entsprechender Kenntnis mit an Sicherheit grenzender Wahrscheinlichkeit berücksichtigt worden wäre. Daher scheidet eine Korrektur aus, wenn die Unkenntnis der Tatsache für die zu ändernde Steuerfestsetzung nicht ursächlich war, sondern z. B. in einer bloßen fehlerhaften Rechtsansicht begründet war.

619 *einstweilen frei*

bb) Punktuelle Änderung des Steuerbescheids

620 Für die konkrete, nachträglich bekannt gewordene Tatsache erlaubt § 173 I AO eine punktuelle Änderung des Steuerbescheids. Um einer möglichen Fehlermitberichtigung (§ 177 AO, Rn. 644 ff.) nicht vorzugreifen, ist jede Tatsache gesondert für die jeweilige Steuerart und den jeweiligen VZ zu betrachten. Ob eine nachträglich bekannt gewordene Tatsache steuererhöhend oder steuermindernd wirkt, ist durch einen **Vergleich** der Steueransprüche mit und ohne Berücksichtigung der Tatsache zu ermitteln.

(1) Änderung zulasten des Steuerpflichtigen

621 Eine für den Steuerpflichtigen nachteilige Änderung (§ 173 I Nr. 1 AO) ist nach Treu und Glauben ausgeschlossen, wenn die Unkenntnis maßgeblich auf einer **Verletzung der Ermittlungspflicht der Finanzbehörde** (§ 88 AO) beruht. Da die Korrekturmöglichkeit zulasten des Steuerpflichtigen durch eine Verletzung seiner Mitwirkungspflichten gerechtfertigt ist, wird diese verwehrt, wenn der Verstoß des Finanzamts deutlich überwiegt. Da die Finanzbehörde aber grundsätzlich von der Richtigkeit der Erklärungen des Steuerpflichtigen ausgehen darf, ist ein solcher Verstoß gegen die Ermittlungspflicht (§ 88 AO) erst anzunehmen, wenn eine endgültige Veranlagung trotz offenkundiger, sich aufdrängender Zweifel durchgeführt wurde.

(2) Änderung zugunsten des Steuerpflichtigen

Eine Änderung zu einer geringeren Steuerschuld darf gemäß § 173 I **622**
Nr. 2 Hs. 1 AO nur erfolgen, wenn den Steuerpflichtigen **kein grobes Verschulden** daran trifft, dass die Tatsache bzw. das Beweismittel erst nachträglich bekannt wurde. Aufgrund der negativen Formulierung trägt der Steuerpflichtige die objektive Feststellungslast. Unter dem Begriff „grobes Verschulden" sind Vorsatz und grobe Fahrlässigkeit zu verstehen. Grobe Fahrlässigkeit ist erst anzunehmen, wenn der Steuerpflichtige die ihm nach seinen persönlichen Verhältnissen zumutbare Sorgfalt in ungewöhnlich hohem Maße und in nicht entschuldbarer Weise verletzt hat. Dabei sind die Gegebenheiten des Einzelfalles und die individuellen Kenntnisse sowie Fähigkeiten des Steuerpflichtigen maßgeblich. Einfaches Verschulden sind z. B. offensichtliche Versehen und Irrtümer, Verwechslungen sowie Schreib- und Rechenfehler, die sich als Fehler des Alltags nicht vollständig vermeiden lassen.

Bedient sich der Steuerpflichtige bei der Erfüllung steuerlicher Pflich- **623**
ten dritter Personen, hat er sich deren grobes Verschulden ggf. zurechnen zu lassen. Die **Zurechnung** erfolgt nicht entsprechend § 278 BGB, sondern in Gesamtanalogie zu §§ 152 I 2, 110 I 2 AO. Daher ist nur das Verhalten des gesetzlichen oder rechtsgeschäftlichen Vertreters zurechenbar (z. B. eines Steuerberaters).

Ein **Mitarbeiterverschulden** wird nur zugerechnet, soweit diese selbständig nach außen für den Steuerpflichtigen (als Vertreter) auftreten dürfen. Da sich die Sorgfaltspflichten der Angehörigen steuerberatender Berufe auch durch die Auswahl und Überwachung seiner Mitarbeiter konkretisieren, kann in Fällen wiederholter Fehler der Mitarbeiter ein eigener Sorgfaltspflichtverstoß des Beraters in Form eines sog. Organisationsverschuldens vorliegen. Außerdem ist zu berücksichtigen, dass von Angehörigen der steuerberatenden Berufe regelmäßig eine erhöhte Sorgfalt erwartet werden kann.

Neben dieser Verschuldenszurechnung erfolgt bei zusammenveran- **624**
lagten **Ehegatten** aufgrund der Pflicht zur Abgabe einer gemeinsamen Steuererklärung (§ 25 III 2 EStG) und trotz § 44 II 3 AO eine gegenseitige Zurechnung eines etwaigen groben Verschuldens.

Selbst für den Fall, dass dem Finanzamt bestimmte Tatsachen und **625**
Beweismittel aufgrund eines groben Verschuldens des Steuerpflichtigen erst nachträglich bekannt werden, können diese gleichwohl steuermindernd berücksichtigt werden, wenn sie in unmittelbarem oder mittelbarem

Zusammenhang mit steuererhöhenden Tatsachen stehen (§ 173 I Nr. 2 S. 2 AO). Ein solcher Zusammenhang liegt vor, wenn der steuererhöhende Vorgang nicht ohne den steuermindernden denkbar ist. Erforderlich ist ein rein sachlicher, nicht hingegen ein zeitlicher Zusammenhang. Die steuererhöhende bzw. steuermindernde Wirkung kann sogar verschiedene VZ betreffen. Allerdings müssen sich beide Wirkungen auf denselben Steuerpflichtigen beziehen. Ist ein derartiger unmittelbarer oder mittelbarer sachlicher Zusammenhang zwischen Tatsachen nach § 173 I Nr. 1 und Nr. 2 AO gegeben, sind die steuermindernden Tatsachen uneingeschränkt zu berücksichtigen. Damit können selbst geringfügige steuererhöhende Tatsachen eine erhebliche Steuerreduzierung nach § 173 I Nr. 2 S. 2 AO auslösen.

626 Als Missbrauchskontrolle ist die Rechtsprechung des *BFH* zu verstehen, wonach erstmalig bekannt gewordene Einkünfte aus einer bis dahin **unbekannten Einkunftsart** insgesamt als *eine* neu bekannt gewordene Tatsache i.S.d. § 173 I AO anzusehen sind. Da der nach § 173 I Nr. 2 S. 2 AO erforderliche Zusammenhang bei isolierter Betrachtung jeder einzelnen Tatsache regelmäßig gegeben wäre, müsste eine saldierte Korrektur selbst bei groben Verschulden durchgeführt werden. Daher wird die Einkunftsart selbst als Tatsache angesehen, um Reduzierungen nach § 173 I Nr. 2 S. 2 AO zu verhindern und den Steuerpflichtigen zu erhöhter Sorgfalt anzuhalten.

d) Widerstreitende Steuerfestsetzung, § 174 AO

627 Wird ein Sachverhalt in verschiedenen Steuerbescheiden in unvereinbarer Weise berücksichtigt, liegt ein Widerstreit vor. Dieser rechtfertigt in bestimmten Konstellationen (§ 174 AO) die Durchbrechung der materiellen Bestandskraft. Der fehlerhafte Steuerbescheid ist dann an die Tatsachenlage anzupassen. Dabei unterscheidet die Norm verschiedene Formen des Widerstreits:

positiver Widerstreit = Berücksichtigung einer Tatsache erfolgt in mehreren Steuerbescheiden (Doppelberücksichtigung)	**negativer Widerstreit** = doppelte Nichtberücksichtigung einer Tatsache in mehreren Steuerbescheiden
§ 174 I AO mehrfache Berücksichtigung wirkt **zulasten** des Steuerpflichtigen	§ 174 III AO fehlende Berücksichtigung erfolgte **anfänglich**, d. h. bei Erlass des Steuerbescheids
§ 174 II AO mehrfache Berücksichtigung wirkt **zugunsten** des Steuerpflichtigen	§ 174 IV, V AO fehlende Berücksichtigung erfolgte **nachträglich**, d. h. durch Änderung eines anderen Steuerbescheids infolge Antrags oder Rechtsbehelfs

aa) Positiver Widerstreit zulasten des Steuerpflichtigen

Die Anwendung des § 174 I 1 AO setzt voraus, dass ein Sachverhalt **zulasten** des Steuerpflichtigen fälschlicherweise in zwei verschiedenen Steuerfestsetzungen berücksichtigt wurde. Möglich ist sowohl eine Heranziehung bei mehreren Steuerarten als auch in unterschiedlichen VZ oder sogar bei mehreren Steuerpflichtigen. Erforderlich ist nur ein Ansatz in einer sich wechselseitig ausschließenden Weise. **628**

Da die Korrektur nach § 174 I 1 AO zugunsten des Steuerpflichtigen erfolgt, ist für sie ein **Antrag** des Steuerpflichtigen erforderlich. Gegebenenfalls hat das Finanzamt diesen anzuregen (§ 89 I 1 AO). Wird er erst nach dem Ablauf der für den zu ändernden Steuerbescheid geltenden **Festsetzungsverjährung** gestellt, ist § 174 I 2 AO zu beachten. Danach bewirkt der innerhalb eines Jahres nach Ablauf der Festsetzungsverjährung gestellte Antrag die Unbeachtlichkeit des bereits erfolgten Fristablaufs (§ 174 I 3 AO). Dabei ist nicht die Festsetzungsfrist des zu ändernden Steuerbescheids maßgeblich; vielmehr ist auf die später endende Festsetzungsfrist der betroffenen Steuerbescheide abzustellen. **629**

bb) Positiver Widerstreit zugunsten des Steuerpflichtigen

Im Unterschied zu § 174 I 1 AO setzt § 174 II 1 Hs. 1 AO eine widerstreitende Sachverhaltsberücksichtigung **zugunsten** des Steuerpflichtigen voraus. Da die Änderung folglich zu seinen Lasten ginge, ist sie von Amts wegen vorzunehmen (§ 174 II 1 Hs. 2 AO). **630**

Da jede Korrektur zulasten des Steuerpflichtigen dem **Vertrauensschutz** ausreichend Rechnung tragen muss, darf sie nur erfolgen, wenn der Widerstreit und damit die irrige Berücksichtigung kausal auf einen Antrag oder eine Erklärung des Steuerpflichtigen zurückzuführen ist (§ 174 II 2 AO). Nur in diesen Fällen hat der Steuerpflichtige zur Unrichtigkeit des Steuerbescheids beigetragen, so dass sein Vertrauen nicht schutzwürdig ist. **631**

> **Hinweis:** Wie bei § 173 I Nr. 1 AO ist auch hier eine steuererhöhende Korrektur nach Treu und Glauben ausgeschlossen, wenn das Finanzamt die unrichtige Festsetzung durch Verletzung ihrer eigenen Ermittlungspflicht (§ 88 AO) maßgeblich mitverursacht hat (Rn. 621).

cc) Anfänglicher negativer Widerstreit

Bei einem negativen Widerstreit i.S.d. § 174 III–V AO ist ein steuerlich relevanter Sachverhalt in mehreren Steuerbescheiden überhaupt nicht berücksichtigt. **632**

Dabei regelt **§ 174 III 1 AO** den Fall, dass ein Sachverhalt bereits im Rahmen der Steuerfestsetzung und damit „anfänglich" nicht be- **633** rücksichtigt wurde. Dies muss bewusst und für den Empfänger **erkennbar** in der Absicht geschehen sein, die steuerrechtlichen Auswirkungen in einem anderen Steuerbescheid anzusetzen. Da sich die Fehleinschätzung nachträglich herausstellt, unterbleibt ein Ansatz in der nachfolgenden Steuerfestsetzung zu Recht. Der so entstandene Widerstreit ist durch Anpassung des fehlerhaften Steuerbescheids zu beseitigen (§ 174 III 1 AO). Aufgrund des Legalitätsprinzips (§ 85 AO) ist das dem Wortlaut nach gewährte **Ermessen** („kann") regelmäßig auf Null reduziert.

634 Bei der Änderung eines negativen Widerstreits ist bezüglich der **Festsetzungsverjährung** § 174 III 2 AO zu beachten. Danach darf die Anpassung des rechtswidrigen Steuerbescheids nur bis zum Ablauf der für den anderen Steuerbescheid geltenden Festsetzungsfrist erfolgen. Diese Verbindung der Festsetzungsverjährung des zu ändernden mit der des nachfolgenden Bescheids ist gerechtfertigt, weil derartige anfängliche negative Widersprüche typischerweise erst bei der Überprüfung des nachfolgenden Bescheids zu Tage treten.

dd) Nachträglicher negativer Widerstreit

635 Wird ein Sachverhalt in einem Steuerbescheid in rechtswidriger Weise berücksichtigt und wendet sich der Steuerpflichtige mittels Einspruchs oder Abhilfeantrags dagegen, ist die Steuerfestsetzung nach §§ 367 II 3, 172 I 1 Nr. 2 lit. a AO zugunsten des Steuerpflichtigen zu korrigieren. In Fällen, in denen die in Streit stehende Tatsache richtigerweise in einem anderen Steuerbescheid hätte berücksichtigt werden müssen, kann das Finanzamt eine Korrektur des anderen Steuerbescheids nach **§ 174 IV 1 AO** durchführen. Durch diese Korrekturvorschrift wird der Widerstreit aufgelöst, der („nachträglich") durch die ergangene Abhilfeentscheidung entstanden ist. Steuererhöhende Tatsachen werden so in dem Steuerbescheid berücksichtigt, in den sie richtigerweise gehören.

636 Dabei ist sogar ein **Ablauf der Festsetzungsfrist** des nach § 174 IV 1 AO zu korrigierenden (nachfolgenden) Bescheids unbeachtlich, wenn die richtigen steuerlichen Folgerungen innerhalb eines Jahres nach Aufhebung oder Änderung des zunächst geänderten Bescheids gezogen werden **(§ 174 IV 3 AO)**. War die Festsetzungsfrist jedoch bereits zu dem Zeitpunkt abgelaufen, als der aufgrund des Änderungsantrags nach §§ 367 II 3, 172 I 1 Nr. 2 lit. a AO geänderte Steuerbescheid erlassen wurde, ist eine weitergehende Durchbrechung des Vertrauensschutzes nur gerechtfertigt, wenn die Finanzbehörde bewusst und für den Bürger **erkennbar** auf eine Berücksichtigung der Tatsachen verzichtet hat **(§ 174 IV 4, III 1 AO)**. Durch das Erfordernis der Erkennbarkeit wird dem schutzwürdigen Vertrauen des Steuerpflichtigen Rechnung getragen. Eine Durchbrechung der Bestandskraft ist daher nur gerechtfertigt, wenn dieses durch entsprechende Maßnahmen der Finanzbehörde verhindert wurde.

Von der Folgeänderung kann grundsätzlich nur der Adressat des **637** Steuerbescheids betroffen sein. Ist dagegen unklar, ob ein Sachverhalt (z. B. ein Wirtschaftsgut) entweder bei dem einen (z. B. dem Leasingnehmer) oder dem anderen Steuerpflichtigen (z. B. dem Leasinggeber) anzusetzen ist, darf eine Änderung dem **Dritten gegenüber** nur unter zusätzlichen Voraussetzungen (**§ 174 V AO**) erfolgen. Dazu ist erforderlich, dass der Dritte an dem Verfahren, welches zur erstmaligen Änderung des fehlerhaften Bescheids führte, durch Hinzuziehung oder Beiladung beteiligt wurde (§§ 360 AO, 60 FGO).

e) Korrektur aufgrund Rückwirkung, § 175 AO

Im Unterschied zu § 173 I AO, der eine Korrektur wegen Tatsachen **638** ermöglicht, die zum Zeitpunkt der Veranlagung zwar bereits existierten, dem Finanzamt aber erst nachträglich bekannt geworden sind, erfasst § 175 AO Fälle, in denen Tatsachen erst nach der endgültigen Veranlagung entstehen und Rückwirkung auf den Zeitpunkt der Veranlagung entfalten. Dabei enthält § 175 I 1 Nr. 1 AO den Sonderfall der Rückwirkung aufgrund der Bindungswirkung des Grundlagenbescheids und § 175 I 1 Nr. 2 AO einen Auffangtatbestand für sonstige Fälle der Rückwirkung.

aa) Anpassung von Folgebescheiden

Werden die Besteuerungsgrundlagen (§ 199 I AO) ausnahmsweise **639** in einem gesonderten Verfahren eigenständig mittels Grundlagenbescheid (§ 171 X 1 AO) festgestellt, entfaltet dieser für den Folgebescheid **Bindungswirkung** (**§ 182 I AO**). Die Besteuerungsgrundlagen sind bei der erstmaligen Festsetzung ohne inhaltliche Prüfung rein „mechanisch" zu übernehmen (Rn. 598).

Diese Akzessorietät wird durch **§ 175 I 1 Nr. 1 AO** fortgeführt. Da- **640** nach ist jede Änderung des Grundlagenbescheids (§§ 172 ff., 181 I 1 AO) ohne materiell-rechtliche Prüfung in den Folgebescheid zu übernehmen. Im Hinblick auf die **Festsetzungsverjährung** ist der besondere Hemmungstatbestand des **§ 171 X 1 AO** zu beachten.

Hat das Finanzamt im Rahmen der Veranlagung des Folgebescheids den be- **641** reits erlassenen Grundlagenbescheid übersehen, kann es eine Änderung des Folgebescheids **wahlweise** nach § 175 I 1 Nr. 1 AO oder nach **§ 129 AO** vornehmen. Die Normen sind nebeneinander anwendbar. Die Akzessorietät gebietet eine Korrektur nach § 175 I 1 Nr. 1 AO selbst dann, wenn der Grundlagenbescheid bereits bei Erlass des Folgebescheids vorlag. Alternativ ist eine Berichtigung (§ 129 AO) möglich, da das Übersehen des Grundlagenbescheids einen mechanischen Fehler darstellt. Ging das Finanzamt hingegen rechtlich unzutreffend davon aus, an den Grundlagenbescheid nicht gebunden zu sein, ist § 129 AO aufgrund dieses Rechtsfehlers ausgeschlossen. Eine Änderung ist dann nur nach § 175 I 1 Nr. 1 AO möglich.

bb) Sonstige rückwirkende Ereignisse

642 **§ 175 I 1 Nr. 2 AO** ermöglicht die Anpassung eines ursprünglich richtigen Bescheids an einen Sachverhalt, der – im Unterschied zu § 173 I AO – erst nach dem Zeitpunkt der erstmaligen Festsetzung entstanden ist, aber steuerrechtliche Wirkung in der Vergangenheit entfaltet. Eine Korrektur ist damit nur möglich, wenn dem „neuen" Ereignis Rückwirkung zukommt. Da § 175 I 1 Nr. 2 AO nur die verfahrensrechtliche Umsetzung regelt, muss sich die Rückwirkung aus dem materiellen Steuerrecht ergeben.

643 Gemäß **§ 38 AO** entstehen steuerliche Ansprüche mit der Verwirklichung des Tatbestands. Im Einkommensteuerrecht wird dies durch §§ 36 I, 25 I EStG konkretisiert. Eine Veränderung der realen Lebensverhältnisse führt daher grundsätzlich nicht zu einer steuerlichen Rückwirkung, sondern begründet regelmäßig nur eine weitere, steuerlich eigenständig zu würdigende Tatsache. Systematisch ist die Rückwirkung daher die **Ausnahme**. Beispiele im EStG:

Im Rahmen der **Veräußerungsgeschäfte** (§§ 16, 17, 20 II–IV, 23 EStG) wirken spätere, auf das Entgelt bezogene Ereignisse (z. B. nachträgliche Anschaffungskosten, Uneinbringlichkeit einer Forderung, Rückabwicklung wegen „Vertragsstörung") auf den Zeitpunkt der Veräußerung zurück.

Im Fall der Anschaffung eines Gebäudes, das der Einkünfteerzielung dient, erhöhen innerhalb von drei Jahren getätigte **nachträgliche Anschaffungskosten** i.S.d. § 6 I Nr. 1a EStG rückwirkend die AfA-Bemessungsgrundlage und verändern damit die in den vergangenen VZ angesetzten AfA-Raten.

Wird nachträglich die Zustimmung des Unterhaltsempfängers zur Anwendung des begrenzten Realsplittings erteilt und der Antrag nach **§ 10 Ia Nr. 1 S. 1 EStG** gestellt, entfalten diese Ereignisse Rückwirkung.

Wird eine **außergewöhnliche Belastung** (§ 33 EStG) in einem *späteren* VZ erstattet, entfällt die wirtschaftliche Belastung rückwirkend.

Umstritten ist die Behandlung einer rechtsgeschäftlichen **„Steuerklausel"**. Ist in einem Vertrag vereinbart, dass eine Rückabwicklung erfolgen soll, soweit das Finanzamt die von den Parteien gewünschte Wirkung nicht anerkennt, kann die Steuerklausel allenfalls dann steuerliche Rückwirkung entfalten, wenn sie so bald wie möglich dem Finanzamt bekannt gegeben wird. Im Übrigen gehen die Auffassungen in Literatur und Rechtsprechung weit auseinander.

f) Mitberichtigung materieller Fehler, § 177 AO

644 Die Korrekturvorschriften der §§ 172–175 AO ermöglichen die Änderung eines Steuerbescheids jeweils im Hinblick auf speziell aufgeführte Fehler. Sie werden daher als „punktuelle" Korrekturvorschriften

bezeichnet. Die durch sie gewährte Durchbrechung der materiellen Bestandskraft nutzt § 177 AO dergestalt aus, dass im Rahmen der eröffneten Korrekturmöglichkeit sonstige materielle Fehler (§ 177 III AO) mitberichtigt werden können. Folglich ist § 177 AO **keine eigenständige Änderungsvorschrift**, sondern ermöglicht lediglich eine Festsetzung der „weitgehend richtigen" Steuer mittels sog. **beschränkter Gesamtaufrollung** (vgl. „soweit die Änderung reicht"). Dies kann sowohl zuungunsten (§ 177 I AO) als auch zugunsten des Steuerpflichtigen (§ 177 II AO) erfolgen.

Hinweis: Ist der Steuerbescheid mit einem **Vorbehalt der Nachprüfung** versehen, ermöglicht bereits § 164 II 1 AO eine unbeschränkte Korrektur (Rn. 577). Für § 177 AO ist kein Bedarf. Die Vorschrift wird nur bei den punktuellen Änderungsvorschriften benötigt. Zu diesen zählt neben §§ 172 ff. AO aber auch § 165 II AO, der den Eintritt der materiellen Bestandskraft nur teilweise verhindert (Rn. 585).

aa) Materielle Fehler

Materielle Fehler i.S.d. § 177 III AO sind alle objektiven Fehler eines Steuerbescheids einschließlich offenbarer Unrichtigkeiten, die zur Festsetzung einer Steuer führen, die von der kraft Gesetzes entstandenen („richtigen") Steuer abweichen. Ein materieller Fehler ist somit jede Unrichtigkeit, die nicht berichtigt werden kann. Dies gilt unabhängig davon, ob ein Korrekturtatbestand (§§ 172 ff. AO) nicht erfüllt ist oder die Korrektur wegen des Ablaufs der Festsetzungsfrist nicht mehr zulässig ist. **645**

bb) Technik der Mitberichtigung

Die Mitberichtigung materieller Fehler erfolgt in einem **Dreischritt:** **646**

1. Schritt: Zuerst sind die steuerlichen Auswirkungen der punktuellen Korrekturvorschriften zu ermitteln. Sämtliche Änderungen zugunsten (§ 177 II AO) und zuungunsten (§ 177 I AO) des Steuerpflichtigen sind gesondert zu addieren, dürfen aber nicht saldiert werden. Das Ergebnis ist der sog. **Änderungsrahmen**.

2. Schritt: Im Anschluss an die Ermittlung des Änderungsrahmens ist die materiell-rechtlich **richtige Steuer** zu bestimmen. Dies erfolgt im Wege einer Gesamtsaldierung aller im Steuerbescheid enthaltenen materiellen Fehler.

3. Schritt: Zuletzt ist die im 2. Schritt ermittelte materiell-richtige Steuer mit dem im 1. Schritt ermittelten (verfahrensmäßigen) Änderungsrahmen zu vergleichen. Nur soweit die Bestandskraft aufgrund der punktuellen Korrekturvorschriften durchbrochen ist, können materielle Fehler (§ 177 III AO) mitberichtigt werden (§ 177 I, II AO, „soweit die Änderung reicht"). Liegt die materiell-richtige Steuer außerhalb des Änderungsrahmens, kann eine Änderung nur „insoweit", d. h. bis zur Grenze des Änderungsrahmens, vorgenommen werden. Nur insoweit ist die Bestandskraft durchbrochen.

g) Vertrauensschutz, § 176 AO

647 § 176 AO bewirkt einen besonderen Vertrauensschutz des Steuerpflichtigen im Rahmen der Aufhebung und Änderung von Steuerbescheiden. Die Norm ist **keine eigene Korrekturvorschrift**, sondern ergänzt §§ 172–175 AO und § 177 AO.

648 Sie enthält den Grundgedanken, dass zugunsten des Steuerpflichtigen von der Rechtslage auszugehen ist, die im Zeitpunkt der ursprünglichen Steuerfestsetzung bestand. Daher ist der Änderung die frühere Rechtslage zugrunde zu legen, wenn sie sich zwischenzeitlich zum Nachteil des Steuerpflichtigen geändert hat. Rechtsänderungen zugunsten des Steuerpflichtigen sind demgegenüber stets zu berücksichtigen.

Hinweis: Nach der systematischen Stellung ist § 176 AO auf Durchbrechungen der Bestandskraft nach §§ 172 ff. AO beschränkt. Als unmittelbar aus dem Rechtsstaatsprinzip folgendes Gebot ist sie jedoch **entsprechend anzuwenden**, wenn eine Steuerfestsetzung geändert wird, die unter dem Vorbehalt der Nachprüfung (§ 164 AO) oder vorläufig (§ 165 AO) erfolgt ist.

3. Exkurs: Rücknahme und Widerruf sonstiger VA

649 Die §§ 130–132 AO gelten als *leges generales* für alle sonstigen Steuerverwaltungsakte, die weder Steuerbescheide (§§ 155 ff., 172 ff. AO) noch ihnen gleichgestellte Steuerverwaltungsakte sind (z. B. §§ 181 I 1, 239 I 1 AO). Für letztere ist ihr Anwendungsbereich verdrängt (§ 172 I Nr. 2 lit. d Hs. 2 AO). Ihr Aufbau **ähnelt dem der §§ 48, 49 VwVfG** erheblich.

650 Da der Vertrauensschutz bei der Rücknahme rechtswidriger (§ 130 AO) und dem Widerruf rechtmäßiger (§ 131 AO) VA unterschiedlich ausgestaltet ist, ist zu unterscheiden, ob der aufzuhebende VA **rechtmäßig** oder **rechtswidrig** ist.

651 Ferner ist danach zu unterscheiden, ob der aufzuhebende VA eine für den Betroffenen **belastende** (§§ 130 I, 131 I AO) oder **begünstigende** Wirkung entfaltet. Letztenfalls ist die Aufhebung bzw. Änderung nur unter den erhöhten Anforderungen der §§ 130 II, 131 II AO rechtmäßig.

Nach dem ***BVerwG*** ist für die Unterscheidung belastend bzw. begünstigend der Inhalt des Tenors maßgeblich. Demnach handelt es sich um einen belastenden VA, wenn durch die Regelungswirkung des zugrunde liegenden VA in den Rechtskreis des Betroffenen eingegriffen wird. Diese Ansicht berücksichtigt den

Vertrauensschutz jedoch in den Fällen unzureichend, in denen nach der Aufhebung der Erlass eines *belastenderen* VAs beabsichtigt ist.

Beispiel: Nimmt das Finanzamt z. B. ein festgesetztes Zwangsgeld als Druckmittel zur Abgabe einer Steuererklärung (§ 329 AO) i.H.v. 1.000 € zurück und setzt es anschließend aufgrund derselben Versäumnis ein neues i.H.v. 2.000 € fest, würde die formelle Betrachtung die Aufhebung nur an den geringeren Voraussetzungen der §§ 130 I, 131 AO messen.

Daher folgt der ***BFH*** einer **materiell geprägten Sichtweise**. Nach dieser ist auf den beabsichtigten Korrektureffekt abzustellen. Insofern läge im Beispielsfall aufgrund der beabsichtigten Verböserung von 1.000 € ein ursprünglich begünstigender VA vor. Erst diese Auslegung eröffnet den §§ 130 II, 131 II AO im Steuerrecht einen eigenständigen Anwendungsbereich.

Zu beachten sind ferner die zeitlichen Grenzen (§§ 130 III, 131 II 2 AO) und die besondere örtliche Zuständigkeit (§§ 130 IV, 131 IV AO). 652

	rechtswidriger VA	**rechtmäßiger VA**
belastend	§ 130 I AO	§ 131 I AO
begünstigend	§ 130 II AO	§ 131 II AO
zeitl. Grenze	§ 130 III AO	§ 131 II 2 AO
örtl. Zuständigkeit	§ 130 IV AO	§ 131 IV AO

4. Offenbare Unrichtigkeiten, § 129 AO

Enthält ein VA Schreibfehler, Rechenfehler oder ähnliche Unrichtigkeiten, wird er durch die Bekanntgabe mit diesem Inhalt gleichwohl wirksam. Nach § 129 AO hat die Bestandskraft des VA aufgrund Evidenz jedoch ausnahmsweise zurückzustehen, soweit der bei dem Erlass des VA unterlaufene Fehler derart offenbar war, dass schutzwürdiges Vertrauen nicht entstehen konnte. Die Regelung gilt im Umkehrschluss zu § 172 I Nr. 2 lit. d Hs. 2 AO **auch für Steuerbescheide**. 653

a) Voraussetzungen

Das Finanzamt kann Schreibfehler, Rechenfehler und ähnliche offenbare Unrichtigkeiten, die beim Erlass eines VA unterlaufen sind, jederzeit berichtigen (§ 129 S. 1 AO). Im Fall von Steuerbescheiden ist es an die Grenze der **Festsetzungsverjährung** gebunden (§ 169 I 2 AO), die aber u. a. nach § 171 II AO gehemmt sein kann. 654

Voraussetzung ist ein **Schreibfehler, Rechenfehler oder eine ähnliche Unrichtigkeit**. Letztes sind nur solche Fehler, die wie Schreib- oder Rechenfehler im Rahmen des Erklärungsvorgangs entstanden sind. Fehler bei der Willensbildung sind nicht erfasst. Irrtümer über 655

Tatsachen und Rechtsansichten berechtigen nicht zu einer Berichtigung nach § 129 S. 1 AO. Nach der **konkreten Fehlertheorie** liegt eine ähnliche Unrichtigkeit in Form eines rein mechanischen Versehens nur vor, wenn die Möglichkeit einer falschen Rechtsanwendung mit an Sicherheit grenzender Wahrscheinlichkeit ausgeschlossen ist.

656 Darüber hinaus muss der mechanische Fehler **offenbar** sein. Davon ist auszugehen, wenn ein unvoreingenommener Dritter ihn ohne Nachforschung nur unter Heranziehung der behördlichen Akten erkennen könnte. Typisch sind v. a. Fehler bei der Übertragung der Angaben aus der Steuererklärung. Ohne Bedeutung ist es hingegen, ob der Steuerpflichtige den Fehler aus dem VA und den ihm vorliegenden Unterlagen erkennen konnte.

657 Aus dem Sinn und Zweck der Norm sowie der Formulierung „beim Erlass" folgt, dass § 129 S. 1 AO nur anwendbar ist, wenn der **Fehler der Finanzbehörde** unterlaufen ist. Eine Berichtigung ist daher nicht möglich, wenn der mechanische Fehler auf Seiten des Steuerpflichtigen liegt. Soweit die Finanzbehörde jedoch einen durch den Steuerpflichtigen veranlassten Fehler übernimmt, ist von einem mechanischen Fehler der Finanzbehörde i.S.d. § 129 S. 1 AO auszugehen, wenn sie den Fehler des Steuerpflichtigen ohne weitere Prüfung hätte erkennen können (sog. **Übernahmefehler**).

Soweit die Voraussetzungen des § 129 AO nicht erfüllt sind, können aber ggf. die übrigen Normen zur Überwindung der Bestandskraft (§§ 130, 131 bzw. §§ 172 ff. AO) eine Korrektur ermöglichen. Diese sind subsidiär anwendbar.

b) Rechtsfolge

658 Ausweislich des Wortlauts des § 129 S. 1 AO steht die Berichtigung grundsätzlich im **Ermessen** der Finanzbehörde („kann"). Allerdings verpflichtet **§ 129 S. 2 AO** zu einer Berichtigung, wenn der Betroffene daran ein berechtigtes Interesse hat. Davon ist auszugehen, wenn die Berichtigung zugunsten des Steuerpflichtigen wirkt. Geht die Berichtigung zulasten des Steuerpflichtigen, ist zwar § 129 S. 2 AO nicht anwendbar. Gleichwohl gebieten fiskalische Interessen sowie der Grundsatz der Gesetzmäßigkeit und Gleichmäßigkeit der Besteuerung (§ 85 AO), dass das Finanzamt von der Möglichkeit zur Berichtigung von Amts wegen Gebrauch macht.

659 Dem Wortlaut nach gewährt § 129 S. 1 AO nur eine Berichtigung der offenbaren Unrichtigkeit. Umstritten war daher, ob § 129 S. 1 AO gleich den §§ 172 ff. AO die Möglichkeit der **Mitberichtigung sonstiger materieller Fehler** i.S.d. § 177 III AO eröffnet. Der *BFH* verweigert zwar die Anwendbarkeit des § 177 AO, betont aber, dass das Finanzamt bei der Ermessensausübung nach § 129 S. 1 AO gleichwohl an die Prinzipien der Gesetzmäßigkeit und Gleichmäßigkeit der Besteuerung (§ 85 AO) gebunden sei. Daher eröffne das dortige Ermessen einen dem § 177 AO vergleichbaren Änderungsrahmen für sonstige materielle Fehler, für die kein eigener Änderungstatbestand erfüllt sei.

Hinweis: Im Zusammenhang mit § 129 AO ist auch § 173a AO zu sehen, der aber nur für Steuerbescheide (§§ 155 ff. AO) gilt. Danach sind Steuerbescheide aufzuheben oder zu ändern, soweit dem Steuerpflichtigen bei der Erstellung seiner Steuererklärung Schreib- oder Rechenfehler unterlaufen sind und er damit für die Steuerfestsetzung relevante Tatsachen unzutreffend mitgeteilt hat. Die Vorschrift schließt die Lücke, die § 129 AO durch das Erfordernis eines Fehlers des Finanzamts schafft. Kann die Finanzbehörde einen Fehler des Steuerpflichtigen nicht erkennen, z. B. weil entsprechende Belege der Erklärung nicht beigefügt sind, ist der Anwendungsbereich des § 129 AO nicht eröffnet. In diesen Fällen lässt ausschließlich § 173a AO eine Korrektur der Fehler zu.

C. Erhebungsverfahren

Auf die Festsetzung der Steuer folgt die im 5. Teil der AO normierte **660**
Erhebung. Diese dient nicht der Ermittlung der richtigen Steuer, sondern regelt die *Verwirklichung* der durch Steuerbescheid (§ 155 I 1 AO) **festgesetzten** Steuer (§ 218 I 1 Hs. 1 AO).

I. Entstehung und Fälligkeit des Steueranspruchs

Die Einkommensteuerschuld **entsteht** mit dem Ablauf des VZ **661**
(§§ 36 I, 25 I EStG). Da der Umfang des Steueranspruchs in diesem Zeitpunkt sowohl dem Fiskus als auch dem Steuerpflichtigen unbekannt ist, wird er im Veranlagungsverfahren (§§ 134–217 AO) durch das Finanzamt ermittelt und durch Steuerbescheid (§ 155 I 1 AO) festgesetzt. Diese Festsetzung ist Grundlage und Voraussetzung der Erhebung (§ 218 I 1 Hs. 1 AO).

Von der Entstehung ist der Zeitpunkt zu unterscheiden, zu dem der **662**
Steuerpflichtige den festgesetzten Anspruch zu erfüllen hat. Die **Fälligkeit** bestimmt sich nach § 220 AO. Für die Einkommensteuer bestimmt § 220 I AO i.V.m. § 36 IV 1 EStG, dass die im „Einkommensteuerbescheid" (Rn. 546) angegebene Abschlusszahlung einen Monat nach der Bekanntgabe des Steuerbescheids fällig wird. Die Fälligkeit kann u. a. mittels Stundung (§ 222 AO) hinausgeschoben werden.

II. Erlöschen des Steueranspruchs

663 Bereits festgesetzte Steueransprüche können nach **§ 47 AO** insbesondere durch Zahlung (§§ 224 ff. AO), Aufrechnung (§ 226 AO), Erlass (§ 227 AO) oder Zahlungsverjährung (§§ 228 ff. AO) erlöschen.

1. Erlöschen durch Zahlung, §§ 224 ff. AO

664 Zahlungen an die Finanzbehörden sind an die zuständige Kasse zu entrichten (§ 224 I 1 AO). Der Zeitpunkt der Erfüllung wird gemäß § 224 II AO für die aufgeführten Zahlungsformen fingiert („gilt“). Dies ist insbesondere für die Berechnung von Zinsen (§ 233a AO) und Säumniszuschlägen (§ 240 AO) von Bedeutung. Für die Tilgungsreihenfolge gilt § 225 AO. Zahlungen der Finanzbehörden werden stets unbar geleistet (§ 224 III 1 AO).

2. Erlöschen durch Aufrechnung, § 226 AO

665 Nach § 226 I AO gelten für die Aufrechnung grundsätzlich die **§§ 387 ff. BGB entsprechend**. Die Aufrechnung kann sowohl vom Steuerpflichtigen als auch vom Finanzamt erklärt werden. Die Erklärung ist folglich kein VA, sondern öffentlich-rechtliche Willenserklärung (§ 388 BGB), die mit Zugang (§ 130 BGB) wirksam wird. Die Aufrechnung führt zu einem wechselseitigen Erlöschen der Forderungen zu dem Zeitpunkt, als sie sich erstmals aufrechenbar gegenüberstanden (§ 389 BGB).

666 Die **§ 226 II–IV AO** enthalten folgende **Modifikationen**:

Wer **Gläubiger** auf Seiten des Fiskus ist, bestimmt sich nach der Ertragshoheit. Die Einkommensteuer ist eine Gemeinschaftsteuer, da ihre Erträge Bund, Ländern und Gemeinden gemeinschaftlich zustehen (Art. 106 III, V GG). Um Nachteile aus dieser Aufteilung für die Steuerpflichtigen zu verhindern, wird die Gegenseitigkeit der Forderungen insoweit fingiert, als die Steuer als derjenigen Körperschaft zustehend angesehen wird, die sie verwaltet (**§ 226 IV AO**). Die Einkommensteuer wird von den Finanzämtern als Landesbehörden (§ 17 II FVG) verwaltet. Für die Ansprüche des Bundes und der Gemeinden agieren sie als Treuhänder.

Der Steuerpflichtige kann die Aufrechnung nach **§ 226 III AO** nur mit unbestrittenen oder rechtskräftig festgestellten Gegenansprüchen geltend machen. Wird die Aufrechnung mit einer rechtswegfremden Forderung erklärt, ist das Verfahren bis zur rechtskräftigen Entscheidung des zuständigen Gerichts auszusetzen, solange der Rechtsstreit dort anhängig ist. Im Übrigen gilt § 17 II 1 GVG.

3. Erlöschen durch Erlass, § 227 AO

Ansprüche aus dem Steuerschuldverhältnis können erlassen werden, soweit die Einziehung **nach Lage des Einzelfalls unbillig** wäre (§ 227 Hs. 1 AO). Als Vorschrift des Erhebungsverfahrens regelt die Norm nur den Erlass einer bereits festgesetzten Steuer. Für das Veranlagungsverfahren enthält § 163 AO eine entsprechende Regelung. **667**

Die Unbilligkeit der Einziehung kann sich im Einzelfall aus sachlichen oder persönlichen Gründen ergeben: **668**

Eine Unbilligkeit **aus persönlichen Gründen** liegt vor, wenn der Steuerschuldner **erlassbedürftig** und **erlasswürdig** ist. Ersteres erfordert die Gefährdung der wirtschaftlichen Existenz des Steuerpflichtigen im Falle einer Versagung. Dies ist insbesondere anzunehmen, wenn der Steuerpflichtige den notwendigen Lebensunterhalt dauernd oder vorübergehend nicht mehr bestreiten könnte. Hat der Steuerpflichtige die mangelnde Leistungsfähigkeit in vorwerfbarer Weise selbst herbeigeführt, ist er nicht erlasswürdig. Eine Unbilligkeit ist ferner regelmäßig ausgeschlossen, wenn der Steuerpflichtige die Steuer auf andere abwälzen kann (z. B. Umsatzsteuer) oder er sie nur für Dritte einbehält (z. B. Lohnsteuer); hier ist er durch die Erhebung grundsätzlich nicht belastet.

Eine Unbilligkeit **aus sachlichen Gründen** besteht v. a., wenn die in gesetzlicher Weise festgesetzte Steuer den Wertungen des Gesetzes im Einzelfall derart widerspricht, dass eine Erhebung ausnahmsweise unzumutbar erscheint.

4. Zahlungsverjährung, §§ 228 ff. AO

Neben der Festsetzungsverjährung (§§ 169 ff. AO) führt auch die Zahlungsverjährung (§§ 228 ff. AO) als **rechtsvernichtende**, von Amts wegen zu berücksichtigende **Einwendung** zum Erlöschen von Ansprüchen aus dem Steuerschuldverhältnis (§§ 47, 232 AO). Im Unterschied zur Festsetzungsverjährung betrifft die Zahlungsverjährung die bereits festgesetzte Steuer und umfasst alle Ansprüche aus dem Steuerschuldverhältnis, also z. B. auch Erstattungsansprüche (§ 37 II AO). **669**

Gemäß § 228 S. 2 AO beträgt die Verjährungsfrist grundsätzlich **fünf Jahre**; in Fällen einer Steuerstraftat beträgt sie zehn Jahre. Sie **beginnt** nach § 229 I 1 AO mit dem Ablauf des Kalenderjahres der erstmaligen Fälligkeit (§ 220 AO). **670**

Der Ablauf der Zahlungsverjährung ist in Fällen höherer Gewalt **gehemmt** (§ 230 AO). Anders als die Festsetzungsverjährung kennt die Zahlungsverjährung auch eine **Unterbrechung**. Diese tritt nach § 231 I AO u. a. ein, wenn der Anspruch schriftlich (z. B. durch Leistungsgebot, § 254 I AO) geltend gemacht, eine Stundung (§ 222 AO) oder Aussetzung der Vollziehung (§ 361 II AO) gewährt wird. Im Unterschied zur Hemmung setzt die Unterbrechung eine neue Verjährungs- **671** frist von fünf Jahren in Gang. Diese beginnt am Ende des Jahres, in dem der Unterbrechungstatbestand geendet hat (§ 231 III AO).

5. Abrechnungsbescheid, § 218 II AO

672 Nach § 218 II AO entscheidet die Finanzbehörde über „Streitigkeiten, die die Verwirklichung der Ansprüche i.S.d. Absatzes 1 betreffen", durch Abrechnungsbescheid (§ 118 S. 1 AO). Derartige **Streitigkeiten** müssen folglich solche **des Erhebungsverfahrens** sein. Sie betreffen v. a. das mögliche Erlöschen des festgesetzten Anspruchs.

673 Mit dem Antrag auf Erlass eines Abrechnungsbescheids enthält die AO einen **gegenüber dem Einspruchsverfahren vorrangigen Rechtsbehelf**. Dieser ist nicht nur vorrangig, wenn das Einspruchsverfahren mangels VA-Qualität unstatthaft ist (z. B. Realakt der Zahlung als Erlöschensgrund). Er ist sogar vorrangig, wenn ein Einspruch eigentlich statthaft wäre (z. B. Erlass nach § 227 AO als Erlöschensgrund). In den letztgenannten Konstellationen ist der Einspruch unzulässig, da ihm das allgemeine Rechtsschutzbedürfnis fehlt (Rn. 714).

III. Verzinsung von Ansprüchen

674 Zinsen sind steuerliche Nebenleistungen (§ 3 IV Nr. 4 AO). Auch wenn die Festsetzung der Zinsen regelmäßig mit der Steuerfestsetzung (§ 233a IV AO), der Zahlungsaufforderung (§ 254 I 1 AO) oder der Gewährung einer Aussetzung der Vollziehung in einer Urkunde verbunden wird, ist sie ein davon zu unterscheidender Steuerverwaltungsakt. Der Zinsbescheid ist dem Steuerbescheid regelungstechnisch gleichgestellt; die Vorschriften der **§§ 155 ff. AO** finden daher **entsprechende Anwendung** (§§ 239 I 1, 1 III 2 AO).

1. Rechtsgrundlagen, §§ 233a–237 AO

675 Nach § 233 S. 1 AO sind Ansprüche aus dem Steuerschuldverhältnis nur zu verzinsen, soweit dies in den §§ 233a–237 AO vorgeschrieben ist. Im Einzelnen:
- Verzinsung einer Einkommensteuernachforderung (§ 36 IV 1 EStG) oder Erstattung (§ 36 IV 2 EStG) nach **§ 233a AO**
- Verzinsung für die Dauer der gewährten Stundung nach **§ 234 AO**
- Verzinsung nach § 370 AO hinterzogener Steuern, **§ 235 AO**
- Prozesszinsen auf Erstattungsbeträge nach **§ 236 AO**
- Verzinsung für den Zeitraum einer gemäß § 361 II AO gewährten Aussetzung der Vollziehung nach **§ 237 AO**

2. Berechnung und Festsetzung, §§ 238 f. AO

Die Berechnung der Zinsen erfolgt nach Maßgabe des § 238 I 1 AO. Danach beträgt der Zinssatz **0,5 % für jeden vollen Monat**. Dieser muss nicht notwendig mit dem Kalendermonat identisch sein. Angefangene Monate bleiben außer Betracht (§ 238 I 2 Hs. 2 AO). Erstreckt sich die Zinspflicht über mehrere Monate, sind die Zinssätze zu addieren. Steuerliche Nebenleistungen (§ 3 IV AO) dürfen nicht in die Bemessungsgrundlage einbezogen werden (§ 233 S. 2 AO). Für die Berechnung der Zinsen ist der zu verzinsende Betrag auf volle 50 € abzurunden (§ 238 II AO). Der danach errechnete Zins ist auf volle Euro zugunsten des Steuerpflichten zu runden (§ 239 II 1 AO); eine Festsetzung erfolgt erst ab einem Betrag von 10 € (§ 239 II 2 AO). **676**

3. Vorgehen gegen einen Zinsbescheid

Bei Rechtsbehelfen gegen einen Zinsbescheid ist zu unterscheiden: **677**

Wendet der Steuerpflichtige sich gegen einen **Fehler bei der Zinsberechnung**, ist Einspruch unmittelbar gegen den Zinsbescheid einzulegen. Dessen Änderung erfolgt nach § 367 II 3 i.V.m. §§ 172 I Nr. 2 lit. a, 239 I 1 AO.

Erhebt der Steuerpflichtige Einwendungen gegen die **Höhe der verzinsten Steuer**, ist Einspruch gegen den Steuerbescheid einzulegen. Im Verhältnis zu dem Zinsbescheid ist die Steuerfestsetzung als Grundlagenbescheid zu qualifizieren. Die Änderung des Zinsbescheids erfolgt dann nach dem abschließenden § 233a V AO.

IV. Säumniszuschläge, § 240 AO

Auch Säumniszuschläge sind steuerliche Nebenleistungen (§ 3 IV Nr. 5 AO). Ähnlich dem Verspätungszuschlag (§ 152 AO) sollen sie den Steuerpflichtigen zur Erfüllung seiner Pflichten anhalten. Als **Teil des Erhebungsverfahrens** sollen sie aber nicht die Bereitschaft zur pünktlichen Abgabe der Steuererklärung, sondern die Bereitschaft zur pünktlichen Erfüllung der festgesetzten Zahlungsverpflichtung fördern. **678**

1. Voraussetzungen

Voraussetzung für die Entstehung des Säumniszuschlags ist die **verspätete Entrichtung eines fälligen Steueranspruchs** (§ 240 I 1 AO). Insofern hat der Säumniszuschlag eine zinsähnliche Funktion. Auch Säumniszuschläge entstehen nicht auf steuerliche Nebenleistungen (§ 240 II AO). Verspätet entrichtet ist eine Steuer, wenn sie nicht bis zum Ablauf des Fälligkeitstags geleistet wurde. Im Unterschied zu § 152 AO kommt es auf ein Verschulden des Steuerpflichtigen nicht **679** an. In Extremfällen (z. B. einer plötzlichen Erkrankung) ist ein Erlass (§ 227 AO) aufgrund persönlicher Unbilligkeit möglich.

680 Nach **§ 240 III AO** gilt eine **Schonfrist von drei Tagen**, soweit der Steuerpflichtige mittels Überweisung oder Lastschriftverfahren seine Schuld begleicht. Eine Zahlung innerhalb der Schonfrist ist damit zwar als verspätet anzusehen, Säumniszuschläge werden aber nicht erhoben. Die Fälligkeit wird durch die Schonfrist ebenso wenig berührt wie die Berechnung der Säumniszuschläge bei einer etwaigen Überschreitung.

2. Rechtsfolge

681 Nach **§ 240 I 1 AO** beträgt der Säumniszuschlag für jeden *angefangenen* Monat 1 % des auf 50 € abgerundeten rückständigen Betrags. Der Säumniszuschlag entsteht *ipso iure*; im Gegensatz zum Verspätungszuschlag (§ 152 AO) und dem Zinsbescheid (§ 239 I AO) erfolgt **keine Festsetzung** durch VA (§ 218 I 1 Hs. 2 AO).

682 Der Säumniszuschlag ist nicht im selben Maße akzessorisch wie der Zinsanspruch. Vermindert sich die Steuerschuld durch eine Korrektur der Steuerfestsetzung und sind Säumniszuschläge bereits entstanden, bleiben diese durch die Änderung unberührt (**§ 240 I 4 AO**; anders § 233a V AO). Dagegen ist die Durchbrechung der Akzessorietät im Fall der Aufrechnung bei Säumniszuschlägen (**§ 240 I 5 AO**) wie bei Zinsen gleichermaßen angeordnet (§ 238 I 3 AO).

3. Rechtsbehelfe

683 Besteht Streit über die Verwirklichung oder Höhe des Säumniszuschlags, ist der Einspruch unstatthaft, da es an einem Steuerverwaltungsakt fehlt (§ 347 I 1 Nr. 1 AO). Der Betroffene muss stattdessen den Erlass eines **Abrechnungsbescheids** beantragen (§ 218 II AO). Betroffen ist gerade eine Streitigkeit im Sinne des § 218 I 1 Hs. 2 AO (Rn. 672 f.). Erst gegen den erlassenen Abrechnungsbescheid ist der Einspruch statthaft.

D. Vollstreckungsverfahren

684 Kommt ein Steuerpflichtiger seinen Pflichten nicht freiwillig nach, hat die Finanzbehörde die Möglichkeit, diese zwangsweise durchzusetzen. Das Vollstreckungsverfahren ist im **6. Teil der AO** (§§ 249–346 AO) geregelt. Die Vorschriften ähneln denen des VwVG und der §§ 704 ff. ZPO erheblich. Teilweise wird sogar ausdrücklich verwiesen.

Für die zwangsweise Durchsetzung einer Pflicht bedarf es zunächst der **allgemeinen Vollstreckungsvoraussetzungen** (§§ 249–258 AO). Nach § 249 I 1 AO muss ein wirksamer VA vorliegen, dessen Inhalt auf die Zahlung einer Geldleistung oder die Vornahme einer sonstigen Handlung, Duldung oder eines Unterlassens gerichtet ist. Außerdem darf die Vollstreckbarkeit nicht durch die Gewährung einer behördlichen oder gerichtlichen Aussetzung der Vollziehung (§§ 361 II AO, 69 FGO) ausgeschlossen sein (§ 251 I AO). Weitere allgemeine Vollstreckungsvoraussetzungen sind nach § 254 I AO die Fälligkeit der Leistung, die Aufforderung mittels eines Leistungsgebots sowie das Verstreichen der Wochenfrist nach der Aufforderung. **685**

Während die vorgenannten allgemeinen Vollstreckungsvoraussetzungen für alle Arten der Vollstreckung gelten, richten sich die **besonderen Vollstreckungsvoraussetzungen** nach dem Inhalt der durchzusetzenden Pflicht. Zu unterscheiden ist zwischen der Vollstreckung von Geldforderungen (§§ 259–327 AO) und anderen Leistungen (§§ 328–336 AO). **686**

Die Vollstreckung wegen **Geldforderungen** kann die Finanzbehörde in das bewegliche Vermögen durch Pfändung (§§ 281 ff. AO) oder in das unbewegliche Vermögen (§§ 322 f. AO) durch Eintragung einer Sicherungshypothek, Zwangsverwaltung oder Zwangsversteigerung betreiben. In der Praxis hat v. a. die Kontopfändung (§§ 309 ff. AO) erhebliche Bedeutung.

Die Vollstreckung wegen **anderer Leistungen** ist durch Androhung vorzubereiten (§ 332 AO). Darin ist das Zwangsmittel konkret zu bezeichnen und zur Erfüllung der Pflicht eine angemessene Frist zu setzen. Es stehen folgende Zwangsmittel zur Verfügung: Zwangsgeld (§ 329 AO), Ersatzzwangshaft (§ 334 AO), Ersatzvornahme (§ 330 AO) und die Anwendung unmittelbaren Zwangs (§ 331 AO). Nach Ablauf der gesetzten Frist hat das Finanzamt das angedrohte Zwangsmittel innerhalb eines angemessenen Zeitraums festzusetzen (§ 333 AO). Erst anschließend darf das gewählte Zwangsmittel eingesetzt werden.

Hinweis: Im Fall der unterbliebenen **Abgabe der Steuererklärung** besteht alternativ zur Handlungsvollstreckung die Möglichkeit, die Besteuerungsgrundlagen zu schätzen (§ 162 AO), auf dieser Basis den Steuerbescheid zu erlassen und hieraus sofort zu vollstrecken.

E. Haftungsbescheid

Haftung i.S.d. Steuerrechts bedeutet regelmäßig Einstehen für fremde Steuerschulden. Sie soll die Erhebung einzelner Steueransprüche sichern. Mangels vertraglicher Haftungsgrundlagen (§ 192 AO) sind die Finanzbehörden regelmäßig auf den Erlass eines Haftungsbescheids nach **§ 191 I 1 AO** angewiesen. **687**

Hinweis: Der Haftungsbescheid ist ein sonstiger Steuerverwaltungsakt, der dem Steuerbescheid nicht umfassend, sondern nur partiell (z. B. § 191 III AO) gleichgestellt ist. Der **notwendige Inhalt des Haftungsbescheids** richtet sich daher nach § 119 I AO. Aufgrund der Akzessorietät der Haftung sind die Anforderungen jedoch insofern § 157 I 2 AO angenähert, als z. B. Angaben zur Art der Steuer, dem VZ, dem Betrag der Steuerschuld und der Person des Steuerschuldners erforderlich sind.

I. Formelle Rechtmäßigkeit

688 Die Haftung ist von der Steuerart unabhängig. Daher folgt die örtliche **Zuständigkeit** nicht bereits aus §§ 18–23 AO, sondern aus der Ersatzzuständigkeit des § 24 AO. Für den Erlass des Haftungsbescheids ist daher aufgrund des Sachzusammenhangs das Finanzamt zuständig, das auch für den Steuerschuldner örtlich zuständig ist.

689 Für das **Verfahren** ist zu beachten, dass der Betroffene vor dem Erlass des Haftungsbescheids (belastender VA) nach § 91 I 1 AO anzuhören ist. Fehlt es daran, liegt ein Verfahrensfehler vor, der aber nach § 126 I Nr. 3, II AO geheilt werden kann. Einen speziellen Fall der Anhörung sieht § 191 II AO vor.

690 Für die **Form** gilt § 191 I 3 AO. Danach ist der Haftungsbescheid schriftlich zu erlassen. Nach § 121 I AO ist er zu begründen. Die Begründung ist die Grundlage für die Überprüfung des nach § 191 I 1 AO ausgeübten Ermessens (§ 102 FGO). Fehlt sie, ist der Haftungsbescheid formell rechtswidrig, aber nach § 126 I Nr. 2, II AO heilbar. Ist die Begründung hingegen nur inhaltlich fehlerhaft, ist zwar die formelle Rechtmäßigkeit gewahrt, der Bescheid jedoch regelmäßig wegen eines damit einhergehenden Ermessensfehlers materiell rechtswidrig.

II. Materielle Rechtmäßigkeit

691 Nach § 191 I 1 AO kann durch Haftungsbescheid in Anspruch genommen werden, wer kraft Gesetzes für eine fremde Steuer haftet. Dabei darf die Inanspruchnahme nicht durch den Eintritt der Festsetzungsverjährung ausgeschlossen sein (§ 191 III AO).

1. Tatbestand

a) „Für eine Steuer“

692 Die Inanspruchnahme als Haftungsschuldner setzt eine – regelmäßig *fremde* – Steuerschuld voraus. Im Fall der Haftung besteht daher oftmals ein **Drei-Personen-Verhältnis**. Wer Steuerschuldner ist, bestimmt das materielle Recht (§ 43 S. 1 AO). Schuldner der Einkommensteuer ist der Steuerpflichtige (§ 36 IV 1 i.V.m. §§ 1, 1a EStG).

Hinweis: Im Rahmen des Steuerabzugs mittels **Lohnsteuer** ist z. B. weiterhin der Arbeitnehmer Steuerschuldner (§ 38 II 1 EStG). Der Arbeitgeber ist nach § 42d I EStG lediglich Haftungsschuldner.

Aus der **Akzessorietät** der Haftung folgt, dass die Steuerschuld nicht erloschen sein darf (z. B. nach §§ 47, 169 I 1 AO). Beruht die Haftung auf Vorschriften des Zivilrechts (Rn. 696), wird die Akzessorietät durch **§ 191 IV AO** ergänzt. Danach darf ein Haftungsbescheid nur bis zum Eintritt der jeweils maßgeblichen Verjährungsfrist erlassen werden. **693**

Ein Haftungsbescheid darf nach **§ 191 V Nr. 1, 2 AO** nicht mehr ergehen, wenn und soweit die Steuer gegen den Hauptschuldner wegen Eintritts der Festsetzungsverjährung nicht mehr festgesetzt oder wegen Eintritts der Zahlungsverjährung nicht mehr beigetrieben werden kann oder die Steuerschuld nach § 227 AO erlassen wurde. Daraus folgt der **Umkehrschluss**, dass es für die Inanspruchnahme als Haftungsschuldner keine Rolle spielt, wenn die Steuerschuld *nach Erlass* des Haftungsbescheids verjährt oder aus Billigkeitsgründen erlassen wird. Die Akzessorietät wird insoweit erheblich **modifiziert**. **694**

Im Übrigen können gegen die Inanspruchnahme durch Haftungsbescheid alle **Einwendungen** vorgebracht werden, die gegen die Steuerschuld als Hauptschuld bzw. den Steuerbescheid bestehen. Dies wird auch durch eine bestandskräftige Steuerfestsetzung nicht ausgeschlossen, da die Bindung des Steuerbescheids nicht gegenüber jedermann, sondern nur gegenüber dem Adressaten eintritt (§ 124 I 1 AO). Nur wenn und soweit der Haftungsschuldner die Einwendung bereits auf Grund seiner Vertretungsmacht für den Steuerschuldner im Festsetzungsverfahren hätte geltend machen können (**§ 166 AO**), entfaltet die bestandskräftige Festsetzung auch ihm gegenüber Bindungswirkung. **695**

b) „Kraft Gesetzes haftet"

Für das Entstehen der Haftung bedarf es v. a. eines materiellrechtlichen gesetzlichen Haftungstatbestands. § 191 I 1 AO selbst ist keine Haftungsgrundlage, sondern dient lediglich der verfahrensmäßigen Umsetzung der entsprechenden Haftungsnormen. Neben den Haftungstatbeständen der AO kommen auch solche des materiellen Steuerrechts und des Zivilrechts in Betracht. Wichtige Beispiele sind: **696**

Haftung nach der AO:

- Haftung des Vertreters, § 69 AO i.V.m. §§ 34, 35 AO
- Haftung des Vertretenen, § 70 AO
- Haftung des Steuerhinterziehers, § 71 AO
- Haftung der Organgesellschaft, § 73 AO
- Haftung des Eigentümers von Gegenständen, § 74 AO
- Haftung des Betriebsübernehmers, § 75 AO

Haftung nach dem EStG:

- Haftung für eine falsche Spendenquittung, § 10b IV 2 EStG
- Haftung des Arbeitgebers für die Lohnsteuer, § 42d EStG
- Haftung des Kapitalertragschuldners für die KapESt, § 44 V EStG

Haftung nach Vorschriften des Zivilrechts:

- Erwerb eines Handelsgeschäfts, § 25 HGB
- Vererbung eines Handelsgeschäfts, § 27 HGB
- Eintritt in ein Einzelgeschäft, § 28 HGB
- Haftung als Gesellschafter, § 128 S. 1 HGB
- Haftung als Kommanditist, §§ 171 ff. HGB

2. Kein Eintritt der Festsetzungsverjährung

697 Von dem Erlöschen der Hauptschuld kraft Eintritts der Festsetzungsverjährung (§§ 47, 191 V Nr. 1 AO) ist die Verjährung der Festsetzung des Haftungsanspruchs zu unterscheiden. Auch wenn der Haftungsbescheid dem Steuerbescheid nicht umfassend gleichgestellt ist, gelten nach **§ 191 III 1 AO** zumindest die Vorschriften der Festsetzungsverjährung (§§ 169 ff. AO) entsprechend. Dabei sind die Modifikationen des **§ 191 III 2–5 AO** zu beachten. Für den Fristbeginn ist auf den die Haftung auslösenden Tatbestand abzustellen (§ 191 III 3 AO).

3. Ermessensausübung

698 Nach dem Wortlaut des § 191 I 1 AO („kann“) steht der Erlass eines Haftungsbescheids im Ermessen der Finanzverwaltung (§ 5 AO). Dies bedeutet, dass sie zu entscheiden hat, ob sie den Steueranspruch überhaupt gegenüber dem Haftungsschuldner geltend macht oder sich weiterhin an den Steuerschuldner hält (**Entschließungsermessen**). Bei einer Mehrheit von Haftungsschuldnern ist eine Auswahl zu treffen (**Auswahlermessen**). Um eine rechtliche Überprüfung der Ermessensausübung zu ermöglichen (§ 102 S. 1 FGO), sind die wesentlichen Erwägungen in der Bescheidbegründung mitzuteilen (§§ 121 I, 191 I 3 AO).

Bei der Ausübung des Entschließungsermessens sollte die **Wertung des § 219 S. 1 AO** berücksichtigt werden. Danach darf ein Haftungsschuldner – vorbehaltlich der Ausnahme des § 219 S. 2 AO – nur in Anspruch genommen werden, soweit die Vollstreckung in das bewegliche Vermögen des Steuerschuldners ohne Erfolg geblieben oder anzunehmen ist, dass die Vollstreckung aussichtslos sein würde. In direkter Anwendung betrifft dies zwar nur das Erhebungsverfahren; aus verfahrensökonomischen Gründen sollte die Norm aber regelmäßig auf das Festsetzungsverfahren insoweit vorwirken, als auch eine Festsetzung nur subsidiär erfolgen darf. **699**

F. Außergerichtlicher Rechtsschutz

Neben den formlosen außergerichtlichen Rechtsbehelfen der Gegenvorstellung, Fachaufsichtsbeschwerde und Dienstaufsichtsbeschwerde besteht mit dem **Einspruch** (§§ 347 ff. AO) ein förmlicher außergerichtlicher Rechtsbehelf. Dieser bezweckt neben der Selbstkontrolle der Finanzverwaltung den effektiven Rechtsschutz des Bürgers. **700**

Aufgrund des überwiegenden öffentlichen Vollzugsinteresses in Abgabenangelegenheiten kommt dem Einspruch **kein Suspensiveffekt** zu (§ 361 I AO; zur Aussetzung der Vollziehung nach § 361 II AO vgl. Rn. 732 ff.). Auch begründet der Einspruch **keinen Devolutiveffekt**. Die Entscheidungszuständigkeit verbleibt bei dem Finanzamt, das den angegriffenen VA erlassen hat (§ 367 I 1 AO). **701**

I. Einspruchsverfahren

1. Auslegung des Begehrens

Zunächst ist das Rechtsschutzbegehren auszulegen. Vor allem in Fällen, in denen juristisch unerfahrene Personen den Rechtsbehelf einlegen, hat das Finanzamt im Zweifel davon auszugehen, dass der Betroffene den für ihn günstigsten Rechtsbehelf einlegen wollte (§ 133 BGB analog). Dabei ist der Einspruch v. a. von dem **schlichten Änderungsantrag** (§ 172 I 1 Nr. 2 lit. a AO) abzugrenzen. Kriterien hierbei sind: **702**

	Änderungsantrag § 172 I 1 Nr. 2 lit. a AO	**Einspruch § 347 I Nr. 1 AO**
Form	formlos möglich	schriftlich, elektronisch, zur Niederschrift (§ 357 I AO)
Inhalt	genaue Bezeichnung des Gegenstands nötig	„Unmutsäußerung" genügt
Frist	Monatsfrist, soweit Änderung zugunsten (Hs. 2)	Monatsfrist (§ 355 AO)
Gegenstand	soweit der Antrag reicht	umfassend (§ 367 II 1 AO)
Erweiterung nach Fristablauf	unzulässig	unnötig, da per se umfassende Prüfung
Hemmung der Bestandskraft	punktuell im Umfang des Änderungsantrags	umfassend
Verböserung	unzulässig	zulässig (§ 367 II 2 AO)
Aussetzung der Vollziehung	nicht möglich, evtl. Stundung (§ 222 AO)	i.V.m. Einspruch möglich (§ 361 AO)
Rechtsbehelf	Einspruch unter Einschränkung des § 351 I AO	Anfechtungsklage (§ 40 FGO)

703 Aufgrund der bestehenden Unterschiede ist **im Zweifel** davon auszugehen, dass der Steuerpflichtige einen **Einspruch** einlegen wollte, da nur dieser die sog. Gesamtaufrollung auslöst (Rn. 716) und zugleich Sachurteilsvoraussetzung der Anfechtungsklage ist (§ 44 FGO).

2. Zulässigkeit des Einspruchs

a) Statthaftigkeit, § 347 I 1 Nr. 1 AO

704 Der Einspruch ist nach **§ 347 I 1 Nr. 1 AO** gegen alle VA in Abgabenangelegenheiten statthaft, auf die die AO Anwendung findet. Nach § 1 I AO gilt die AO für Steuern (§ 3 I AO). Außerdem ist sie auf steuerliche Nebenleistungen weitgehend entsprechend anwendbar (§ 1 III, 3 IV AO). Die u. a. für die Korrekturvorschriften wesentliche Unterscheidung zwischen Steuerbescheiden, ihnen gleichgestellten und sonstigen Steuerverwaltungsakten (Rn. 540) wird hier nicht fortgeführt.

b) Form, § 357 AO

705 Der Einspruch ist schriftlich oder elektronisch einzureichen oder zur Niederschrift zu erklären (§ 357 I 1 AO). Die **Schriftform** ist nicht mit

§ 126 BGB identisch. Vielmehr genügt es, wenn eine vom Einspruchsführer stammende Erklärung in Papierform in die Finanzbehörde gelangt. Da eine eigenhändige Unterschrift des Einspruchsführers somit nicht erforderlich ist, kann die Einlegung auch mittels Fax erfolgen. Für den ausdrücklich zugelassenen Emailverkehr gilt § 87a I AO. Eine qualifizierte elektronische Signatur (§ 87a III AO) ist hierfür nicht erforderlich.

Notwendiger Inhalt des Einspruchs ist neben der Erkennbarkeit der **706** Person des Einspruchsführers lediglich die Erklärung, dass ein Einspruch eingelegt werden soll (§ 357 I 2 AO). Dafür genügt es, wenn der Erklärung unzweideutig entnommen werden kann, dass der Erklärende mit dem VA nicht einverstanden ist. Die Bezeichnung als „Einspruch" ist ebenso wenig geboten (§ 357 I 3 AO) wie die Bezeichnung des angefochtenen VA (§ 357 III 1 AO). Eine Begründung des Einspruchs ist erst recht nicht erforderlich (§ 357 III 2, 3 AO).

c) Frist, §§ 355, 356 AO

aa) Fristberechnung und Fristwahrung

Ist dem Steuerverwaltungsakt eine ordnungsgemäße Rechtsbehelfs- **707** belehrung beigefügt, beträgt die Einspruchsfrist einen Monat ab Bekanntgabe (§§ 124 I, 122 AO) des angegriffenen Steuerverwaltungsakts (**§ 355 I 1 AO**). Fehlt eine Rechtsbehelfsbelehrung oder ist sie fehlerhaft, verlängert sich die Frist auf ein Jahr (§ 356 II AO).

Die Berechnung der Einspruchsfrist als **Ereignisfrist** erfolgt nach **708** § 108 I AO i.V.m. §§ 187 ff. BGB. Die Frist wird durch den rechtzeitigen Eingang des Einspruchs bei der sog. **Anbringungsbehörde** gewahrt. Dies ist die Behörde, die den angegriffenen VA tatsächlich erlassen hat **(§ 357 II 1 AO)**. Bei einer gesonderten Feststellung der Besteuerungsgrundlagen (§§ 179 ff. AO) kann der Einspruch gegen den Grundlagenbescheid auch bei der für den Folgebescheid zuständigen Behörde eingelegt werden **(§ 357 II 2 AO)**. Für den umgekehrten Fall gilt die Norm hingegen nicht.

bb) Wiedereinsetzung in den vorigen Stand

Wurde die Einspruchsfrist versäumt, bedarf es einer Wiedereinset- **709** zung in den vorigen Stand (**§ 110 AO**). Eine „Heilung durch Sachentscheidung" ist der AO aufgrund der Gesetzmäßigkeit und Gleichmäßigkeit der Steuererhebung (§ 85 AO) fremd. Infolge eines begründeten Antrags auf Wiedereinsetzung ist der Betroffene so zu behandeln, als hätte er die Frist eingehalten.

Der Antrag auf Wiedereinsetzung in den vorigen Stand hat Erfolg, **710** wenn er zulässig und begründet ist:

I. Zulässigkeit:

- Versäumnis einer gesetzlichen Frist, § 110 I 1 AO
- Antrag oder Nachholung der versäumten Handlung innerhalb eines Monats nach Wegfall des Hindernisses, § 110 II 1, 4 AO
- Glaubhaftmachung des Hindernisses, §§ 110 II 2 AO, 294 ZPO
- Wahrung der Jahresfrist des § 110 III AO

II. Begründetheit:

Der Antrag ist begründet, wenn weder dem Steuerpflichtigen noch seinem Vertreter ein Verschulden an der Fristversäumnis zur Last fällt (§ 110 I 1, 2 AO). **Beispiele:**

Grundsätzlich ist dafür Sorge zu tragen, dass fristwahrende Schreiben innerhalb der Frist zugehen. Dabei darf auf den gewöhnlichen Lauf der Dinge (insbesondere **Postlaufzeiten**) vertraut werden, so dass bei einem atypischen Verlauf die Wiedereinsetzung zu gewähren ist.

Arbeitsüberlastung ist nur dann ein Wiedereinsetzungsgrund, wenn sie unvorhersehbar und unabwendbar ist.

Eine **Urlaubsabwesenheit** von bis zu sechs Wochen ist sozial adäquat. Verschulden kann vorliegen, wenn mit dem Eingang fristauslösender VA im konkreten Einzelfall zu rechnen war (str.).

Krankheit schließt ein Verschulden nur aus, wenn es sich um eine schwere und plötzliche Krankheit handelt, die daran hindert, die gebotene Handlung rechtzeitig vorzunehmen. Die Krankheitsursache ist ohne Bedeutung.

Rechtsirrtümer sind grundsätzlich verschuldet. Ist jedoch die erforderliche Begründung oder Anhörung vor Erlass des VA unterblieben, gilt die Versäumung der Frist als unverschuldet (§ 126 III 1 AO).

Ein Verschulden des **gesetzlichen Vertreters** oder eines **Bevollmächtigten** (§ 80 I AO) wird dem Vertretenen nach § 110 I 2 AO zugerechnet. Bedienen diese sich weiterer Hilfspersonen, ist nur ein eigenes Auswahl- oder Überwachungsverschulden von Bedeutung.

d) Beschwer, § 350 AO

711 Einspruchsbefugt ist, wer geltend machen kann, durch den VA oder dessen Unterlassung beschwert zu sein (§ 350 AO). Davon ist jedenfalls auszugehen, wenn es zumindest **möglich erscheint**, dass der VA rechtswidrig ist und den Einspruchsführer in seinem subjektiv-öffentlichen Recht auf gesetzmäßige Besteuerung (§ 85 AO) verletzt.

712 Dafür muss der Einspruchsführer durch den angegriffenen Steuerverwaltungsakt inhaltlich betroffen sein. Dies ist primär der Inhaltsadressat (**Adressatentheorie**). Betroffen können aber auch **andere Per-**

sonen sein. So kann z. B. ein Arbeitnehmer gegen den an seinen Arbeitgeber erlassenen Lohnsteuer-Haftungsbescheid (§ 42d EStG) vorgehen. Trägt er vor, die Steuerschuld sei zu hoch, ist er durch den Haftungsbescheid gleichermaßen beschwert, da er nach § 38 II 1 EStG selbst Schuldner der Lohnsteuer ist.

Hinweis: Werden **Ehegatten** zusammenveranlagt, kann sich ein Ehegatte auch auf die Unrichtigkeit der Besteuerungsgrundlagen des anderen berufen, weil der Fehler auch die gegen ihn als Gesamtschuldner (§§ 44 AO, 26b EStG) festgesetzte Steuer erhöht.

e) Einspruchsbefugnis, § 352 AO

Ein **Feststellungsbescheid**, der nach § 179 II 2 AO einheitlich ge- 713
genüber mehreren Personen ergangen ist, beschwert grundsätzlich jeden einzelnen Beteiligten (§ 350 AO). Aus verfahrensökonomischen Gründen und zum Zweck der Rechtssicherheit wird die Einspruchsbefugnis aber erheblich eingeschränkt. Die Befugnis zur Einspruchseinlegung steht nach § 352 AO nur bestimmten Personen zu.

In § 352 I **Nr. 1–3** AO sind Fälle aufgeführt, in denen die bezeichneten Personen **umfassend** zur Einspruchseinlegung befugt sind. Legt z. B. der geschäftsführende Gesellschafter einer Personengesellschaft Einspruch ein, führt dies zu einer umfassenden Überprüfung des Feststellungsbescheids und zu einer Gesamtaufrollung auch zugunsten der übrigen Feststellungsbeteiligten.

Dagegen enthält § 352 I **Nr. 4, 5** AO Fälle der **eingeschränkten** Einspruchsbefugnis. Die genannten Personen sind nicht berechtigt, Einspruch mit Wirkung für und gegen alle Feststellungsbeteiligten einzulegen. Sie dürfen nur gegen die sie betreffenden Teile des Feststellungsbescheids vorgehen. So kann z. B. ein Mitunternehmer nach § 352 I Nr. 5 AO Einspruch nur gegen die Feststellungen einlegen, die ausschließlich seine Sonderbetriebseinnahmen/-ausgaben betreffen. Nur diese Aspekte werden vom Finanzamt überprüft.

f) Allgemeines Rechtsschutzbedürfnis

Bei Vorliegen der vorgenannten Voraussetzungen ist grundsätzlich 714
von einem allgemeinen Rechtsschutzbedürfnis auszugehen.

Betrifft die Streitigkeit das Erhebungsverfahren, entfällt das allgemeine Rechtsschutzbedürfnis, wenn mit dem **Antrag auf Erlass eines Abrechnungsbescheids** nach § 218 II AO ein einfacherer Weg besteht, der dem Betroffenen zu seinem Ziel verhilft (Rn. 673). Einfacher ist dieses Verfahren deshalb, weil behördenintern weiterhin die Erhebungsstelle und nicht die Rechtsbehelfsstelle zuständig ist. Obgleich ein Einspruch statthaft wäre, ist er unzulässig. Regelmäßig kann jedoch die als „Einspruch" bezeichnete Erklärung in einen Antrag auf Erlass eines Abrechnungsbescheids umgedeutet werden.

3. Hinzuziehung zum Verfahren, § 360 AO

715 Durch die Hinzuziehung (§ 360 AO) werden Dritte an dem Einspruchsverfahren nach § 359 Nr. 2 AO beteiligt. In der Folge stehen ihnen, ausgenommen Verfügungen über den Einspruchsgegenstand (z. B. dessen Rücknahme), die gleichen Rechte wie dem Einspruchsführer zu (§ 360 IV AO). Die Hinzuziehung erfolgt durch VA.

Nach § 360 I 1 AO *kann* die Finanzbehörde Personen, deren rechtliche Interessen durch die Einspruchsentscheidung berührt werden, zum Einspruchsverfahren hinzuziehen (sog. **einfache Hinzuziehung**). Dies ist v. a. zweckmäßig, um mehrere Verfahren in der gleichen Sache zu verhindern. Legt z. B. bei zusammenveranlagten Ehegatten nur ein Ehegatte Einspruch ein, ist eine einfache Hinzuziehung des anderen Ehegatten regelmäßig empfehlenswert.

Nach § 360 III 1 AO *sind* Dritte hinzuzuziehen, wenn die Entscheidung über den Einspruch ihnen gegenüber nur einheitlich ergehen kann (sog. **notwendige Hinzuziehung**). Davon ist insbesondere auszugehen, wenn der VA auch in die Rechte des Dritten unmittelbar eingreift, so dass auch dieser hätte Einspruch einlegen können. Da aber § 352 AO für den typischen Fall der einheitlichen und gesonderten Feststellung eine besondere Vertretungsregelung vorsieht, ist die notwendige Hinzuziehung ein seltener Ausnahmefall (§ 360 III 2 AO).

4. Begründetheit

a) Grundsatz der Gesamtaufrollung

716 Der Einspruch ist jedenfalls begründet, wenn der angegriffene VA rechtswidrig und der Einspruchsführer in seinem Recht auf gesetzmäßige Besteuerung (§ 85 AO) verletzt ist. Im Rahmen der Begründetheit hat das Finanzamt umfassend die Rechtmäßigkeit des Steuerverwaltungsakts zu überprüfen (sog. **Gesamtaufrollung**, § 367 II 1 AO). Daher kann der Einspruchsführer die inhaltliche Prüfung nicht auf bestimmte Rechts- oder Tatsachenfragen beschränken. Trägt er nur bestimmte Einwände vor, bindet dies die Finanzbehörde nicht; sie ist gleichwohl zu einer umfassenden Prüfung und Entscheidung berufen. Dabei stehen der Rechtsbehelfsstelle die gleichen Rechte wie der zuvor mit dem Sachverhalt befassten Veranlagungsstelle zu (§ 365 I AO).

Hinweis: Wegen der Gesamtaufrollung wird das Einspruchsverfahren gegen einen Steuerbescheid auch als „verlängertes Veranlagungsverfahren“ bezeichnet.

717 Im Unterschied zu den punktuellen Durchbrechungen der materiellen Bestandskraft (§§ 130 ff., 172 ff. AO) verhindert der zulässige Einspruch den Eintritt der formellen Bestandskraft **umfassend**. Das

Finanzamt erlangt die **Verfügungsgewalt** über die Entscheidung zurück, da die nach § 124 I AO eingetretene Bindung an den Inhalt des erlassenen Steuerverwaltungsakts durch die Einspruchs- bzw. Abhilfeentscheidung (§ 367 II 2, 3 AO) umfassend beseitigt werden kann.

b) Einschränkungen, § 351 AO

Der Grundsatz der Gesamtaufrollung (§ 367 II 1 AO) erfährt in § 351 AO Einschränkungen. Trotz der systematischen Stellung im Rahmen der Zulässigkeitsvorschriften (§§ 347–354 AO) ist § 351 AO Teil der Begründetheit. Zu unterscheiden ist zwischen einer Einschränkung der Entscheidungskompetenz (§ 351 I AO) und einer Einschränkung der Prüfungskompetenz (§ 351 II AO). **718**

aa) Eingeschränkte Entscheidungskompetenz

Wird in einem Steuerbescheid eine Regelung getroffen und kein Einspruch eingelegt, tritt mit Ablauf der Einspruchsfrist (§ 355 AO) formelle Bestandskraft ein. Änderungen sind nur nach §§ 172 ff. AO zulässig. Ergeht ein solcher Änderungsbescheid und legt der Betroffene erst gegen diesen Einspruch ein, wird im Einspruchsverfahren nur die Änderung überprüft. Folglich ist nach § 351 I AO **nur der durch den Änderungsbescheid festgesetzte Saldo** angreifbar. Nur dieser und nicht die ursprünglichen Regelungen sind Gegenstand des Einspruchsverfahrens. Begehrt der Steuerpflichtige mit dem Einspruch eine außerhalb der Änderung liegende Regelung, besteht insoweit keine Entscheidungskompetenz der Behörde. **719**

§ 351 I AO schränkt aber nur den **Entscheidungsumfang** ein. Die **Prüfungskompetenz** der Finanzbehörde **bleibt umfassend**. Stellt die Rechtsbehelfstelle fest, dass die Änderung zwar in rechtmäßiger Weise erfolgte, aber andere Rechtsfehler vorliegen, hat sie diese im Umfang der durch die erfolgte Änderung durchbrochenen Bestandskraft mitzuberichtigen. Insoweit eröffnet § 351 I AO einen **§ 177 AO vergleichbaren Änderungsrahmen**. Aus diesem Grund erfolgt eine Gesamtfehlerberichtigung in Form einer möglichst genauen Annäherung an die richtige Steuer (§ 85 AO), soweit die Bestandskraft durch die angegriffene Änderung im Ergebnis zu Recht durchbrochen ist. **720**

Im Umkehrschluss folgt daraus, dass z. B. eine Steuerfestsetzung außerhalb des Änderungsrahmens nur getroffen werden kann, wenn die materielle Bestandskraft aufgrund eines eigenständigen Änderungstatbestands (**§§ 172 ff. AO**) durchbrochen ist. Dies ist in der Formulierung „*es sei denn, dass sich aus den ... etwas anderes ergibt*“ angelegt. Die Bedeutung des § 351 I AO beschränkt sich damit auf die Korrektur materieller Fehler, für die kein Änderungstatbestand besteht. **721**

722 Auf Änderungen, die aufgrund eines Vorbehalts der Nachprüfung (**§ 164 II 1 AO**) ergangen sind, ist § 351 I AO nicht anwendbar, da dieser wegen der umfassenden Änderungsmöglichkeit den Eintritt der Bestandskraft verhindert. Gleiches gilt für Steuerfestsetzungen, soweit sie nach **§ 165 AO** vorläufig sind. Auf die **§§ 130, 131 AO** findet § 351 I AO nach dem *BFH* keine Anwendung (str.). Die Anwendbarkeit auf Berichtigungen (**§ 129 AO**) wird überwiegend bejaht.

bb) Eingeschränkte Prüfungskompetenz

723 Ergeht ein **Grundlagenbescheid** (§ 171 X 1 AO), kann dieser nur durch dessen Anfechtung und nicht durch Anfechtung der Folgebescheide inhaltlich überprüft werden (§ 351 II AO). Dies folgt aus seiner Bindungswirkung (§ 182 I AO), wonach die Finanzbehörde die Daten aus dem Feststellungsbescheid ohne inhaltliche Prüfung in den Folgebescheid lediglich übernimmt.

724 Vor diesem Hintergrund ist es konsequent, im Fall eines Einspruchs gegen den Folgebescheid auch der Rechtsbehelfsstelle die Überprüfung der Feststellungen des Grundlagenbescheids nach **§ 351 II AO** zu verwehren. Eine Selbstkontrolle der Finanzverwaltung ist nur insoweit geboten, als die Veranlagungsstelle nicht nach § 182 I AO an die Feststellungen des Grundlagenbescheids gebunden ist. Damit beschränkt § 351 II AO die Prüfungskompetenz über den Folgebescheid.

5. Entscheidung über den Einspruch

a) Abhilfe- und Einspruchsentscheidung

725 Ist der Einspruch **unzulässig**, wird er verworfen (§ 358 S. 2 AO).

Tenor: *„Der Einspruch wird (als unzulässig) verworfen."*

726 War der Einspruch zulässig, jedoch in vollem Umfang **unbegründet**, ergeht nach § 367 II 3 AO eine förmliche Einspruchsentscheidung.

Tenor: *„Der Einspruch wird (als unbegründet) zurückgewiesen."*

727 Ist der Einspruch **in vollem Umfang begründet**, bedarf es keiner Einspruchsentscheidung (§ 367 II 3 AO). Stattdessen ist der angegriffene VA mittels Abhilfebescheids antragsgemäß zu ändern. Die Abhilfe wird im Fall eines Steuerbescheids bzw. eines ihm gleichgestellten Bescheids auf § 172 I 1 Nr. 2 lit. a AO, im Übrigen auf § 130 I AO gestützt.

Tenor: *„Unter Änderung des Bescheids vom ... wird die Einkommensteuer ... auf ... € herabgesetzt. Hiermit erledigt sich Ihr Einspruch vom ...*“.

Ist der Einspruch nur **teilweise begründet**, ergeht eine gemischte Entscheidung in Form einer Teilabhilfe und einer Teileinspruchsentscheidung, vgl. § 367 II 3 AO („insoweit“). **728**

Tenor: *„Unter Änderung des Bescheids vom ... wird die Einkommensteuer ... auf ... € herabgesetzt. Im Übrigen wird der Einspruch als unbegründet zurückgewiesen.*“

b) Reformatio in peius, § 367 II 2 AO

aa) Zulässigkeit und Hinweispflicht

Der zulässige Einspruch eröffnet den Finanzbehörden aufgrund der umfassenden Prüfungs- und Entscheidungskompetenz auch die Möglichkeit einer Verböserung (§ 367 II 2 AO). Diese ist jedoch nur rechtmäßig, wenn der Einspruchsführer vor der Entscheidung auf die Möglichkeit einer Verböserung hingewiesen und ihm Gelegenheit gegeben wurde, sich hierzu zu äußern. Zur effektiven **Gewährung rechtlichen Gehörs** (§ 91 AO, Art. 103 I GG) darf der Hinweis nicht allgemein gehalten sein, sondern muss die konkreten Gründe angeben, die zu einer Verböserung führen können. Dem Einspruchsführer soll die Möglichkeit eröffnet werden, das Finanzamt von seiner (Gegen-)Auffassung zu überzeugen. Hält dieses trotzdem an seiner Auffassung fest, ist wie folgt zu tenorieren: **729**

Tenor: *„In Änderung des Bescheids vom ... wird die Einkommensteuer ... auf ... € festgesetzt.“*

Die Verböserung nach § 367 II 2 AO ist von einer Änderungsentscheidung nach **§ 132 S. 1 AO** zu unterscheiden. Danach kann die Finanzbehörde von den Änderungsvorschriften der §§ 130, 131 AO auch während des laufenden Einspruchsverfahrens Gebrauch machen. Als *lex generalis* gilt § 132 S. 1 AO auch im Rahmen der §§ 172 ff. AO, da er durch § 172 I 1 Nr. 2 lit. d Hs. 2 AO nicht ausgeschlossen ist. Erfolgt eine solche Änderung während des Einspruchsverfahrens, wird der geänderte Steuerbescheid *ipso iure* Verfahrensgegenstand des Einspruchsverfahrens (**§ 365 III 1 AO**). Entsprechendes gilt gemäß § 365 III 2 Nr. 1 AO für Berichtigungen nach § 129 AO. **730** *bb) Rücknahme des Einspruchs, § 362 AO*

731 Die Hinweispflicht nach § 367 II 2 AO dient nicht nur der Anhörung des Steuerpflichtigen. Da das Einspruchsverfahren auch den effektiven Rechtsschutz des Bürgers gewährleisten soll, bietet die Einspruchsrücknahme (§§ 362 I, 357 I, II AO) eine Reaktionsmöglichkeit des Steuerpflichtigen v. a. auf eine drohende *reformatio in peius*. Mit der Rücknahme erledigt sich der Einspruch und es tritt formelle Bestandskraft ein. Diese kann das Finanzamt nur noch – wie üblich – durch die §§ 130 ff., 172 ff. AO überwinden.

II. Aussetzung der Vollziehung (AdV)

732 Der Einspruch hat **keine aufschiebende Wirkung** (§ 361 I 1 AO). Daher darf die Finanzbehörde eine festgesetzte Steuer auch während des Einspruchsverfahrens vollstrecken. Da dies zu Unbilligkeiten führen kann, sieht **§ 361 II AO** die Möglichkeit einer Aussetzung (§ 361 II 1 AO) bzw. Aufhebung (§ 361 II 3 AO) der Vollziehung vor.

Hinweis: Während § 361 II AO den behördlichen Eilrechtsschutz enthält, kann eine AdV nach Ablehnung durch das Finanzamt auch durch das Finanzgericht angeordnet werden (§ 69 III, IV, VII FGO).

1. Voraussetzungen

733 Nach § 361 II 1 Hs. 1 AO „kann“ bzw. nach § 361 II 2 AO „soll“ die Vollziehung ausgesetzt werden, soweit das **Suspensivinteresse** des Betroffenen ausnahmsweise das grundsätzlich vorrangige **Vollzugsinteresse** der Allgemeinheit überwiegt. Dies ist in zwei Fällen anzunehmen:

Gemäß § 361 II 2 **Alt. 1** AO überwiegt das Suspensivinteresse regelmäßig, wenn ernstliche Zweifel an der Rechtmäßigkeit des angefochtenen Steuerverwaltungsakts bestehen. Dabei ist mittels einer summarischen Prüfung zu ermitteln, ob gewichtige Gründe die Rechtswidrigkeit des angegriffenen VA nahe legen. Nicht erforderlich ist, dass der Erfolg des Einspruchs ebenso wahrscheinlich oder gar wahrscheinlicher ist als der Misserfolg.

Gemäß § 361 II 2 **Alt. 2** AO soll die AdV angeordnet werden, wenn die Vollziehung für den Betroffenen eine unbillige, nicht durch überwiegende öffentliche Interessen gebotene Härte zur Folge hätte. Da Vermögenseinbußen v. a. durch eine Stundung (§ 222 AO) verhindert werden können, sind von dieser Alternative regelmäßig nur solche VA erfasst, die nicht auf eine Geldleistung gerichtet sind (z. B. ein Auskunftsverlangen). Um einen Rechtsmissbrauch zu verhindern, darf der Einspruch ferner nicht offensichtlich aussichtslos sein.

2. Wirkung der Aussetzung der Vollziehung

Die AdV lässt die Wirksamkeit des VA unberührt, hemmt aber ***ex nunc*** dessen Vollziehbarkeit. Dies bedeutet, dass 734
- mit der Vollstreckung nicht begonnen werden darf (§ 251 I AO),
- eine schon begonnene Vollstreckung beschränkt werden muss (§ 257 I Nr. 1 AO),
- der ausgesetzte Betrag im Fall der Erfolglosigkeit des Hauptsacherechtsbehelfs zu verzinsen ist (§§ 237, 238 AO) und
- die Fälligkeit (§ 220 AO) hinausgeschoben wird, wodurch Säumniszuschläge *ex nunc* nicht mehr entstehen können.

3. Aufhebung der Vollziehung

Die Aufhebung der Vollziehung ist eine besondere Form der AdV (§ 361 II 3 AO). Sie wirkt im Unterschied zur Aussetzung der Vollziehung ***ex tunc***, so dass bereits getroffene Vollstreckungsmaßnahmen aufzuheben und rückgängig zu machen sind (**§ 257 II 3 AO**). Bereits gezahlte Beträge sind dem Steuerpflichtigen vorläufig zu erstatten. Im Übrigen gelten die o. g. Wirkungen der AdV. 735

G. Steuerstraf- und Steuerordnungswidrigkeitenrecht

Als Mantelgesetz des Steuerrechts enthält die AO nicht nur Vorschriften zum Besteuerungsverfahren, sondern auch Vorschriften auf dem Gebiet des Steuerstraf- und des Steuerordnungswidrigkeitenrechts. Diese werden wie üblich vor der ordentlichen Gerichtsbarkeit verfolgt. Die Vorschriften können aber im Besteuerungsverfahren Bedeutung erlangen und ggf. inzident zu prüfen sein (siehe u. a. §§ 30 IV Nr. 1, 71, 169 II 2, 171 V, 173 II 1, 235 AO). 736

I. Steuerstrafrecht

Die Steuerstraftaten sind in § 369 I AO aufgezählt und im Anschluss daran in § 370 und § 372 bis 374 AO geregelt. § 375 AO enthält die Nebenfolgen, § 376 AO die Verfolgungsverjährung. Von besonderer Bedeutung ist v. a. der Straftatbestand der Steuerhinterziehung (§ 370 AO). Für diesen sieht § 371 AO den persönlichen Strafaufhebungsgrund der Selbstanzeige vor. Die Vorschriften gehen dem StGB vor. Die §§ 385 ff. AO enthalten besondere Vorschriften zum Steuerstrafverfahren als *leges speciales* zur StPO. 737

1. Steuerhinterziehung, § 370 AO

738 Eine Steuerhinterziehung erfordert im **objektiven Tatbestand** die Vornahme einer in § 370 I Nr. 1–3 AO näher beschriebenen Handlung und den Eintritt des Taterfolgs, d. h. der Verkürzung der Steuer oder der Erlangung nicht gerechtfertigter Steuervorteile. Für die **Tathandlung** von § 370 I Nr. 1 bzw. Nr. 2 AO ist entweder eine unrichtige oder unvollständige Angabe der steuerlich erheblichen Tatsachen (aktives Tun) oder ein pflichtwidriges Unterlassen der Angabe dieser Tatsachen erforderlich. Vollendung der Tat tritt mit dem objektiven **Taterfolg** ein, der in § 370 IV 1, 2 AO näher umschrieben ist. Für den **subjektiven Tatbestand** ist nach den allgemeinen Grundsätzen Vorsatz erforderlich (§§ 15 StGB, 369 II AO). Nach § 370 II AO ist der Versuch strafbar. Darüber hinaus sieht § 370 III AO eine Strafverschärfung in besonders schweren Fällen vor.

2. Selbstanzeige, § 371 AO

739 Mit der Selbstanzeige kennt das Steuerstrafrecht eine tätige Reue nach Vollendung der Tat. Da der *nemo tenetur*-Grundsatz im Besteuerungsverfahren nicht gilt (vgl. § 90 AO i.V.m. § 103 AO *e contrario*), ist die Möglichkeit einer strafbefreienden Selbstanzeige sogar verfassungsrechtlich geboten. Wer gegenüber den Finanzbehörden die erforderlichen Handlungen in vollem Umfang und für den nötigen Zeitraum nachholt, erlangt nach § 371 I 1 AO **Straffreiheit**. Weiterhin darf kein Ausschlussgrund (§ 371 II AO) gegeben sein. Sind ungerechtfertigte Steuerverkürzungen bereits eingetreten, hat der Steuerpflichtige diese sowie die entstandenen Hinterziehungszinsen (§ 235 AO) innerhalb der ihm von der Behörde gesetzten Frist zu entrichten (§ 371 III 1 AO).

Hinweis: Ist die Selbstanzeige aufgrund der Höhe der hinterzogenen Steuer oder eines besonders schweren Falles ausgeschlossen (§ 371 II Nr. 3, 4 AO), kann zwar materiell-rechtlich keine Straffreiheit, u. U. aber noch ein strafprozessuales Absehen von der Verfolgung (**§ 398a AO**) erlangt werden. Nötig ist dazu die Entrichtung zusätzlicher Strafzuschläge (§ 398a I Nr. 2 AO).

3. Verfahren, §§ 385 ff. AO

740 Auch Steuerstraftaten werden von der Staatsanwaltschaft angeklagt und von der ordentlichen Gerichtsbarkeit abgeurteilt. Für die Arbeit der Finanzbehörden sieht die AO eine Aufgabentrennung vor, wie sie auch die allgemeine Strafverfolgung kennt. Zu unterscheiden ist zwischen der **steuerstaatsanwaltschaftlichen Tätigkeit** (sog. Steuerstrafsachen-

stelle, §§ 386 ff. AO) und der steuerpolizeilichen Erforschungs- und Ermittlungsarbeit der **Steuerfahndung** (§ 208 AO). Nach Abschluss der Ermittlungen kann die Steuerstrafsachenstelle in eigener Zuständigkeit den Erlass eines Strafbefehls beantragen, die Sache an die Staatsanwaltschaft abgeben (insbesondere, wenn Anklage zu erheben ist) oder das Verfahren einstellen. Hierbei gilt die StPO, soweit nicht die §§ 385 ff. AO anderes vorsehen (§ 385 I AO).

II. Steuerordnungswidrigkeitenrecht

Nach § 377 I AO sind Steuerordnungswidrigkeiten Zuwiderhandlungen, die nach den Steuergesetzen mit Geldbuße geahndet werden können. Hierbei handelt es sich um Verwaltungsunrecht und insofern um *leges speciales* zum OWiG (§ 377 II AO). Im Anschluss daran sind die Steuerordnungswidrigkeiten in §§ 378–383b AO aufgeführt. Grundnorm ist die leichtfertige Steuerverkürzung (§ 378 AO). Diese entspricht im objektiven Tatbestand der Steuerhinterziehung (§ 370 AO). Subjektiv muss der Täter jedoch nur leichtfertig gehandelt haben. § 378 III AO enthält ein der Selbstanzeige entsprechendes Institut. Das Bußgeldverfahren ist in §§ 409–412 AO geregelt. **741**

Stichwortverzeichnis

Die Angaben bezeichnen die Seiten.